苏州之路

“两个率先”的实践与思考

苏州市“两个率先”课题组·著

苏州大学出版社

编委会

目录

第四章 苏州率先全面建设小康社会的深层解读

下 篇
第二个率先：理论思考与前景展望

第五章 中国新型现代化及苏州"第二个率先"的蓝图

第六章 苏州率先基本实现现代化宏观问题分析

第七章 苏州率先基本实现现代化的路径选择

导论　以科学发展观统领苏州“两个率先”的伟大实践

中共江苏省委常委、苏州市委书记　王　荣

伟大的时代总是产生深刻的思考。诚如马克思所言："任何思想都是时代的思想。"《苏州之路："两个率先"的实践与思考》一书正是苏州人民全面落实党的十六大和十六届五中全会精神、以科学发展观统领江苏"两个率先"在苏州的实践的经验总结和理论思考。2005 年年末，全市地区生产总值达到 4 026.52 亿元，全部工业总产值达到 12 100 亿元，进出口总额达到 1 406 亿美元，农民人均纯收入和城镇居民可支配收入分别达到 8 300 元和 16 276 元，率先完成了江苏省设定的全面小康社会各项指标任务，正逐步转入率先基本实现现代化的新的伟大征程。在"两个率先"重任顺利转换的关键时刻，我们深入总结苏州"第一个率先"的实践经验，仔细分析"第二个率先"的目标与任务、制约"瓶颈"和基本条件，对于进一步科学把握"苏州之路"、夺取"第二个率先"的伟大胜利，具有十分重要的意义。

一、党的十六大为我们全面建设小康社会指明了方向

党的十六大提出，我们党"要在本世纪头二十年，集中力量，全面建设惠及十几亿人口的更高水平的小康社会，使经济更加发展、民主更加健全、科教更加进步、文化更加繁荣、社会更加和谐、人民生活更加殷实"。全面建设小康社会标志着我们国家和社会进入新的发展阶段。十六大确立的全面建设小康社会的目标，是中国特色社会主义经济、政治、文化、社会全面发展的目标，是与加快推进现代化相统一的目标。"六个更加"不仅涉及经济发展，而且涉及民主政治；不

仅涉及经济效率，而且涉及社会公平；不仅涉及生活方式的现代化，而且涉及人的现代化。全面建设小康社会，符合我国国情和现代化建设的实际，符合人民的愿望，是贯彻"三个代表"重要思想的具体体现，也是凝聚人心、鼓舞斗志，加快推进我国现代化的行动纲领，对于我们抓住重要战略机遇期，全面推进经济社会发展，开创现代化建设的新局面产生了强大的凝聚力、号召力和向心力。

二、江苏省提出"两个率先"目标的由来

党的十六大指出："有条件的地方可以发展得更快一些，在全面建设小康社会的基础上，率先基本实现现代化。"2003 年，全国"两会"期间，胡锦涛同志、江泽民同志分别来到江苏代表团，殷切希望江苏率先全面建成小康社会，率先基本实现现代化。全国"两会"结束后，江苏省委书记李源潮两次带队到苏州就前后两任总书记提出的"两个率先"进行深入调研。江苏省委在以苏州特别是昆山为典型调研的基础上，迅速作出了《关于学习贯彻"三个代表"重要思想，努力实现"两个率先"的决定》，明确要把实现"两个率先"作为贯彻"三个代表"重要思想的根本任务，作为江苏在 21 世纪头 20 年发展的总定位，要求全省各地确立总体目标和工作步骤，集中一切力量，调动一切积极因素，利用一切可以利用的资源，为实现"两个率先"而努力奋斗。

三、江苏省全面建设小康社会指标体系的设定

根据十六大的战略部署和江苏的发展实际，围绕体现物质文明、政治文明、精神文明和可持续发展的内涵，江苏省委、省政府率先设定了全面建设小康社会的指标体系。该指标体系由经济发展、生活水平、社会发展、生态环境等 4 大类 18 项 25 个指标组成，基本构想是：到 2010 年全省总体上全面建成小康社会，到 2020 年，全省总体上基本实现现代化，并按照分类指导原则，明确苏南地区在 2007 年前全面建成小康社会，苏中地区在 2012 年前全面建成小康社会，苏

北地区在2017年前全面建成小康社会，努力把江苏建成经济繁荣、科教发达、生活富裕、法制健全、社会文明、环境优美的省份。

四、实现“两个率先”是苏州肩负的重大责任

苏州是我国历史文化名城和重要风景旅游城市，也是长三角重要的中心城市之一。改革开放以来，苏州地区生产总值年均增长14.3%，财政收入年均增长17.7%，对照1991年国家小康生活标准，苏州在20世纪90年代初基本实现小康目标。苏州尤其是小平同志形成建设小康社会概念和思路的重要发源地之一。1983年春节前夕，小平同志到苏州地区考察并留下深刻印象，回到北京后他列举了苏州农村的新面貌、新气象：“第一，人民的吃穿用问题解决了，基本生活有了保障；第二，住房问题解决了，人均达到二十平方米，因为土地不足，向空中发展，小城镇和农村盖两三层楼房的已经不少；第三，就业问题解决了，城镇基本上没有待业劳动者了；第四，人不再外流了，农村的人总想往大城市跑的情况已经改变；第五，中小学教育普及了，教育、文化、体育和其他公共福利事业有能力自己安排了；第六，人们的精神面貌变化了，犯罪行为大大减少。”①以后，小平同志又多次以苏州的发展为例描述我国“小康社会”的建设构想。小平同志对苏州小康社会建设实践的充分肯定，使苏州人民倍感自豪和振奋，进一步激发了全面建设小康社会的信心和决心。因此，在新的小康社会与现代化建设中，苏州既有实现“两个率先”的物质基础，也有重要的思想基础。

五、苏州努力争当江苏“两个率先”的先行军

在小平同志小康社会构想和中央、江苏省委决策部署的指引下，2003年9月，苏州市委作出了争当全省“两个率先”先行军的决定，并参照江苏省全面建设小康社会指标体系，设定了苏州市实现“两个

① 《邓小平文选》第3卷，[北京]人民出版社1993年版，第25页。

率先"的指标体系,确定了10项核心指标。这些指标体现了三个方面的特点:一是在指标范围上,不仅包含经济指标,而且包含社会指标、民生指标、生态指标,着重体现富民优先,体现经济、政治、文化、社会建设的协调推进和生态环境的可持续发展,体现社会的全面进步与和谐发展。二是在设定标准上,要求具有可比性、可操作性和导向性。全面建设小康社会阶段,人均生产总值达到48 000元,城镇居民人均可支配收入达到16 000元,农民人均纯收入达到8 000元;基本实现现代化阶段,人均生产总值达到96 000元,城镇居民人均可支配收入达到24 000元,农民人均纯收入达到16 000元;其他指标也都要体现较高水准,总体上符合"六个更加"的要求。三是在实现时间上,要求早于全省、快于全国,明确到2005年率先完成江苏省全面建设小康指标任务、到2010年率先基本实现现代化的总体目标。

六、苏州全面建设小康社会的"样板"选择

实现全面小康目标贵在建设、贵在实践、贵在总结。为了保证全面建设小康社会目标任务的顺利实现,苏州市委、市政府切实加强领导,市、县两级都明确由党政"一把手"牵头,全面负责小康社会建设的组织领导工作,对于建设过程中出现的重大问题及时召开市委常委会、市政府常务会等进行研究解决。制定全面建设小康社会的分解目标、方案和工作措施,细化落实各项指标,并纳入各级各部门的年度考核,形成小康建设纵向到底、横向到边的责任网络。建立市全面建设小康社会进程监测小组,把好数据质量关,全力抓好薄弱环节,督促各部门按照序时进度加快组织实施。在全面小康建设中,坚持典型引路、以点带面。2003年,根据江苏省委的要求,把发展速度比较快、协调发展比较好、开拓创新意识比较强的昆山市确定为苏州全面小康建设的样板区,在全力支持昆山加快发展的同时,认真总结昆山"率先争先、创新创业、自主自强、开明开放"的典型经验,大张旗鼓地宣传"昆山之路",在全市上下形成学先进、赶先进、争先进的

热潮,使"两个率先"成为全市广大干部群众的统一意志和自觉行动。目前,昆山市已成为江苏全面建设小康社会的排头兵,名列全国百强县首位。

七、苏州全面建设小康社会的途径

围绕建设全面小康社会的目标,近几年,我们坚持以邓小平理论和"三个代表"重要思想为指导,大力推进经济、政治、文化和社会建设,努力做到立足于"快",保持经济在高平台上快速发展;服从于"好",以科学发展观统领全局;着眼于新,把创新贯穿于经济社会发展全过程;致力于"本",坚持以人为本、富民优先,确保全面建设小康目标任务的胜利完成。

一是加快发展经济,夯实全面建设小康社会的物质基础。以新型工业化为第一方略,抓好沿沪宁线高新技术产业带和沿江基础产业带建设,推进 IT 产业"双倍增计划"和发展规模企业"220 计划",加速市属工业扩张性项目搬迁,提高经济增长的质量和效益。实施"服务业跨越计划",重点发展与制造业相配套的现代物流、信息咨询、服务外包等生产服务业,开放发展新兴服务业,繁荣提升传统服务业,促进服务业与制造业互动并进。把城市化作为经济社会发展的重要"抓手",着力做大做强中心城市,加快发展县域经济,高标准推进城乡重大基础设施建设,推动中心城市与县级市城区、重点中心镇各展所长、优势互补、联动发展。把开放型经济作为第一性经济来抓,学习借鉴新加坡经验,强化"亲商"理念,改善投资环境,发展壮大开放型经济的领先优势。2005 年全市年实际利用外资 60 亿美元左右,累计实际利用外资达到 478 亿美元,世界 500 强企业已有 101 家在苏州投资。

二是实施富民工程,提高人民的生活质量和水平。牢固确立"以人为本、富民优先"的理念,成立市富民工作领导小组,大力实施富民工程。把扩大就业放在突出位置,完善城乡一体的就业服务体系,广辟就业岗位,2005 年全市新增就业岗位 30 万个,城镇失业登记率为

3.3%。把致富农民作为富民工程的重中之重,研究制定《关于促进农民持续增收的意见》,推进农村十项实事,着力构建“五有机制”(人人有技术、人人有职业、人人有保障、家家有物业、户户有股份),促进农民收入持续稳定增长。把创业作为富民的最根本途径,加快发展民营经济,全市累计私营企业10.27万户、个体工商户23.95万户,注册总资本达到2 045亿元,民营经济税收占全部税收的比重达29.5%。抓好社会保障工作,巩固完善城镇养老、失业、医疗等保险,提高农民社会保险覆盖面,农村劳动力基本养老保险参保率达到84%,农村老年居民享受基本养老待遇和社会养老补贴覆盖率达到91%。

三是发展社会事业,统筹经济社会发展。围绕着建设国际新兴科技城市、社会主义文化强市、社会主义法治城市、学习型城市和健康城市的目标,高度重视发展各类社会事业,促进经济与社会发展相协调。深入推进国际新兴科技城市十大工程,提高自主创新能力,促进重大科技成果产业化。构筑大教育格局,提高教育现代化、均衡化、国际化水平,进一步强化政府义务教育责任,创新职业教育培训机制,加快独墅湖高教区和国际教育园建设,促进高等教育事业的发展,全市高等教育毛入学率超过50%。深化文化体制改革,积极保护优秀传统文化,推动文化产业和文化事业发展,苏州工业园区动漫产业园被批准为国家动画产业基地。建立健全卫生监督体系、疾病控制体系和医疗服务体系,改善农村医疗卫生状况,推进健康城市建设。开展全民健身运动,不断提高市民身体素质。以创建文明城市为龙头,全面推进各项群众性精神文明创建活动,苏州再次成为创建全国文明城市工作先进市,张家港市荣膺首批“全国文明城市”,成为全国唯一获此殊荣的县级市。

四是加强环境建设,促进人与自然和谐发展。针对苏州人口密度高、人均资源相对不足的特点,正确处理经济与人口、资源、环境的关系,开展人口与计划生育综合改革,实行计划生育的现居住地管理,重点加强流动人口计划生育管理和服务工作。实施“新苏州人计划”，强化对迁入人口数量和质量的调控。大力建设“平安苏州”，苏州被评为2001～2004年全国社会治安综合治理优秀城市，被授予“长安杯”。切实保护和合理利用土地资源，落实最严格的耕地保护制度，建立可持续的科学用地机制，提高单位土地的投资强度和容积率。加强对水资源和山体资源的保护，完成了太湖水污染防治“十五”计划和阳澄湖水污染防治行动计划。发展循环经济，推进环境保护和综合治理，创建全国生态市和生态园林市，全市环境质量综合指数达到84.45。

八、苏州市全面建设小康社会的成效

近年来，苏州全面建设小康社会工作取得明显成效，对照江苏省小康社会考核指标体系，到2004年底苏州有14项指标提前达标，2005年则全面完成各项指标任务。实践证明，小康社会的建设过程不仅是解放和发展生产力的过程，是提高人民生活质量和水平的过程，也是大力发展先进文化的过程。它对于苏州的发展具有重大的现实意义和深远的历史意义。

一是促进了科学发展观的贯彻落实。全面小康社会的指标体系包含着科学发展的内涵和目标要求，推进小康社会建设，大大增强了各级各部门的全面发展意识、科学发展意识和为民发展意识，推动了苏州经济社会的持续快速健康发展。2005年全市GDP达到4 026.52亿元，地方一般预算收入达到316.78亿元，占GDP的比重达到7.9%，同比提高1.3个百分点。全部工业总产值达到12 100亿元，其中规模以上工业总产值达到9 840亿元。

二是加快了富民步伐。全面建设小康社会，有力推动了富民工程的实施，提高了城乡人民的生活水平，2004年苏州城镇居民人均可支配收入和农民人均纯收入分别达到14 451元和7 503元，2005年分别达到16 276元和8 300元。

三是提高了城乡协调发展的水平。全面建设小康社会的有效途径之一，就是以城市化带动农村，以产业化改造农业，以组织化提高农民，这对于统筹苏州城乡产业布局、规划建设、劳动力就业、公共财力和社会保障具有重要的推动作用，有力地促进了苏州市区和5个县级市的共同发展。

四是推动了和谐社会的建设。通过全面建设小康社会，全社会鼓励创业、崇尚创新、倡导创优的氛围更加浓厚，全民的创造活力不断得到激发，不同社会阶层的具体利益得到较好的兼顾，促进形成人们各得其所、团结互助、和睦融洽的社会。

五是进一步凝聚了加快发展的合力。全面建设小康社会，既是一个标杆，也是一面旗帜，使全市广大干部群众进一步明确了方向，鼓舞了士气，激励了斗志，凝聚起方方面面的智慧和力量，形成推动苏州经济社会持续快速健康发展的强大动力。

九、苏州全面建设小康社会的体会

苏州市在全面建设小康社会进程中取得了初步成效，但是由于小康社会建设是一个动态的过程，又是一项全新的任务，因此在实践中还有不少矛盾和问题。一是“惠及面”仍须继续提高。城乡居民收入特别是农民收入存在着“平均数不代表大多数，大多数达不到平均数”的问题。苏州600万户籍人口中，有近三分之一的农村劳动力，其中从事农业劳动的超过60万人，提高这部分人的生活水平难度较大。二是“达标率”还存在不均衡。江苏全面小康指标是以县为单位进行考核的，苏州各县级市、区总体实现了达标任务，但部分镇(街道)、村(社区)还有差距。就目标值而言，有些指标实现了高达标，但个别指标的达标水平还比较低。三是“全面性”也有差异。4大类指标中，生活水平和社会发展相对不足，特别是与国内先进城市相比，苏州市在自主创新能力、服务业占比、中心城市功能、社会管理水平等方面还有不小差距。因此，苏州即使完成了达标任务，还需要有相当长一段时间来提升小康社会建设的质量和水平。

十、迈向"第二个率先"的"苏州之路"

"十一五"期间,是苏州巩固全面小康建设成果、逐步向基本实现现代化迈进的关键时期。我们将以邓小平理论和"三个代表"重要思想为指导,以科学发展观统领全局,以实现又快又好发展为主题,以富民强市和构建"和谐苏州"为目标,以优化经济结构和转变增长方式为主线,以提高自主创新能力为核心,以深化改革为动力,坚持实施科教兴市、经济国际化、城市化、可持续发展战略,统筹城乡发展,优先发展高新技术产业和现代服务业,在更高层次上构建产业、体制、人才三大平台,把经济社会发展切实转入以人为本、全面协调可持续发展的轨道,使苏州经济更加繁荣,科教更加发达,人民生活更加富裕,环境更加优美,法制更加健全,社会更加文明。总体目标是:保持经济持续快速健康发展,地区生产总值年均增长12%左右;社会事业全面进步,社会保障体系更加完善,公共服务体系更加健全;人民生活整体比较富裕,收入差距逐步缩小;生态环境明显改善,资源利用效率显著提高,单位生产总值能源消耗比"十五"期末降低20%左右;社会主义市场经济体制比较完善,民主法制、精神文明建设全面加强,构建和谐社会走在全国前列。到2010年,总体达到省基本实现现代化目标要求。到2020年,主要经济指标达到当时上中等收入国家和地区的较高水平。

围绕上述目标和要求,我们将重点做好十个方面的工作:一是提高自主创新能力,建设自主创新型城市,加快转变经济增长方式;二是加快发展服务业特别是现代服务业,建设现代制造业基地,调整优化产业结构;三是统筹城乡发展,进一步做好"三农"工作,建设具有苏州特色的社会主义新农村;四是全面提升开放型经济质量和水平,建设全方位开放的先行区,加快经济国际化进程;五是深化各项改革,着力推进行政管理体制改革,为贯彻落实科学发展观提供体制保障;六是走集约型城市化道路,建设中心城区和5个县级市集约发展的现代化城市群,提升城市现代化水平;七是提高社会发展水平,建设文化强市、教育强市、人才强市，促进经济社会协调发展；八是注重人与自然和谐发展，建设资源节约型和环境友好型城市，增强可持续发展能力；九是加强民主法制和精神文明建设，建设法治城市，保持社会稳定安宁；十是坚持以人为本、富民优先，建设人民生活更为宽裕的宜居城市，努力构建社会主义和谐社会的示范区。

改革开放以来，作为中国发展的先导区和示范区，苏州经验一直成为中国经验的重要组成部分，为全国人民所重视。“两个率先”意味着苏州在率先实践中率先遇到问题和矛盾，要率先进行探索，付出更高的代价，为此我们需要加倍努力，以不辜负全省乃至全国人民的重托。

【·上篇·】

第一个率先：实践探索与理论思考

其实地上本没有路，走的人多了，也便成了路。

——鲁迅

人类已进入“流动的现代性”时代。

——鲍曼

【第一章】“苏州之路”：历史起点及现实基础

“上有天堂，下有苏杭”，千百年来，一句古老的谚语代代相传，让世人对苏州总是有着无穷的遐思和不尽的向往。苏州位于江苏省东南部，东邻上海，南接浙江，西抱太湖，北依长江。市区中心地理坐标为北纬 31 度 19 分，东经 120 度 37 分，属亚热带季风海洋性气候，四季分明，气候温和，雨量充沛。苏州自有文字记载以来的历史已有 4 000 多年，是全国首批 24 个历史文化名城之一。目前，在全市行政区划内面积 8 488 平方公里，其中市区面积 1 650 平方公里；全市户籍人口 606 万人，其中市区人口 225 万人。苏州市下辖张家港、常熟、太仓、昆山、吴江 5 个县级市和吴中、相城、平江、沧浪、金阊、虎丘 6 个城区，以及苏州工业园区、苏州高新区等 5 个国家级和 12 个省级开发区。1993 年苏州被国务院批准为“较大的市”。然而，正是这面积不到全国 1‰、人口不到全国 5‰的城市，在改革开放 20 多年来，始终站在发展的前列，更在全面实施科学、和谐的发展之路上快马扬鞭、一路领先。从 2001 年到 2005 年，苏州地区生产总值、全部工业总产值、进出口总额、农民纯收入和城镇居民可支配收入的年平均增幅分别达到 15.5%、27.3%、47.5%、8.7%和 13.9%。2005 年年末，全市实现地区生产总值4 026.52 亿元，全部工业总产值达到12 100 亿元，进出口总额达到1 406 亿美元，农民人均纯收入和城镇居民可支配收入分别达到 8 300 元和 16 276 元，率先完成了江苏省设定的全面小康社会各项指标任务，并逐步走向率先基本实现现代化的新的征程。

“现代性是流动的”——《流动的现代性》一书的作者鲍曼如是说。岁月流逝，苏州在走向现代性的历程中，一直在嬗变，没有抱残守缺、僵化模式，有的是与时俱进、脱胎换骨的创新。曾记得，20 年前，“苏南模式”一度誉满中华。约 10 年前，有人说“苏南模式”终结了，消亡了。但这不过是又一个现代版的“凤凰涅槃”。“苏南模式”非但没有终结，而且在新形势下发展了，创新了，并演变成了当前越来越受到人们关注的“苏州现象”、“苏州经验”，进而在科学发展、和谐发展中开拓“苏州之路”。回顾和反思这段历史，我们旨在寻找“苏州之路”的历史起点和现实基础。

泱泱大国空间的差异性总是为多样化发展模式的诞生提供了无穷机会和无穷动力。现代化首先意味着工业化。将一个落后的农业国转变为一个强盛的工业国，一直是中国现代化发展追求的目标之一。中国人口众多，幅员辽阔，不同区域的经济基础和生产力发展水平本来就是极不平衡的。建国以来的很长一段时期内，传统的计划经济模式、严格的户籍管理制度和城乡分割的二元经济结构以及平均主义“大锅饭”的分配体制等交互作用，抑制了区域经济发展的内在动力和活力，以发展迟缓为代价维持了一种表面上的平衡。

改革开放大潮拉开了中国经济社会快速发展的序幕，区域经济的发展打破了原先万马齐喑的局面，在速度加快的同时也拉开了发展差距，并开始在发展实践中寻求各自不同的所谓工业化发展模式。具有 2 500 多年建城历史的“白发苏州”曾经是农耕文明时代富足的“天堂”，宋朝以来，农、工、商各业日益繁荣，元明之际就有相当发达的工场手工业和海外贸易，早期商业资本与原始积累的工业资本一次又一次自发地结合，向工业化和现代化先后发起过多次冲刺，也曾经一度踏上现代性起点的门槛。但是，在明清闭关锁国的政策和世界资本联合扼杀下，旧时代的苏州工业化努力终究都付之东流。落伍的苏州背上了"小桥流水"式"消费城市"的雅号，在中国近代工业化谱系上几乎没有苏州的身影。改变这一切的，是改革开放的新时期。20 世纪 80 年代中期，"苏南模式"以其经济的快速增长而崭露头角，并以其独特的工业化发展路径而引起世人瞩目；90 年代以来，随着社会主义市场经济体制的初步建立和对外开放步伐的加快，苏南乡镇工业普遍实行产权制度改革，外商投资企业开始大规模进入，区域经济增长的主要动力源自农村劳动力向城市转移，从而引发了学术界一场关于"苏南模式"是"终结"还是"创新"的大讨论。由于众所周知的原因，这场讨论对于"苏南模式"究竟有没有终结抑或能不能创新虽然未能形成共识，但"苏南模式"的时代意义和历史功绩却不容否认。

正如歌德的一句名言："理论是灰色的，生活之树是长青的。"所谓模式本来就不应该如一些人所想像的那样是凝固的和一成不变的，实践也往往不会局限于理论所设定的框架。就在社会各界对发展模式问题渐渐失去兴趣的时候，苏州人在原有的实践基础上，积极反思，大胆探索，求真务实，开拓创新，在经济发展的高平台上再一次创造了快速发展的奇迹。对迈着创新脚步的苏州人来说，"苏南模式"只不过是"苏州之路"的一个阶段、一个历史环节而已。进入新世纪以来，当苏州年引外资拔得头筹，经济总量和财政收入年年升位，"最具活力的城市""世界科技新兴城市"等一个又一个美誉接踵而来时，新闻媒体和社会各界开始重新关注"苏州精神"和"苏州现象"。当 2005 年国家统计局颁布的全国百强县评比中宣布苏州昆山夺冠、苏州 5 个县级市全部进入百强县前列时，不管苏州人乐意不乐意，人们在惊叹之余再一次将华冠戴在了苏州人的头上。

"两个率先"是中央和省委、省政府领导对"苏州之路"提出的新的目标要求，是本世纪初对"苏州之路"新的总结与概括。苏州人民在新的历史条件下，坚持“三个代表”重要思想，树立和落实科学发展观，加快小康社会和现代化建设，这是“苏州之路”的主基调和主旋律。而“苏南模式”的形成、发展与创新，则毫无疑问是“苏州之路”的历史起点和现实基础。

一、“苏南模式”的回顾与反思

——在从农耕文明向工业文明、从传统社会向现代社会的转变中，苏州曾经发起过多次冲击，乡镇企业和“苏南模式”的崛起，是最有历史价值的一次

——“苏南模式”是以乡镇企业为依托、以乡村政权主导的一种计划外工业化发展共同体模式，内涵共同发展的价值观

——为了突破体制边界的历史限制，进一步顺应市场化宏观环境，乡镇企业产权变革是必然的

——“苏南模式”的终结是一次现代版的“凤凰涅槃”，创新的历史模式只有在历史后续创新中才能有新生

1. 乡镇工业的异军突起

历史表明，世界上任何事物的发生、发展及其演变过程，都是受一定规律支配的，因此也都是有迹可循的。当初的“苏南模式”并非空穴来风，是随着乡镇工业的异军突起而逐步为世人所认识和接受的。中国乡镇工业的异军突起，首先不是在地广人稀、资源丰富的西北边陲，也不是在有“民族摇篮”之称、历史源远流长的中原地区，而恰恰是发轫于苏州及其周边的无锡、常州等城市所在的苏南这样一个人口密集、城镇密集、城市密集并且资源贫乏的特定区域，决不是纯属偶然的社会历史现象，其间显然有着极其深刻的历史原因和社会原因。

祖祖辈辈习惯于田间劳作，忙碌于春耕、夏耘、秋收、冬藏的中国农民,一旦扔掉锄头挺身而起,大规模举办乡镇工业,就干出了一番轰轰烈烈的大事业,这样一场举世瞩目的重大社会变革,其深刻的社会历史原因又是什么呢?有人说这是逼上梁山,这一个"逼"字,活脱脱道出了在中国农民身上蕴含着的一股摆脱贫困、追求富裕的强大的内在冲动。从根本意义上讲,中国农民的这种脱贫致富的内在冲动,是由我国长期以来存在着的城乡之间、工农之间的内在矛盾冲突所诱发和产生的。而苏南地区的农民之所以率先"发难",只不过是由于这一区域的人地矛盾更加尖锐,工农差别更加突出,城乡反差更加强烈,因而摆脱贫困的愿望更加迫切,追求富裕的冲动更加强烈罢了。而这样一种强大的内在力量,正是苏州经济社会生生不息,不断发展,不断创新,由"苏南模式"而进入"苏州之路"的原始动因所在。

苏州的乡镇工业,萌生于20世纪50年代末期,其后几经风雨几经曲折,直至80年代初改革开放才迎来了大发展的势头。常熟和吴江,曾经是全国乡镇工业发展最迅速、最有成效的地方。到1985年,苏州乡镇工业的产值已占到全市工业总产值的"半壁江山",到80年代末已是三分天下有其二了。而在改革开放前期的大约15年时间里,苏州的经济总量之所以能保持20%左右的年递增速度,主要也是靠乡镇工业30%的年递增速度的支撑。

尽管历史的车轮已经进入了21世纪,苏州目前已拥有1万多家装备先进的外资企业和30余万家个体工商户和私营企业,并正在加快推进新型工业化进程,但即使用今天的眼光来看,当年乡镇工业的异军突起,给苏州农村带来的历史性巨变,尤其是在苏州经济社会发展中的重要历史地位和历史功绩,也是无论怎么估价都不会过分的。

乡镇工业异军突起的历史功绩,首先在于它的发展形成了突破传统计划经济体制的第一道冲击波,从而加快了我国市场取向改革的步伐。乡镇工业之所以一度被人们视为"异军",就是因为它在计划体制外生长,进而率先打破了单一计划经济模式的坚冰,打开了发展社会主义商品经济的"制动阀",成为探索建立社会主义市场经济目标模式的先驱者。与此有着同等重要历史意义的是，乡镇工业的发展，直接冲垮了壁垒森严的二元经济结构，走出了一条集体与个人多元投资着力推进农村工业化、城镇化的新路子，并由此完成了区域内工业化生产要素的相对集聚，优化了生产力布局，培养了一批高素质的熟练技术工人，为苏州日后成为国际制造业基地提供了物质和人力资源的坚实基础。乡镇工业基础上形成的以工补农、以城补乡、城乡一体、共同发展的经验，更成为当代科学发展观和全面建设小康社会的核心观念。一个以集体经济为依托、发展共同体为价值取向的"苏南模式"，虽然存在着体制上的弊端，但是，其农村工业化、发展共同体的价值观为今天的"苏州之路"提供了经验支撑。常熟的蒋巷村，一个面积并不十分大的村落，靠着党支部坚强有力的领导和全村人走共同富裕发展道路的坚强信念，依靠乡村工业和全面发展，创造了共同体的幸福生活，直到今天，依然是建设社会主义新农村的一面旗帜。实践表明，我们正在致力于解决的"三农"问题，乡镇企业在当初就作出了积极有益的实践探索和理论贡献。

现代化不仅仅是工业化和创造物质文明的过程，在相当大的程度上，它唤醒了苏南人的发展意识。如果历史要由自觉的发展实践来书写，那么，必须要经过强烈的发展意识的中介来转换。随着乡镇工业发展越来越快，在地区经济中所占份额愈来愈大，苏南人的发展意识也越来越强烈，"发展是硬道理"的思想也越来越深入人心，成为一种推动所有人奋发有为、创业发展的精神动力。正像在民主革命时代农民成为解放自己的主体力量，苏南人在兴办草根工业过程中，"泥腿子"的农民再一次成为走工业化道路、致富发展的主体力量。他们不仅创造了巨大的物质财富，也同样创造了意气风发、奋发向上的精神面貌和焕然一新的人格形象。2005 年是"张家港精神"正式提出并在全国推广 10 周年。就在 10 年前，"团结拼搏，开拓创新，负重奋进，勇于争先"的"张家港精神"席卷中华大地，全国各地纷纷组织到张家港参观学习取经，对当时的改革开放和两个文明建设起到了极大的推动和促进作用。其实，只要是身临其境的苏州人都知道,"张家港精神"就是由乡镇工业精神演化和升华而来的。当初,乡镇工业在计划经济体制的夹缝中求生存,在极"左"思潮残余势力的指责下图发展,没有计划要去争计划,没有市场要去找市场,还要筹资金,求技术,引人才,从无到有,由弱变强,其艰难困苦的情形是可想而知的。因此,当时的乡镇企业家们有句口号叫做"年年困难年年过,办法总比困难多"。什么办法?没有物质靠精神,有了精神也就有了办法。这种精神当时被总结为"四千四万"精神,即"调动千军万马,踏遍千山万水,讲尽千言万语,想出千方百计",克服种种困难,不达目的誓不罢休。这样一种精神遍及苏州乃至整个苏南地区,但相比较而言,在张家港人身上更加集中地表现出来,因而,当时张家港的乡镇工业发展也就更加红火更加引人瞩目。而用今天的眼光来看,"张家港精神",或者说是乡镇工业精神,集中到一点就是开拓创新的精神,同时也是"苏州精神",是支撑当初"苏南模式"形成、发展、创新,乃至形成今天"苏州之路"的核心价值。

2. "苏南模式"的本质特征及其历史价值

回顾苏州乡镇工业异军突起的那一段历史,把握"苏南模式"形成与发展的大致过程,"苏南模式"的基本内核和基本形态也就一目了然。

马克思说:"任何意识都是被意识到了的存在。"苏南在实践中创造发展模式的同时,也在人们思想上创造关于"苏南模式"的观念,虽然这一观念长期停留在经验的层次上。我国对于区域经济发展模式的研究大概开始于20世纪80年代中期。当时,农村家庭联产承包责任制的普遍实行,激发了农村区域经济发展的活力,许多地方从各自的实际出发,创造出不少发展区域经济的新鲜经验,理论界就将其上升到发展模式的高度加以总结推广。于是,一时间各种各样名称的"模式"满天飞,而其中在全国范围内认可度较高且影响比较深远的则只有"苏南模式"和"温州模式"两家。而且,在以后的大约十来年时间里,理论界对于这两种模式的孰是孰非、何去何从的争论从来就没有停止过。其实,用今天的眼光看,无论何种“模式”,其实都只是在特定的历史语境中出场的特定形态,它们各自适应了本地的需要,从各自的实际出发走出了自己的发展路子,发展模式说到底就是一个路径和过程选择问题,很难说清孰是孰非。如果要比较,那么,这两种模式主要存在着一同一异:相同的是两家都属于在体制外生长、区域“内生型”即自下而上的或者说是农村推动型的工业化发展路子;相异的则是“苏南模式”走的是集体发展的路径,“温州模式”走的是家庭发展的路径。产权形态固然对后来的发展影响甚大,但是,各自所形成的价值取向都是由区域内本地状况决定的,都是有价值的。至于集体经济与私营经济,它们在不同的历史条件下都曾经获得过各自的制度“红利”。

在一个时期内对“苏南模式”本质特征有各种不同的概括和表述,是非常正常的,这实际上也是对“苏南模式”研究和认识的不断深化过程。而当时比较完整也比较权威的一种表述是将其概括为“三为主、两协调、一共同”,即“集体经济为主、加工工业为主、市场调节为主,三次产业协调发展、两个文明建设协调发展,走共同富裕的道路”。应该说,这样的表述,是基本符合当时的实践取向和认知水平的。但如果对这一表述作进一步推敲的话,“三为主”其实就是乡镇工业为主,“两协调、一共同”则更多地体现了地方政府在理念上的目标追求和价值取向。因而,“苏南模式”的基本内容有两条:其一是以乡镇工业为主体,其二是以政府推动为主导。也就是说,“苏南模式”比之“温州模式”,更多了一层浓厚的政府色彩。但是这仅仅是对苏州早期乡村工业化阶段表面形式的分析。而在这一形式背后体现的最重要的价值,在于对发展共同体主义价值的追求。在村、乡(镇)范围内,以工补农,以城带乡,走共同发展和共同富裕的道路,注重公共物品和共同体福利的积累,这才是它当年吸引人的魅力所在。这也正是今天建设社会主义新农村所需要的。

因此我们也只有从这样一个角度出发,才能去正确理解和评价“苏南模式”的积极意义和历史地位。

地方政府参与和推动的积极意义，首先直接体现在乡镇工业起步阶段的要素集聚方式上。众所周知，苏南乡镇工业之所以以集体经济为主体，主要是因为其初始资本来自于农村集体的农业积累。据历史资料记载，当时苏州农村生产队一级的集体积累就高达20多亿元，而能够动用和支配这笔资金的只有基层政权组织。此外，农村区域内的土地、劳力等要素，在当时的情形下也只有基层政权组织能够低成本地进行调度和配置。这就有力地保证了乡镇工业能够在一个较短的时间内顺利完成原始积累并很快形成大发展的态势。

地方政府参与和推动的积极意义，更加明显地体现在区域经济发展过程中对于发展共同体主义的追求和引导上。在当时，乡镇工业的异军突起尽管在客观上确实起到了稳定农业、致富农民和繁荣农村的重要作用，但就企业行为而言，这些都不可能成为其主观上的追求，很明显，政府在其中所起的作用不可低估。在乡镇工业大发展的初期，地方政府在劳动力的安排和分配制度等方面都扮演着十分重要的角色，尤其是普遍实施和推行了“以工补农”政策，将乡镇工业创造的一部分利润，用以补贴农业生产，更着重用于小城镇建设和农村交通通信等基础设施的建设。这就使得所谓“两协调、一共同”的发展共同体主义在苏州农村得以成为现实。这应该是“苏南模式”的精髓所在，也应该是“苏南模式”的积极意义和历史贡献所在。不管今天的情况已经发生了多大的变化，这一点是无论如何不容抹杀的。更何况，目前我们正在努力建设的小康社会抑或和谐社会，从某种意义上讲，还能从中找到一些螺旋式上升、高层次回归的痕迹。

3. 乡镇企业产权制度改革引发的思考

历史行进到20世纪90年代中期，苏州乡镇工业在取得10余年辉煌成果的同时，其自身发展中存在的一些问题也开始逐步显现出来。尤其是1995年以后，内外部形势进一步严峻，乡镇工业进入了历史上最困难的发展时期。如果说，在1989年到1991年的治理整顿和1993年下半年的宏观调控期间主要矛盾是银根抽紧，资金供给不足，迫使其过快的发展速度来个“急刹车”；那么，后来一段时间的主要矛盾已经转化为市场制约，产品销售不畅，资金周转不灵，企业自身运行陷入了恶性循环。尤其是1997年以后，国内市场进一步疲软，消费无热点，实际上通货紧缩已基本形成；国际市场则由于东南亚金融危机的爆发而使出口受阻，这就使得外向依存度已经很高的苏州乡镇工业处于内外交困的境地。于是一场大规模的乡镇企业改制运动终于在“苏南模式”内部爆发出来。

乡镇企业改制是乡镇企业产权制度改革的简称，简言之，也就是乡镇工业由原先的集体经济向个体、私营经济转变。这样一场大规模的变革，大致经历了三个阶段：1993年到1995年，基本上是在私下里进行，被群众戏称为“悄悄的革命”，由于来自上面和社会舆论的压力很大，多数采用的是“一脚踢”承包或“红帽子”挂靠等过渡性的不规范形式，一度带来不少消极影响和后遗症；1995年到1997年，政府的态度逐步由默认、默许到公开支持，改制规模渐趋扩大，做法上包括出售、出租或“租股结合”、“租售结合”等多种形式并存，大多强调保留“集体股”，存在一定的不彻底性；1997年以后，在政府的大力推进下，改制逐步走上规范化，大约花了两年时间，整个改制工作在面上基本完成。这三个阶段同样体现了实践的发展和认识的深化过程。

事隔多年，对于这一重大的历史性变革，还是值得冷静反思和认真总结的。苏州乡镇工业轰轰烈烈十多年创下的如此伟业，为何会突然走到这一步？其中固然有市场取向改革力度加大和宏观环境发生重大变化的因素，但说到底还是取决于乡镇工业自身的原因。我们说乡镇工业是在计划经济体制的夹缝中发展起来的，此话固然不错，但在其身上毕竟还打着计划经济的时代烙印，在市场竞争日趋激烈的情况下，其原先独特的体制和灵活的机制渐显僵化退化，而技术装备差、管理不规范等自身固有的弱点却一下子凸现出来了。更加要害的问题当然还是出在产权的严重缺位上。必须看到的是，苏州乡镇工业一直引以为自豪的集体经济，即“乡办乡有，村办村有”的经济组织形式，其实是在人民公社“三级所有”的传统框架上发展起来的，如果说一开始还有一定的号召力和凝聚力，但最终的结果必然是“大家都有，大家都没有”，产权成了法律的虚构，经理层负盈不负亏，丧失了危机管理的意志和能力，广大职工则逐步感到了“主人翁”地位的异化和丧失，基层政权虽然给予了企业以制度红利，但是占有得更多，打破的“大锅饭”又重新拣了起来。这是直接导致乡镇企业产权制度改革的最本质最深刻的内在原因。

但是，我们不应就此得出苏州的乡镇工业已经消亡的结论。所谓产权制度改革的根本目的，其实只是顺应社会主义市场经济制度建立的需要，通过产权的引渡和变更使企业的产权得以明晰，从而让企业真正成为市场的主体。而苏州的乡镇企业经过这样一场重大的变革，就像中国古老传说中的“凤凰涅槃”，经历了生与死的洗礼而获得了新生。事实上，这些企业还在，这些企业所形成的生产能力及其所创造的物质财富和精神财富还在发挥着更大的作用。这几年苏州私营经济的蓬勃发展就充分证明了这一点。

4．“苏南模式”的反思：终结抑或创新

20 世纪 90 年代末，大规模乡镇企业产权制度的改革再次引发了理论界关于“苏南模式”的大争论。如果说，从前的争论主要纠缠在两个模式孰是孰非的问题上，那么，这一次则聚焦于“苏南模式”究竟是终结还是创新上。

理论界不断掀起的关于模式之争并不是孤立的，总是伴随着我国思想解放运动的进程不断深入的。思想解放的每一次深入，都会在更新的层次、更高的平台上引起关于“苏南模式”的新思考和新争论。而这些新思考和新争论，又反过来催化着思想的进一步大解放。需要指出的是，我们对于“苏南模式”实践行为的本质特征的认识，是在当时特定历史条件下形成的，其本身就存在着理论上的缺陷以及由此而导致的认识上的误区。从大的方面看，主要存在着一大理论缺陷和三大认识误区。

所谓一大理论缺陷，指的是我国区域经济理论视域中的“区域”并不是市场化所自然辐射和有机关联的地域，而是由“行政壁垒”所构成的省域、市域、县域的机械集合。因此，晚自20世纪80年代中期方始出场的区域经济理论，就有了一个看似合理、实际上是虚假的对象——长江三角洲。由于传统经济运行主要是依靠行政的意志在一定的行政区划框架之下进行的，因此，到目前为止，我国的区域经济理论还不可避免地带有较为浓厚的行政色彩，往往把经济区域与行政区域混为一谈。比如，近年来长三角经济区域名声大振，周边好几个城市立即提出申请要求加入。同理，当初所谓“苏南模式”中的苏南这个区域，在外人看来，无疑是一个经济区域，但事实上是由苏州、无锡和常州这三个地级城市及其所管辖的行政区所组成的，而且直至20世纪末依然是界线分明、壁垒森严，极少有经济上的联系和合作，多的则是相互攀比和恶性竞争。与此同时，苏州与嘉兴、湖州有着极深的历史渊源和广泛的人文经济联系，却被一条省界所阻断。客观存在的行政壁垒制约着，甚至造就着我们理解的视野，而我们在这一问题上却存在着“理解前提的自我遗忘”，这一理论上的缺失对我国区域经济实践的健康发展已经造成严重障碍。21世纪开始，珠江三角洲按照市场化空间结构重新调整行政区划，强县(市)扩权，为打破不合理的行政壁垒，做出了一定的探索。但是，这一努力难以从根本上解决两者的不对称性矛盾。理论界对于长江三角洲区域经济一体化的研究、关于“环太湖”城市圈的探索，也是对这一缺陷的警醒和反思。

至于认识上的误区，主要表现在三个方面。

首先是在所有制问题上的认识误区。历史上已经形成的强大的集体经济基础本应该是苏州农村在新形势下继续前进的强大支撑，然而，它一旦被看做凝固的模式和僵化的理念，就必然走向反面。历史的经验说明：**任何创新的产物都会僵化，都会走向反面，只有在继续不断的创新中才能永葆生命活力；解放思想的成果只有在继续思想解放中才能实现可持续发展。“苏南模式”是如此，其他模式也是**

如此，一切模式都不过是发展之途中的一个路标。那时存在的认识误区就是不懂得马克思早就阐明的真理：“辩证法在对现存事物的肯定的理解中同时包含对现存事物的否定的理解，即对现存事物的必然灭亡的理解；辩证法对每一种既成的形式都是从不断的运动中，因而也是从它的暂时性方面去理解；辩证法不崇拜任何东西，按其本质来说，它是批判的和革命的。”①将历史发展暂时的一瞬当做永恒，似乎只有集体经济才是苏州农村发展的唯一正道，舍此别无他途；只有乡村两级举办的企业才是集体经济唯一的实现形式，余者皆为异端。因而在一个时期内自觉不自觉地排斥、压制本属于乡镇企业外延部分的农村个体私营企业，以极力维护“正宗”集体经济的主体地位。这一认识上的误区违背历史辩证法，使我们在实践中付出了沉重的代价。长期纠缠于低层次的“阵地争夺战”，阻滞了农民私人资本进入生产领域，同时也影响了集体资本向高层次的转移；单一的投资结构使得集体经济组织背上了沉重的债务包袱，承担着无限的风险。这是苏州乡镇工业到后来陷于困境的一个重要原因。

其次是政企关系上的认识误区。正是由于乡镇工业一开始就是在社区政府的直接推动下发展起来的，长期以来造成了产权的错位，“乡办乡有、村办村有”变成了“政府所有”，进而变成“干部经济”或者“权力经济”。政府推动原来是乡镇工业发展的活力和动力，结果异化成了阻碍：一是行政目标的重要位置和越来越重的攀比压力；二是地方财政预算规模与增长速度有着直接联系。更为严重的是政府直接介入企业的微观经济运行，政府行为支配甚至取代了企业行为，使得企业难以成为市场的主体，而政府本身也最终陷入了难以自拔的境地。

再次是发展速度问题上的认识误区。经济发展速度的实现应该是主观努力与客观条件相一致的结果。政府主导模式和片面的 GDP 政绩观必然造成区域性“投资饥渴症”或者“速度饥渴症”，超越客观

① 《马克思恩格斯选集》第 2 卷，[北京]人民出版社 1995 年版，第 112 页。

条件去盲目追求高速度，也就陷入了认识上的误区，也必然会陷入效益递减的陷阱。事实上，到20世纪90年代初建筑在层层加压相互攀比基础之上的那一轮超高速增长，客观上激化了长期以来潜伏着的矛盾和问题，使乡镇工业很快陷入了“三高一低”的恶性循环，即高负债支撑下的高投入，高投入支撑下的高速度，高速度带来的却是效益的急剧下降，最终滑到经济崩溃的边缘。

对“苏南模式”问题率先反思的是实践者。早在20世纪90年代初，有人就提出“苏南模式”必须及时“从以往成功的经验中解脱出来”，勇于“自我否定、自我挑战、自我超越”，开始新的开拓创新之路。

二、“苏南模式”的创新——经济国际化的历程

——新全球化时代的来临催生制造业的全球转移，优越的区位加上有准备的头脑，成就了苏州的外向型经济格局

——“昆山之路”是苏州创新发展的“三大法宝”之一，它展示了苏州人敢为天下先的先锋气质

——中外政府级合作开发的工业园区落户苏州并迅速成长壮大，显示了苏州人能干大事、成就伟业的能力

1. 适时的战略转移

众所周知，在苏州经济发展历程中，20世纪80年代的亮点是乡镇工业，90年代的亮点则是开放型经济。人们很容易看到两者的差异、甚至断裂，看到后者对前者的否定一面，但却较少地深入思索两者的传承和发展关系。其实，正如历史不是插片和绘图集，“不是既成事物的集合体，而是过程的集合体”，任何“事物都处在生成和灭亡的不断变化中”①，是一个包含着若干阶段的连续统一体一样，“苏

① 《马克思恩格斯选集》第3卷，[北京]人民出版社1995年版，第244页。

南模式"也是一个历史过程,有着自己不同的发展阶段。如果说,前者是改革初期和对内开放的产物,是工业化的早期阶段和初级基础,那么后者则是深度对外开放的产物,是工业化中期和国际化的阶段,也是对"苏南模式"的开拓和创新,它们构成了苏州工业化发展的两个不同阶段。开放型经济是"苏南模式"开拓创新的一次伟大的战略转移。

20世纪80年代中期,国家在将改革重点由农村向城市推进的同时,加大了对外开放的力度。1985年,国务院宣布苏州为沿海对外开放地区,1987年又提出了沿海经济发展战略,明确提出沿海经济发达地区率先参与国际经济大循环。期间,中央出台了一系列加快对外开放的政策措施,重视发展对外贸易,鼓励扩大出口创汇,实行外汇留成制度等。苏州也相应获得了引进技术设备限额进口权、有限对外贸易经营权和外贸切块自营权。

苏州尽管在历史上有着雄厚的传统工业发展基础,但建国后很长一段时间停滞不前,基本上还是以加工工业为主,以中小企业为主,国家计划的份额占得很少。乡镇工业发展到一定规模后,市场的份额却越来越大,到20世纪80年代中期已达到80%左右。而与此同时,随着城市商业流通体制改革的启动,国家开始给国有大中型企业"松绑",当时提出的口号是"由单纯生产型向生产经营型转变",此外,军工企业开始转产民品,家庭工业、私营经济开始大规模崛起,苏州人把这一现象称为"狮子松绑、猛虎下山、猴子上树",乡镇工业的市场优势开始受到威胁。国内市场出现了由长期的卖方市场突然向买方市场演变的戏剧性突变,短缺经济向低度过剩经济转变,低端产品市场的竞争日益激烈。当时以低端产品更新换代为主产业、以乡镇工业为主体的苏州经济就是在这样的市场环境挤压下不得不探索新的生存和发展空间的。

同一时期,以知识经济为产业经济基础的新全球化时代来临。发达国家纷纷抢占知识产业制高点,利用雄厚的高端科技教育力量狠抓自主知识产权和产品研发,为了更好地利用低廉劳力、占领市场和转移生态赤字,赚取更多利润,而将消耗资源、能源较大和污染环境的末端制造业及传统制造业向第三世界国家和地区大力扩散。发达国家对内造成“产业空心化现象”,对外,在全球范围内着力构建发达国家对欠发达国家的“知识文明—工业文明”的控制结构。跨国公司和全球公司在全球的低成本扩张战略,以及在产业结构和经济结构方面进行的全球布局大调整,给发展中国家带来了引入制造业资本投资的绝佳机会。对于发展中国家来说,引进外资企业,可以加速从农业国向工业国的转变。而谁率先完成工业化的高端,早日步入中后期,谁才有资格谈区域化的后工业文明、自主创新和知识经济。正是基于这一思路,苏州紧紧抓住外向型经济这一重大机遇,抓住全球制造业梯度转移和新的国际分工协作关系,为苏州经济冲出国门、跻身国际市场创造了极为有利的外部环境。

中国沿海地带不可谓不长,为什么并非在严格意义上沿海的苏州能自觉抓住这一机遇?相对论创立者爱因斯坦说得好:“机遇总是青睐有准备的头脑。”苏州不是深圳特区,没有国家优惠政策;甚至也不是首批沿海十四个开放城市,但是,苏州人“有准备的头脑”,这就足够了。

在客观条件上,值得一提的是苏州独特的区位优势和人文环境。如果说,这在当初乡镇工业异军突起的过程中尚未能充分显露出来的话,那么,在苏州经济国际化的进程中则显得至关重要。首先,苏州地处长江黄金水道和西太平洋黄金海岸的交汇点,位于蓬勃发展的长江三角洲中心,如果把上海比做长江巨龙的龙头,江苏是龙颈部分的话,那么苏州则是龙头与龙颈部分之间的咽喉。其次,苏州土地肥沃,物产丰富,具有悠久的外贸出口历史。早在三国孙吴时期,苏州已与海外有了人员交往和经济联系,到康熙年间清廷宣布开放海禁,苏州成为全国著称的内外贸易转口中心。即使在建国以后的数十年里,苏州的丝绸、工艺品和土特产品的出口也从未停止过。再次,苏州还具有深厚的历史文化底蕴,尊师重文,善于经商,善于与外国人交往,这样一种独特的“吴文化”氛围,在对外开放中更是流韵不减,强烈地吸引着海外投资者。更为重要的是,由于"苏南模式"第一轮发展所形成的巨大的加工生产能力和发达的市场流通网络,加上政府推动经济的意识和能力,使得苏州经济走出国门,参与国际市场竞争的条件更趋成熟。1996年,国际著名的英国永道咨询公司受英国贸工部委派来苏州作投资环境考察后给予了极高的评价:(1)绝佳的地理位置,良好的基础设施以及同国际广泛的联系网络;(2)具有通向庞大国内市场的能力;(3)完备的工业体系,开明的经济政策以及欣欣向荣的经济;(4)悠久而深厚的文化遗产和素质良好的人才资源基础;(5)各级政府进一步改善投资环境的推动力。这应该是一个很好的注解。由此,也就不难理解,在中央作出沿海经济发展战略之后,苏州为何能继深圳、上海之后迅速崛起,以令人惊讶的爆发力在经济国际化的进程中一路迅跑,引进外资和进出口贸易在全国各大城市中名列前茅。

2. 吃蟹的勇士——昆山的成功之路

鲁迅说:"第一个吃螃蟹的是勇士。"据说,这一勇士就出在昆山的巴城。此事虽未见史册记载,但这一故事却凸现出一种开拓创新的精神,不断激励昆山人敢为天下先,走在开放的前列。人们都非常熟悉的"昆山之路",就由此而来。

与苏州的其他县级市一样,昆山也是苏州市下辖的一个县级市。尽管紧靠上海,但因地处阳澄湖淀低洼地区,农地面积比重大,在计划经济时期属于商品粮基地,经济发展相对滞后,到20世纪80年代初地市合并时排名6县市之末,被人戏称为"小六子"。在这样的背景条件之下,昆山人并没有自卑和气馁,而是喊出了"起步迟,起点高,发展快"的激励口号,在第一轮发展中通过吸引上海城市大工业与当地乡镇工业横向联合这一高招,很快与周边地区拉近了距离。在此基础上,他们一发而不可收,在经济国际化的道路上迅跑。用昆山人自己的话总结,叫做"起步于横向联合,得力于外向开拓,振兴于自费开发",这就是"昆山之路"的真实写照。

足以让昆山人自豪、令世人叹服的是，他们在1985年就自费搞起了昆山经济开发区，直到1992年得到国家的批准和支持，其间的艰难曲折是可以想见的。当时的开发区须经国务院开放办审核批准，并享受国家政策和财力的支持，昆山自费开发开了全国的先河，这是需要具备远大的战略眼光和非凡的胆魄勇气的。有了这样一个好的基础，他们及时提出要把发展开放型经济作为重点，立足国内，面向世界，加快经济国际化进程，掀起了学外向、议外向、抓外向，“三外齐上”和大规模招商引资的热潮。在此过程中，他们解放思想，转变观念，开拓创新，与时俱进，在引进外商独资企业、土地招标出让、乡镇配套小区建设以及在新形势下如何解决“三农”问题等方面进行了大胆的探索和尝试，始终走在改革开放的前列，并取得了令人瞩目的成就。所有这些，同样需要吃蟹的勇气，也构成了“昆山之路”的重要内涵。

经济国际化进程的加快，使得昆山的经济社会各方面出现了天翻地覆的变化，跃上了一个全新的发展平台。既有力地推进了产业结构、技术结构、产品结构的调整，带动了整个区域经济素质的提高，又有效地推动了交通、通信、电力等基础设施的建设，加速了第三产业的发展；既促进了人们思想观念的转变，又锻炼和培养了一支与国际接轨的高素质人才队伍。更为重要的是，他们以改革开放为动力，以经济国际化为契机，着力推进工业化、城市化进程，在区域经济大发展的同时，昆山人民的收入水平和生活质量也得到了大幅度的提高，小康社会在昆山这块土地上初露端倪。中央和省的高层领导多次去昆山考察，都给予了充分肯定和高度评价，并由此提出了“两个率先”的更高要求和目标。在2005年国家统计局颁布的全国综合实力百强县评比中，昆山名列榜首，这应该是对“昆山之路”的最高褒奖。

这里还有一个问题值得我们再次注意，昆山是苏州的一个县级市，是苏州广大农村的一个组成部分，也是“苏南模式”的一个组成部分。在“苏南模式”起步之初，昆山曾经一度落后，但很快就跑到前头去了。而与此同时,苏州的其他县市也在发展、也在赶超,这本身就是"苏南模式"的活力之所在。因此,可以这样说,正如"张家港精神"就是乡镇企业精神同时也是"苏南模式"精神一样,"昆山之路"就是乡镇工业之路的延伸和拓展,当然也应该就是"苏南模式"在新平台上的继续,也是"苏州之路"的重要内容。

3. 工业园区的建设和"亲商"理念的引进

开发区是联结东方和西方、知识与制造的桥梁,密集的开发区因而表明了苏州的经济国际化程度,以及对全球经济的关联和依赖程度。早期以乡镇工业为基础的"苏南模式",外向开拓能力小、资源分散,而以开发区为依托,使产业、资本、人口三集中,成为外向型、新型工业化的主要载体。苏州的各级各类开发区尤其是苏州高新技术开发区和工业园区的崛起并成为引进外资的重要载体,开放型经济才进入到了一个更高的层次,也才有可能成为中国改革开放大潮的弄潮儿。

苏州工业园区是中国和新加坡两国政府的重要合作项目。1994年2月,国务院副总理李岚清和新加坡内阁资政李光耀分别代表中新两国政府签署了《关于合作开发建设苏州工业园区的协议》。同年5月,苏州工业园区正式启动。11年来,已经在基础设施开发、招商引资、经济社会发展、体制机制创新等各方面取得了令人瞩目的成绩。区域内的经济发展始终保持年均45%的高速增长,2004年实现地区生产总值502亿元,完成地方一般预算收入29亿元(全口径财政收入70亿元),分别是1994年的44倍和136倍,人均生产总值突破2万美元。目前,工业园区以苏州市3%的面积和4%的人口,创造了全市14%的地方财政、25%的合同外资、31%的进出口额,各项主要经济指标达到了苏州全市1993年的水平,因此被誉为国内发展速度最快、整体水平最高、最具竞争力的工业园区之一。

1992年,邓小平同志视察南方时谈到:"我们必须大胆地吸收和借鉴人类社会创造的一切文明成果,吸收和借鉴当今世界各国的一切反映现代化生产规律的先进管理经验和管理方式”，还特别指出“新加坡的社会秩序算是好的，他们管得严，我们应当借鉴他们的经验，而且比他们管得更好”。[①] 苏州工业园区就是在这样一个重大的历史背景下建设起来的。因而，园区管委会从一开始就设立了“借鉴新加坡经验办公室”这样一个特殊的机构，并把引进新加坡先进的管理软件作为头等大事来抓。10 多年来，园区借鉴办先后组织输送 1 700 多人次赴新培训，有目的、有系统地在招商引资、客户服务、经济发展、城市建设、社区管理、社会保障等领域学习借鉴新加坡成功经验。在此基础上，园区先后编制并实施了近 80 项新的管理办法和实施细则，逐步形成了“科学、规范、透明”的管理秩序和“公开、公正、公平”的法治环境。所有这些，对于园区自身的健康快速发展以及对于周边地区的示范带动效应都起了十分重要的作用。

他们从新加坡引进的第一个软件，就是“亲商”的理念。“亲商”是新加坡政府实施行政管理和社会管理的一个核心理念。在我国，能破除 3 000 多年封建社会“重农抑商”思想和数十年传统计划经济体制的影响，确立“亲商”理念，确实是解放思想的一个关键环节。但作为思想观念形态的“泊来品”，开始不少人难免对其抱“亲商就是媚外，就是傍大款”的偏见。经过一个时期的磨合和实践，园区人积极消化吸收“亲商”理念并进而将其概括为：本着“开放融合、尊商惠民、创新创优、和谐共赢”的信念，通过“尊商、引商、留商、便商、安商、富商”等具体举措，规范政府行为，提升服务效能，降低商务成本，优化投资环境，吸引和集聚国际先进产业进区发展，帮助企业实现最佳投资回报，促进政府、企业和社会多方共赢。由此可见，“亲商”理念并非空洞无物的一句口号，也绝非仅仅是对客商笑脸相迎，而是通过高效廉洁的行政行为和国际化的办事规则，具体体现为一切从投资者的利益出发，为投资者着想，竭尽全力为投资者创造适合投资发展的环境。10 多年来，园区一以贯之地把提升“亲商”理念与坚持

① 《邓小平文选》第 3 卷，[北京]人民出版社 1993 年版，第 378—379 页。

"以人为本"思想、深化改革开放、优化投资环境以及加强政府作风建设紧密结合起来,贯穿于政府的一切工作之中。

精神的力量会转化为巨大的物质推动力。正因为苏州工业园区注重对于软件的引进,尤其是正确把握和坚持了"亲商"理念的合理内核,不仅综合经济实力跻身全国国家级开发区前列,成为我国目前中外合作层次最高、规模最大、效果最好的开发区之一,而且苏州为全国提供了成功范例。在苏州行政区划范围内,以苏州工业园区、苏州高新区、昆山高新区、张家港保税区、吴中国家旅游度假区等5个国家级开发区为龙头,以8个省级开发区为骨干,星罗棋布,构成了一个网络化、系统化、功能相对互补的开发区集群,成为苏州经济国际化进程快速推进的主要动力。

外向带动战略的实施盘活了两个资源:一方面,国际生产资本各种先进要素落户苏州,全面提升了苏州的经济与城市综合国际化水平;另一方面,也同样盘活、利用了苏州本地工业固有资源,使苏州潜伏的巨大生产能力得到有效释放。两者的合力,才造就了今日苏州的辉煌。

4. 对国际经济技术梯度转移的再认识

对苏州经济国际化进程以及昆山、苏州工业园区两个典型个案的简要回顾,能引发我们一些什么思考呢?苏州的经济国际化进程是"苏南模式"创新的必然结果,然而,这一结果又是一个更大范围创新过程的开始。

苏州之所以能取得目前如此辉煌的发展成果,首先得益于国家的改革开放政策,归功于苏州广大干部群众的努力,加上区位优势和良好的投资环境等,但倘若没有新全球化时代的来临,没有国际经济技术梯度转移规律的作用,那么,一切努力都可能难以奏效。国际经济技术梯度转移规律是一个普遍规律。那么,推动国际经济技术梯度转移发生作用的内在动力是什么呢?毫无疑问,应该是国际资本寻求超额利润的冲动。作为企业,追求利润的最大化是其本性,因此,一旦生产成本和商务成本上升到足以影响它们对超额利润的获取,它们就会下决心向土地价格低、劳动力成本低、经济发展水平较低且市场空间较大的地区转移。因为这样一种转移呈现出由高而低的梯度推进,故又称之为梯度转移规律。20世纪90年代以来,随着冷战结束,国际经济发展趋于全球化,其中一个重要特征就是梯度转移规律呈强化态势。

由此而来的问题是:我们引进外资的目的与外资进入的目的存在着矛盾。外资进入的目的主要是为了追求超额利润,而我们引进外资则无疑是要加快当地的经济社会发展,土地价格上升和工资水平提高是题中应有之义。这一对矛盾恰恰又构成了梯度转移规律继续发生作用的内在动力。诚然,我国目前乃至今后很长一个时期内,将仍然是国际资本理想的投资热土,但区域之间的梯度转移却是不可避免的现象。前几年盛行的一句话"珠三角的今天就是长三角的明天"所表述的就是这个意思。因而,实施"生根战略"也好,"让外资进得来留得住"也罢,作为良好的愿望和主观的努力是完全可以理解和肯定的,但必须清醒地认识到,梯度转移的规律不可抗拒,外资企业到了不得不走的时候是拉也拉不住的。基于同样的道理,外资的转移其实从根本上讲也并不是坏事,恰恰说明这一地区的经济已经走向成熟。凡事"预则立,不预则废",问题在于我们能否做到见机在先,早做部署,及早寻找增长替代,以防当地经济"空心化"现象的出现。

另外,一个相关问题同样值得我们进行冷静的思考。各地在竞相引进国际资本的过程中,受理论界关于"城市综合竞争力"的影响,不恰当地、过分地攀比所谓"综合竞争力",从而产生了不少误解。且不说目前我们引进的只是国外用于国家综合竞争力评估的软件,用于城市评估显然有着许多不可比甚至不科学的地方,更何况一些开发区充其量只是城市的一个功能分区,就具有更大的不可比性。当然,作为一个城市或开发区,其吸引外商投资的竞争力是客观存在的,但又是相对的和动态变化的。从苏州的实践发展再上升到理论的层面看,这样的竞争力大致可以分为三个阶段或者说是三层境界:第一是环境竞争力,主要是天赋的和人为的软、硬两个方面的投资环境,但随着政府职能的转变和基础设施的完善,相邻的城市和区域间的环境竞争力将会逐步趋同;第二是产业竞争力,随着产业集聚度的提升和产业集群的形成,在同等投资环境条件之下,某一区域对于同一产业的吸引力将会凸现出来;第三是特色竞争力,即一个城市的文化品位和精神魅力,这是永远“抢不走、跑不了、无法克隆、不可替代”的,在梯度转移规律再度发生作用的时候,这样一种特色竞争力就会进一步凸现出来。苏州目前已经从第一层境界上升到了第二层境界,并正在致力于构筑第三层境界即特色竞争力。

三、“科学发展观”时代的“苏州之路”

——准确理解科学发展观的本真意义,构筑苏州发展的新地平线

——三维视角观察“苏州之路”,产业升级、城市发展、人的现代化是主要轴线

——探索苏州版的科学和谐发展模式,历史新的一页已经打开

——走向新全球化时代的中国新型现代化,苏州面临新挑战

——率先发展、科学发展、和谐发展,任重而道远

1. 如何在“两个率先”实践中理解科学发展观

如果说,以乡镇工业为基础的“苏南模式”和外向型经济是苏州发展的两次经济波,那么,2003年中国政府提出要贯彻落实“科学发展观”的伟大战略,就拉开了第三波经济发展的大幕。资源“瓶颈”、环境“瓶颈”加上自主知识产权的缺乏,使苏州经济对全球经济有很大的依存度,因而具有很大的风险。为此,国家提出科学发展观,要求苏州以科学发展观统领率先全面小康建设，就是要苏州再创新模式，将经济发展建立在以自主知识产权为支撑、着力于提高技术水平和劳动者素质的基础上，建立资源耗损低、环境污染少、可持续性和独立性强的经济体系。

在这一背景下，江苏省全面小康社会建设指标体系是落实科学发展、和谐发展和全面发展的重大举措。在“苏南模式”和经济国际化两个截然不同的阶段上，苏州成为小康水平的先导和示范；而在科学发展观的新地平线上，在全面小康社会建设和基本实现现代化的伟大战略转移中，苏州需要进一步全面审视其发展实践，从而坚定地走“苏州之路”，进而创造“苏州之路”，即科学和谐发展模式。

在全面建设小康社会中树立和落实科学发展观，首先要具有反思意识，必须以全新的观念对以往在总体小康的建设和发展中的实践作客观的反思和实事求是的总结，找出哪些是必须长期坚持的科学经验，哪些是过时的形式必须淘汰，哪些是不科学的必须摒弃，以与时俱进、开拓创新。唯其如此，才能使我们真正树立科学发展观，以指导全面小康社会建设的实践。如果说，当年小平同志强调“发展是硬道理”着力于“发展的合理性”，那么，在今天，倡导科学发展观就是强调“合理地发展”，这无疑是人们思想认识的又一次飞跃，是对小平发展理论的重大发展。

任何科学概念都是一个专指，有与之相匹配的唯一内涵，具有专属性和排他性。关于科学发展观的内涵，目前一般表述为“以人为本，全面、协调、可持续发展”。科学发展观的内涵十分明确，指认十分确定，不能作任意解释。今天，中央提出在新世纪头 20 年全面建设小康社会，所面临的新形势、新情况变化多端，区域间的差距性日渐拉大，条块矛盾日益显性化，全局与局部关系调整难度日益增大，需要我们自觉而准确地理解科学发展观的科学内涵。党的十六届三中全会提出的“五个统筹”，是对科学发展观外延的总体表述。“五个统筹”的要义并不在于是五个或者十个方面，而在于统筹，即任何工作都必须做到统筹兼顾，综合协调。为此，树立和落实科学发展观、全面建设小康社会需要我们进一步转变思维方式。以往我们抓工作,习惯于运用点式思维或线性思维,其优点是易于集中思想、集中精力把某一方面的工作搞好,弊端是难于统筹兼顾,只能过一阶段来一次治理整顿,调整纠偏。如强调"以粮为纲"就来个"全面砍光";一提工业化、城市化,就把"三农"问题丢在一旁。小平同志生前多次批评"一手硬,一手软",并大声疾呼"两手都要硬",针对的就是这样一种思维方式。因此,树立和落实科学发展观,就要求确立科学的思维方式,这是一种不同于点式思维和线性思维的能够四面统筹、八方兼顾、举纲张目的立体的、多维的思维方式。我们应把握住两条:一是要统筹区域内经济社会发展的各个方面;二是要兼顾区域内与区域外亦即局部与全局的各种关系。唯其如此,才有可能真正实现各个区域乃至整个国家的全面、协调、可持续发展。

2. 走向科学发展的全面小康社会建设

以科学发展观统领苏州率先全面小康社会建设,成为苏州发展的必然选择。当年,苏州成为邓小平同志提出"三步走"战略构想、确立小康发展目标的地方,今天,苏州再次成为江苏乃至全国以科学发展观统领"两个率先"的重要实验室,肩负重任。走向科学发展,这是苏州发展的必然结果。我们以工业化进程、城市化进程以及人的现代化进程三大轴线构建一个三维立体坐标系,对苏州过去和未来发展进程加以梳理,就可以清楚地认识这一点。

第一条轴线:工业化进程。苏州历来以"历史文化名城"为城市性质和发展定位,长期以来在保护与发展的关系上争论不休,因而丧失了建国以后的第一轮以发展城市大工业为特征的工业化重要机遇,而在改革开放以后走出了一条以农村工业化为起始点的工业化新路。苏州的工业化进程大致可分为具有鲜明特征的三个阶段,时间上的相互重叠表明前一阶段尚未结束,后一阶段已经开始。

第一阶段,1980~1995 年,以乡镇工业迅速崛起为标志的农村工业化阶段。农村生产要素在区域内集聚,工业生产布局拉开,加工制造能力迅速扩大，这一阶段区域经济发展的动力源在农村，总体上表现为自下而上的农村推动型经济。

第二阶段，1990～2005年，以高新技术开发区的建设为标志，以大规模引进外资为手段的城市工业化阶段。各类生产要素以及国外的新技术、新产品向中心城市集聚，乡镇企业改制大规模展开，区域经济的发展模式开始由农村推动型向城市辐射型转变。

第三阶段，2000～2015年，以IT产业的集聚和发展为标志的新型工业化阶段。前5年以接受国际IT产业梯度转移为主，以硬件的生产和加工为主，目前正积极引进研发机构，发展软件行业，增强自主创新能力，扩大自主知识产权；国有企事业单位改制全面推进，同时用高新技术改造传统产业，现代服务业出现跨越式的大发展势头。新型工业化进程至此将使区域经济的发展出现革命性变化。

第二条轴线：城市化进程。城市化是与工业化相伴而行的，并且是在城乡空间敞开的条件下进行的开放式运动。从这一意义上讲，工业化是因，城市化是果，但从长远看，两者之间又是互为条件、互为因果的。因而，苏州真正意义上的城市化，还是在工业化起步大约5年之后才开始的。

第一阶段，1985～2000年，以小城镇迅速发展壮大为标志的农村城镇化阶段，亦即城市化的初级阶段。乡镇工业成为区域经济的"半壁江山"，农村第一轮交通建设基本完成，乡镇企业聚居小城镇，刺激小城镇出现大发展态势，人口增加，规模扩大，功能提升，并带动区域内农村现代化进程。

第二阶段，1995～2010年，以中心城市扩容增量为重要标志的城市现代化阶段。开发区使中心城市突破了原有的空间桎梏，由"一体两翼"到"五区组团"再到网络状区域化发展，辐射带动能力大大增强，区域内交通、通信等基础设施进一步改善提升，城镇体系布局开始大幅度调整完善，并反过来推动工业化进程的提速。

第三阶段，2005～2020年，以城市圈的形成和崛起为标志的区域经济一体化阶段。尽管这一阶段目前还刚刚破题，但已经初见端倪。随着新型工业化的推进,中心城市将出现全新的形态,如网络城市、区域城市等,城市关系将随着行政区划的淡化和区域共同市场的完善而进一步密切,以苏州、无锡、常州、嘉兴、湖州等五城市组成的层次不一、形态各异的“环太湖”城市圈的发育成熟将成为这一阶段城市化的重要载体和主旋律。

第三条轴线:人的现代化进程。人类社会的现代化进程,经历了从客体现代化到主体现代化,从物的现代化到人的现代化的过程,最终归结到人的现代化这个终极目标上来。由此可见,工业化、城市化只是手段,人的现代化才是目的。人的现代化体现在生产、生活水平的提高和人的综合素质的提高上,而所有这一切都建筑在人民收入水平的提高上。与前面两条轴线相对应,苏州人民收入水平的提高也大致经历了三个阶段。

第一阶段,在整个20世纪80年代,城市居民基本处于传统的低福利、低工资状态,收入水平无明显增长,但生活质量有所提高,农民收入依靠政策性因素出现大幅度提高,还有一个重要的历史性变化是随着大批农民进入乡镇企业,由以工分性收入为主向以工资性收入为主转变。

第二阶段,进入90年代,农民收入增长趋缓,城市居民随着改革开放的深入、大量外资企业的进入和城市功能的提升,收入开始大幅度增长,但基本上还是以工资性收入为主,并且总体上滞后于GDP的增长和财政收入的增长;与此同时,这一时期的一个鲜明特征就是贫富差距开始拉大,尤其是大批下岗工人和失地农民的出现,使社会保障问题成为突出的社会问题。

第三阶段,目前刚刚破题,随着“三足鼎立”战略构想的实施,民营经济出现大发展态势,城乡人民收入开始由以工资性收入为主向工资性收入与投资性收入、经营性收入并重转变,并因此而再度出现前所未有的大幅度增长,城乡社会保障体系进一步完善,贫富差距拉大所带来的社会矛盾趋于缓解。这将是苏州正在实施的“两个率先”进程中需要致力解决的核心问题。

3. 探索“苏州版”的科学和谐发展模式

三维立体坐标系勾勒出苏州经济社会发展的轨迹曲线、目前方位以及未来的趋势，这表明苏州步入科学发展、全面小康社会建设的必然性和必要性。受到三条轴线所形成的力场影响，第一条轴线即由农村工业化到城市工业化进而进入以自主创新为主导的新型工业化的拉力最强劲，这是苏州发展实践的主轴线；第二条轴线开始较弱且走过一段“村村点火，处处冒烟”的路，并为此付出了资源、环境等方面的巨大代价，目前已开始进入正常发展轨道并保持着强劲的发展态势；第三条轴线则始终处于相对弱势，近几年正加大力度，但从整个发展轨迹看还是向前较快，向上较慢，亦即是人的现代化滞后于物的现代化。毋庸置疑，在目前的行政制度下，政府在其中起了相当大的作用，但前提是政府行为必须符合客观事物的发展规律，否则，只能使曲线更加扭曲。

重要的是，倘若我们进而利用这样一个三维定位系统来重新审视苏州区域经济的发展历程，将会得到更多的有益启示。如前所述，西方发展经济学的学者们曾经把后发经济国家或后发经济地区的不同发展路径概括为“内生型”和“外生型”两种模式，而且这两种模式似乎是互不关联、互不相通的。而苏州区域经济的发展实践却在这一点上有了重大突破，从而丰富和发展了这一理论。当年苏州依靠乡镇工业的崛起和小城镇的繁荣赢得的第一轮发展即“苏南模式”，其实就是西方所谓的“内生型”而国内称为“农村推动型”的发展模式，同时也带有区域经济“发展共同体主义”的明显特征，只不过这样一种发展共同体主要局限在农村区域并受到县、乡、村行政区划的严重束缚，表现为一种带有浓厚地缘经济色彩的小区域发展共同体主义。第二轮以各级各类开发区为依托，以大规模引进外资为手段的发展，其经济增长的动力源开始由农村向城市转移，经济增长方式也随之由“内生型”即“农村推动型”向“外生型”即“城市辐射型”转变。这样一种模式的转换，既是对区域经济发展理论的重大突破，同时也是苏州经济自身发展由幼稚走向成熟的重要标志,但工业化、城市化进程的加快所带来的各种矛盾冲突也不可避免地打破了原先小区域的发展共同体主义。以新型工业化和新型城市化为主要特征的第三轮发展尽管目前还处于起步阶段,但根据三维定位系统我们已经可以看出,区域经济的发展模式将再一次出现转换和创新,而原先的“苏南模式”将上升为“苏州之路”,区域发展共同体主义将突破城乡和行政区划的束缚而在更大的范围和更高的层面上回归,并成为“苏州之路”未来发展的主基调和主旋律。回顾当初理论界对于“苏南模式”的本质特征“两协调、一共同”即“三次产业协调发展、两个文明协调发展和走共同富裕的道路”的概括,如果说在当时的历史条件下更多地表现为理念的追求和主观的努力,那么,在第三轮发展中将有条件使其成为现实。应该说,这与当前中央和省对苏州寄予的厚望,与苏州正在为之努力奋斗的小康社会的建设和和谐社会的建设是完全吻合的。

苏州的区域经济在近 25 年来之所以能保持强劲快速的发展势头,并且在较短的时间内完成了两次模式的转换和创新,归根结底是靠了一种符合客观事物发展规律的科学精神,一种创新的精神和求真务实的精神。**只有持续的创新精神,才能推动发展实践的持续创新;只有思维方式的不断转换,才能实现发展模式、体制和机制的不断转换。用创新的思维指导创新的实践,以创新的实践进一步推动思维的创新,进而形成发展的强大动力,一步步走向科学、和谐发展之路,这就是来自“苏州之路”的基本经验。**

当然,观念和思维方式的创新最终还必须落实到行动中去,这就需要有相应的求真务实精神。苏州的投资环境为什么会被中外投资者普遍看好,除了其得天独厚的区位优势外,更重要的是政府注重环境建设的求真务实精神。在大区域范围的交通、通信等硬环境逐步趋同,税收政策、土地价格等优惠空间日益缩小的情况下,政府的“亲商”理念和服务意识便在投资环境中成为关注的核心。而政府的形象要为广大投资者认可,决不是一朝一夕的事,在这一点上,苏州各级政府和各业务部门的务实精神是值得称赞的。

率先发展的风险最大、成本最高。率先遭遇难题、没有现成经验，使率先探索成为一种高风险、高成本的行动。在苏州以往的发展实践中，体制性障碍和结构性矛盾影响和制约着下一轮的发展。体制性障碍无处不在，而且发展愈快障碍就愈大。苏州的发展，正是在不断突破体制性障碍中实现的。今天，行政性的体制障碍不仅依然存在，并且更顽固更难突破，正在成为苏州下一轮发展的最大障碍。调整和解决结构性矛盾则是区域经济发展中的永恒主题。苏州的结构性矛盾主要表现在三个"一头独大"：在经济结构中外资一头独大，在产业结构中制造业一头独大，在收入结构中工资性收入一头独大。温州人自称"老板经济"，称苏州为"打工经济"。在"两个率先"征程中，苏州临战受命，将探索前沿问题、破解发展难题的重任担当起来，将成功的经验留给别人，这是一种精神，无私奉献的精神。在这一方面，苏州的干部群众一贯有很好的觉悟和素质，他们就像在杳无人迹的崇山峻岭上开路的先锋，一锤一镐给时代开路，不断留下创新的痕迹。当然，率先发展也同样会有率先的机遇，但发展机遇往往给出的是"抢答题"，稍纵即逝。

4. 在更高起点上谋求发展的准确定位

在更高起点上谋求新的发展，要抓住机遇实现新的跨越。分析苏州全面小康社会的发展基础和发展态势，需要把苏州的未来发展置于三维立体坐标体系进行定位，包括政府定位、城市定位、产业定位和区域定位。

政府定位不属于发展定位范畴，但在现行体制下却是个前提条件。经过多年的政府职能转变，尤其在苏州，服务型政府的形象已经基本建立，但政府究竟应该管什么和怎么管的根本问题尚未真正得到解决。这里仅举两个大的方面。一是发展规划问题。规划必须由专家制定，但政府毫无疑问是规划的组织者和实施者。科学发展观在很大程度上体现为规划的科学性，规划的严肃性也同样取决于其科学性。而区域经济发展规划的制定,倘若受行政区划的束缚就城市论城市,就农村论农村,就区域论区域,在全局高度看是很难做到科学规划的。这就要求区域内各家政府联手制定统一的、符合发展需要的科学规划。二是区域经济合作问题。在区域经济发展过程中,竞争与合作是矛盾的统一体,是一个问题的两个方面。在这个问题上,政府与企业应该扮演各自不同的角色,企业是竞争的主体,合作只是为了更好地竞争;而政府则是合作的主体,竞争是为了更好地合作。但在现实生活中却发生了错位,在 GDP 指标的压力下政府成了竞争的主体,甚至成了不同区域的企业谋求合作的障碍。这一不正常现象在下一轮发展中一定要解决好。

关于城市定位,苏州早就有“历史文化名城”的称谓,这是最贴切、具有永久性价值的定位。当然,时代在发展,苏州也在发展,城市定位的内涵随之丰富也很正常,但诸如“卫生城市”“健康城市”“学习型城市”“生态城市”等名称,只是城市建设的一种功能性特指的汇集,不是定位性概念。其实,苏州历来被称为“人间天堂”,天堂本来就包含了人居天堂和创业天堂两层含义,如果在原先的基础上再加一个“最适宜于人居和创业的城市”,也就包括了上述所有名称的含义,既好记易懂,又便于实施。

至于产业定位,问题就更突出。产业的发展是一个城市或区域发展的基础和支撑,当然也是整个发展定位的核心内容。苏州产业发展中存在的结构性矛盾,已使发展出现不健康的趋势,如若再不赶紧寻求科学、明确的定位,并下决心进行战略性调整,很可能在下一轮发展中失去已经获得的先发优势。从当前情况看,首先是要大力发展文化产业。文化是现代城市赖以生存和发展的依据,也是未来区域经济尤其是城市圈发展的粘合剂。深厚的历史文化底蕴是苏州的特色和魅力所在,但在经济全球化和文化大交融的冲击下,再深厚的文化底蕴也会被时代潮流所淹没。当务之急,是要把大力发展文化产业放到首要的位置,以积极的态度,在大力抢救和保护历史文化的同时,依靠市场的力量传承和弘扬传统文化。其次是要致力于巩固和提升现代制造业。在目前和今后的一个时期里,制造业依然是一个城市和区域发展的主要动力。但必须及时实现由外延扩张向内涵提高的转变。在苏州,一是要加大实施“三足鼎立”的力度,在大力发展民营经济的同时致力于培育拥有自主知识产权的规模型企业,以迅速提升自主创新能力。二是要加快用高新技术改造传统产业的速度,以本土化战略来延长并应对梯度转移规律再次发生的周期和一旦转移所可能带来的消极影响。再次是要花大力气加快发展现代服务业。这一方面是制造业发展到一定阶段的内在需要,同时也是区域经济尤其是中心城市发展的必然规律。苏州要依据自身的区位优势和特色,下大力气发展以环太湖旅游业和现代物流业为载体的现代服务业,这很可能会成为梯度转移规律发生作用后新一轮发展的支柱产业,也将是环太湖城市圈形成和发展的关联性最大的产业。

关于区域定位,我们思考的眼界应当突破本地单纯行政区划的限制,着眼于经济全球化,着眼于长三角区域经济一体化发展的客观趋势,着眼于苏州未来整体发展的需要。2000 年,在国务院对苏州城市总体规划的批复中,认为苏州是“长江三角洲的重要中心城市”,这一定位在苏州“十一五”规划和城市规划中得到了进一步深化和细化。目前,苏州在未来发展中始终要摆正在两个圈层中的位子:一是苏州在环太湖城市圈中的位子;二是作为环太湖城市圈城市在整个长三角区域中的位子。环太湖城市圈包括苏州、无锡、常州、嘉兴和湖州,这一板块依湖为邻,正成为迅速崛起和加速一体化的区域。太湖以水为媒,使我们共同牵手、相依相连;太湖是我们共同的母亲湖,我们应共同保护、防止污染。太湖三分之二水面在苏州境内这一事实,意味着苏州在保护母亲湖中应负有更重的责任,因而在发展经济、保护环境中处于特殊的地位,但绝不是中心,更不是龙头。其实,环太湖城市圈发展的龙头在上海。只有上海,才是环太湖城市发展的真正引擎。因此,只有与上海对接,才能有大发展;谁接得快、接得好,谁才能机遇无限、发展迅速。此外,环太湖城市圈是长三角区域的核心腹地,更是上海这个长三角龙头的核心腹地。龙头与腹地各有优势,但要将优势资源化为现实动力,需要科学谋划和紧密合作。环太湖城市圈是环太湖文化圈、环太湖生态圈、环太湖旅游圈的重要载体,更是环太湖区域共同市场的重要载体和长三角区域经济一体化的重要枢纽。苏州人理应清醒地看到这一客观发展趋势,并以此作为自己区域发展定位的依据。

5.“两个率先”与“苏州之路”

我们如果以小平同志的富民思想和“三步走”的小康构想来聚焦苏州区域经济发展的历程,那么,我们对“苏州之路”的本质内涵及其主基调“两个率先”的精神实质就会有更新和更深刻的认识。

小平同志的富民思想一直指引着苏州的发展。如果说,第一轮发展,苏州人从摆脱贫困到走向温饱进而追求共同富裕仅仅基于低生产力水平和低物质条件之上;那么,第二轮发展,原先低层次的平衡被打破,在人民收入水平和生活质量明显提高的基础上出现了贫富差距拉大和社会矛盾显性化问题,即所谓的“发展机遇期”和“矛盾凸现期”,这里固然有主观偏差因素,但更主要的是其发展阶段上的客观性所致;而第三轮发展,以建设全面小康社会与和谐社会为目标,富民问题必然被摆上首要位置,并成为“两个率先”的核心内容。

千帆竞发、百舸争流,“两个率先”的苏州只是其中一员。就像体育竞技一样,有率先必有殿后,不可能都率先。其实,先后结果并不十分重要,重要的是你追我赶的过程、奋发向上的竞争精神。

“两个率先”的“苏州之路”是一个过程,两者统一于同一个目标,即加快经济社会发展步伐,加快现代化建设步伐,让人民更加富裕,让社会更加和谐这样一个长远的奋斗目标。因此,“两个率先”说到底只是一个率先,我们只是把它分解成了2005年和2010年两个阶段性的目标。即使这两个时间段过去了,即使所有的量化指标都实现了,这样一个动态过程也决不会因此而结束,历史还在发展,时代还要进步,人民生活还要进一步提高,社会还需要进一步和谐,到那时,必将会有新的发展目标,我们仍将继续为之努力奋斗。

翻两番，在中国建立一个小康社会。这个小康社会，叫做中国式的现代化。

——邓小平

我们要在本世纪头20年，集中力量，全面建设惠及十几亿人口的更高水平的小康社会，使经济更加发展、民主更加健全、科教更加进步、文化更加繁荣、社会更加和谐、人民生活更加殷实。经过这个阶段的建设，再继续奋斗几十年，到本世纪中叶基本实现现代化，把我国建设成为富强民主文明的社会主义国家。

——江泽民

【第二章】全面建设小康社会：目标定位与评价指标

一、全面建设小康社会：历史方位与基本内涵
——小康是中华民族千年之梦
——小康社会是中国现代化承前启后的关键阶段

1. 小康理想的历史渊源与诸子之说

"小康社会"是千百年来中华民族追求的目标和民族理想。

什么是"小康"？小康作为一种理想，在中国古老的文化中，有着广泛的社会基础、深厚的文化底蕴和很深的历史渊源。小康概念最早源于《诗经》："民亦劳止，汔可小康。"①意思是讲，老百姓终日劳作不止，最大的希望就是过上小康的生活。但作为一种社会模式，小康最早在西汉《礼记》中就有系统阐述，"今大道既隐，天下为家，各

① 《诗经·大雅·民劳》，[上海]上海古籍出版社1987年版，第136页。

亲其亲，各子其子，货力为己。大人世及以为礼，城郭沟池以为固，礼义以为纪，以正君臣，以笃父子，以睦兄弟，以和夫妇，以设制度，以立田里，以贤勇知，以功为己……是为‘小康’。”在这里，“小康”是与“大同”相对的一种社会状态或理想。大同，是黄帝、尧帝、舜帝时期财产公有、社会安宁的理想社会状态。而小康，则要低一个层次，是大同的初级阶段，是指财产私有、生活宽裕、上下有序、家庭和睦、讲究礼仪的社会状态。

其实，在先秦诸子那里，大同只是一种社会理想，而小康更为接近社会现实。孔子所描述的大同社会，是一个天下为公，没有剥削、没有压迫的乌托邦，它是原始共产主义社会的理想化。从而，“大同”理想社会成为千百年来中国人憧憬的最高境界。而小康社会是孔子社会改革的近期目标，它不像大同社会那样遥不可及，它被赋予了某种现实的品格，成为仅次于大同的理想社会模式。

从此，大同所代表的高度和平、幸福的社会和小康所代表的低一层次的和平、幸福的社会，分别成了儒家心目中的最高目标和现实目标。春秋战国时期，伴随着社会大变革，各派学说纷起，百家争鸣，许多有影响的学派纷纷设计了自己的理想社会。但是，庄子的“无何有之乡”（指空洞而虚幻的境界或梦想）、老子的小国寡民，都只是幻想，根本不可能实现。墨子在战火纷飞年代提出的“兼爱”“尚同”“非攻”的社会理想自然也无从实现。法家韩非子崇尚的社会理想由于推崇暴力，在学理和舆论层面难以获得广泛的社会认同。

与其他各家学说相比较，儒家与中国古老的经济社会传统有着更深的实际联系，它不是纯理想主义和玄学空想，而是具有氏族血缘的宗法制度的深厚根基，因而既能够为封建统治者所接受，也能够为生活在极度贫困中的老百姓所认可，“小康”也就成为中国古代影响最为深远的理想社会模式，在漫长的封建社会里，影响日益扩大。关于大同和小康的一系列理论也就构成了中华民族文化传统的一个组成部分。

孟子对小康内涵的完善作出了重要贡献。他设计了比孔子更为完整的"仁爱""王道"的小康社会。孟子对小康社会的描绘，特别是他对小农经济和社会生活的描绘，使"小康"这个概念，除了有社会相对安定的含义之外，具有了更多的经济内涵，成为对摆脱贫困，可以安然度日的生活状况的典型概括。在《孟子·尽心章句上》里，孟子描绘了理想中的农户小康生活："五亩之宅，树墙下以桑，匹妇蚕之，则老者足以衣帛矣。五母鸡，二母彘，无失其时，老者足以无失肉矣。百亩之田，匹夫耕之，八口之家，足以无饥矣。"①孟子还描述："七十者衣帛食肉，黎民不饥不寒"，这可以理解为虽不言富，但温饱问题已经解决。

战国后期的荀子，设计了一个"隆礼至法"（指尊崇礼和法制完备）的小康理想社会模式。这个社会是"隆礼贵义"等级制的大一统的君主专制社会。荀子说："隆礼贵义者，其国治；简礼贱义者，其国乱。"故而，"士以上以礼乐节之，众庶百姓以法数制之"，使这个社会的各种角色都能在礼法的规范内发挥自己的功能。因此，这个社会是"夏不宛喝（中暑），冬不冻寒，急不伤力，缓不后时，事成功立，上下俱富"。荀子既强调礼，又重视法，使儒家小康社会理想进一步丰富了。

东汉末年，何休在《春秋公羊解诂》中把大同和小康社会概念发展成为具有一定系统性的"三世说"，认为人类社会是由"衰乱世"至"升平世"再到"太平世"的发展过程。所谓"太平世"，就是大同社会；所谓"升平世"，就是小康社会。

到了宋代，洪迈在《夷坚甲志·五郎君》中讲到"然久困于穷，冀以小康"，强烈地表达了对脱贫奔小康的企盼。清代蒲松龄的《聊斋志异》则用鬼狐故事讲述"小康之家"："妻言：自汝去后，次日既有车徒，赍送布帛菽粟，堆积满屋，云是丁客所赠。又给一婢，为妾驱使。杨感不自已。由此小康，不屑旧业矣。"此出成为后人"小康之家"的俗谓。

① 《孟子·尽心章句上》：山西古籍出版社2003年版，第216页。

鸦片战争以后，孔子和儒家理论在变化了的环境中得到了进一步具体的阐释和发挥。太平天国的创始人和思想指导者洪秀全在《天朝田亩制度》中描绘了一个“有田同耕，有饭同食，有衣同穿，有钱同使，无处不均匀，无人不饱暖”的人间“天国”。

清末儒家学者康有为在对孔孟思想体系进行深入的研究和作出新的解释的同时，还放开眼界，接受西方的自然科学和天赋人权思想，借用《礼记·礼运》篇中的“小康”“大同”说，萌发出“大同”的理想社会。光绪十一年（1885），他着手写作《人类公理》，光绪十三年（1887），写成《人类公理》内外篇，嗣以参加变法维新运动，暂时中断著述。光绪十七年（1891），康有为的博爱、主乐、进化的思想观已趋成熟，他在心中已孕育《大同书》的整个思想体系。戊戌变法失败后，康有为逃到海外，先后游历了日本、美洲、欧洲、印度等地，亲眼目睹了西方的文明和弊端，还接触了空想主义社会思想著作。在印度避居期间，他对以前所作《人类公理》作了增订、修补，其中，增述了大量的有关欧洲和印度的见闻，写成了《大同书》初稿。

清朝末年，康有为在《大同书》里向人们提供的乌托邦式的理想社会模式，曾在近代中国思想界产生过重要影响。然而康有为幻想通过维新变法，先建设一个小康社会，渐次达到大同的理想，因过于理想而缺乏社会根基，无异于缘木求鱼。

孙中山在“华夏大厦之将倾”的危急时刻，发出了“振兴中华”的号召，确立了“天下为公”“世界大同”的最高理想，并提出了民生、民权、民族的三民主义思想。在他看来，“民生主义就是社会主义，又名共产主义，即是大同主义”。他认为“民生主义即贫富均等”，“就是要人人有平等的地位去谋生活”。为此就要“平均地产”和“节制资本”，实现“土地国有”，并由国家兴办经营交通、矿产、工业等足以操纵国计民生的大型企业。为能够将中国建设成为一个强大的现代国家，孙中山耗费半生精力写了《建国方略》一书，精辟地分析了民主政治与社会经济发展之间的辩证关系，明确指出了中国未来的发展走向。这是中国历史上第一部较为系统地论述中国现代化发展模式、前进道路以及基本原则的著作。

孙中山的这种思想很大程度上也是受到了儒家小康社会和大同社会思想的影响。民生主义革命的根本问题，是解决农民问题，实现“耕者有其田”，而这正是几千年来中国传统儒家学说中的“小康”“大同”思想传承的根基。最典型的论证是当年孙中山亦把他以“大同”学说为内涵的民生主义，称做“社会主义”或“共产主义”。

由此可见，在中国历史上，不同时代的人们都曾对理想中的小康社会做过不同的设计和描绘，赋予它很多思想内涵，其中，虽然有许多封建主义的糟粕，存在着严重的空想色彩，但这些思想反映了长期处于贫困状态的普通百姓对于衣食无忧生活的向往。所以，从古到今几千年来，“小康”“小康之家”“小康生活”等词在民间得到了广泛的流传，其含义也不像儒家典籍描述的那样规范，而是逐步成为我国人民用来衡量生活质量的一个概念，是生活水平介于温饱和富裕之间的一种状态。

2. 文化积淀和现实追求的双重承接

时代变迁，风雨沧桑。当中华民族的历史进到20世纪70年代末之后，“小康”这个概念由于邓小平的倡导而被赋予了新的时代内容。

早在1974年邓小平出席联大会议期间，就考察了正处在后福特主义崛起之初的美国经济。1977年复出后，经历多次政治磨难的他，对中国的发展有了更深刻的认识，同时，复出后一系列的出访，使他大开眼界，深感中国发展的紧迫性，同时也清醒地认识到，中国到20世纪末实现四个现代化目标的不现实。据《邓小平思想年谱》记载，1979年3月21日，邓小平在会见英中文化协会执委会代表团时首次将在20世纪末实现四个现代化的目标称为“中国式的四个现代化”。他讲，如果本世纪末能达到西方70年代的水平，那就很了不起。就是达到这个水平，也还要做许多努力。在同年10月4日省市自治区第一书记座谈会上，邓小平对提出这个“新说法”“新名词”有一个简明的解释:“我们开了大口,本世纪末实现四个现代化。后来改了个口,叫中国式的现代化,就是把标准放低一点。特别是国民生产总值,按人口平均来说不会很高。”①1979 年,邓小平在会见日本首相大平正芳时,首次借用“小康”这一概念,描绘了“中国式的现代化”。他说:“我们要实现的四个现代化,是中国式的四个现代化。我们的四个现代化的概念,不是像你们那样的现代化的概念,而是‘小康之家’。”“就算达到那样的水平,同西方来比,也还是落后的。所以,我只能说,中国到那时也还是一个小康的状态”,“只是一个小康的国家”。②从此,邓小平把 20 世纪末实现四个现代化的目标改为实现“中国式的四个现代化”。他在提出建立“小康社会”构想的基础上,进一步明确了小康的数量要求,即到 20 世纪末,人均国内生产总值达到 800 美元。此后,小平同志又多次重申“小康”概念,在《邓小平文选》第 2、第 3 卷中,共有 40 处使用了“小康”概念;小平同志还从经济、政治、文化等各个方面对小康社会进行了描绘,强调小康社会是一个整体全面的社会形态,并把中国现代化建设“三步走”战略目标的第二步界定为达到小康。

公元 2000 年,是中华民族发展史上一个新的里程碑,在这一年,我国人民生活总体上达到了小康水平。但总体小康与全面小康之间有着一定的区别,主要表现为我国人民达到的小康还是低水平的、不全面的、发展很不平衡的小康。所谓低水平,是指我们刚刚跨入小康的门槛,人均收入还不高,只有 800 ~ 1 000 美元,与世界其他国家比较,我们才刚刚摘掉“低收入国家”的帽子,进入世界下中等收入国家的门槛。所谓不全面,一是指小康生活所覆盖的人群不全面。即使低水平的小康,也还没有全面达到。二是指人们所享受的小康生活不全面。人们的衣食问题解决了,但住、行还不行,教育、医疗卫生、社会保障、生活环境差距更大,人民对治安状况、民主进程等问题

① 《邓小平文选》第 2 卷,[北京]人民出版社 1994 年版,第 194 页。
② 《邓小平文选》第 2 卷,[北京]人民出版社 1994 年版,第 237 页。

还不满意。所谓发展不平衡，是指城乡之间、地区之间、不同收入群体之间发展水平存在很大差距。总体上说，城市进入小康的比重大，农村进入小康的比重小；东部地区进入小康的比重大，中西部地区进入小康的比重小；高中低不同收入群体之间收入很不平衡，并且这种差距有扩大的趋势。显然，我们现在所达到的小康社会与邓小平所设计的小康社会是有较大差距的。

2002 年 11 月，中国共产党第十六次代表大会胜利召开。江泽民在报告中对全面小康社会建设进行了深入的阐述：“我们要在本世纪头二十年，集中力量，全面建设惠及十几亿人口的更高水平的小康社会，使经济更加发展、民主更加健全、科教更加进步、文化更加繁荣、社会更加和谐、人民生活更加殷实。……经过这个阶段的建设，再继续奋斗几十年，到本世纪中叶基本实现现代化，把我国建成富强民主文明的社会主义国家。”①

十六大提出的全面建设小康社会目标，简单地说，就是要做到没有解决温饱的尽快解决温饱，并且要和全国其他地方一样，达到小康；温饱不巩固的，要巩固温饱；温饱解决了的，要向小康前进，变成一种全面的小康！其科学内涵就是从经济、政治、文化和生态等方面建设小康社会，建设一个惠及十几亿人口的更高水平的小康社会。这样的小康社会是社会主义物质文明、政治文明、精神文明、社会文明和生态文明协调发展的社会。

十六大提出的六个“更加”的总体目标，从经济、政治、文化、社会、生态五个方面进一步具体化，使之更加符合实际，更具可操作性，从而给人民以看得见、摸得着的利益。这既便于人民群众形象生动地接受和理解，又利于发挥中华民族文化传统的感召力和凝聚力，团结人民群众为全面建设小康社会而共同奋斗。

十六大对小康社会的规划，借用了千百年来中国人民所熟悉的

① 江泽民：《全面建设小康社会　开创中国特色社会主义事业新局面》，[北京]人民出版社 2002 年版，第 19 页。

“小康”概念，继承了邓小平小康社会的思想，同时又丰富和发展了邓小平小康社会的思想，使其成为一个与现代化紧密联系、内容丰富、能够衡量我国社会主义现代化阶段经济社会发展总体水平的科学概念。

在中国这样一个有10多亿人口的国度里，进入和建设小康社会，向更加宽裕的小康生活迈进，是一件具有伟大意义的事情。世界经济发展的历史证明，一个国家经过一段持续的经济增长，必然会实现社会发展质的飞跃。“全面实现小康社会”将会更加有力地推进社会主义现代化建设，为实现中华民族的伟大复兴奠定坚实的基础。

二、苏州全面建设小康社会目标的形成

——苏州是中国小康社会概念的发源地，是伟人小康思想的第一实验场

——全面小康指标来源于老百姓朴实无华的愿望，凝聚着专家学者的智慧，体现着江苏省各级政府为民富民的殷切之心

——冲刺在2005，决胜在2005

1.“小康”的故乡

1979年12月6日，邓小平首次提出中国20世纪的目标是实现小康①。邓小平说：“我们要实现的四个现代化，是中国式的现代化。”邓小平看到了中国现代化的起点是很低的。他说：“从一九五八年到一九七八年整整二十年里，农民和工人的收入增加很少，生活水平很低，生产力没有多大发展。一九七八年人均国民生产总值不到二百五十美元。”②在这一时期，邓小平反复强调中国现代化的起

① 《邓小平文选》第2卷，[北京]人民出版社1994年版，第237页。
② 《邓小平文选》第3卷，[北京]人民出版社1993年版，第115页。

点,即人均生活标准问题。而把按人口平均国民生产总值达到多少美元作为目标,是大家很容易理解的一个简明的指标。

小康生活、翻两番、人均800美元,邓小平20多年前对中国跨入新世纪的描述,如今已经成为现实。但当时邓小平是如何想到这些非常具体的未来理想的呢?邓小平的苏州之行和其“小康”概念的丰富与完善有着密切的联系。年逾八旬的原中共苏州地委书记戴心思说:这是邓小平在苏州调研后提出来的。

1983年的2月,古城苏州已是春意盎然,生机勃勃。坐落在城南十全街的南园宾馆的庭院中,垂柳正在吐丝,迎春花含苞欲放,红梅初绽。满目融融春意,一派明媚春光。邓小平一行在此下榻。

戴心思回忆道,小平一到苏州就向陪同的江苏省、苏州地市负责人提出:到2000年江苏能不能实现翻两番?省委领导汇报了江苏省1976年到1982年工农业总产值翻番的实践后说,照这样的速度,用不了20年就有把握实现翻两番。小平听了非常高兴,目光中充满了期待。

“苏州自古是鱼米之乡,当时的苏州经济发展水平位于江苏省前列,1982年,苏州地区的工农业年总产值已经接近人均800美元。小平同志问,达到苏州这样一个水平,社会是一个什么面貌?发展前景是什么样子?”

2月9日下午3时许,小平在苏州深入城乡作了调研后,又风尘仆仆地前往浙江等地继续考察。虽然只在苏州停留了短短几天,但回到北京后邓小平即对视察江苏的情况作了深刻而全面的阐述。

他说,苏州市工农业总产值人均接近800美元,下面这些问题都解决了:

“第一,人民的吃穿用问题解决了,基本生活有了保障;

第二,住房问题解决了,人均达到二十平方米,因为土地不足,向空中发展,小城镇和农村盖二三层楼房的已经不少;

第三,就业问题解决了,城镇基本上没有待业劳动者了;

第四,人不再外流了,农村的人总想往大城市跑的情况已经改变；

第五，中小学教育普及了，教育、文化、体育和其他公共福利事业有能力自己安排了；

第六，人们的精神面貌变化了，犯罪行为大大减少。”①

回到北京，邓小平欣然宣布：“这样发展下去，到本世纪末翻两番的目标一定能够实现。……我们的信心增加了。”②

1984 年，邓小平开始讲“小康社会”和“翻两番”。他以其改革开放和现代化建设总设计师的战略眼光高瞻远瞩地指出：“翻两番……在中国建立一个小康社会。这个小康社会，叫做中国式的现代化。翻两番、小康社会、中国式的现代化，这些都是我们的新概念。”③

小康，古代思想家的社会理想；小康，广大人民的生活梦想；小康，文明古国的千年追求。邓小平在传承中华民族传统思想文化遗产的基础上，提出了“小康社会”的新概念，并赋予了其时代新内涵。改革开放以来，“小康”一词家喻户晓、妇孺皆知，并成为美好生活的代名词。

戴心思说，苏州的“小康实践”，给了邓小平很多思考和启发，他老人家不仅将小康目标作为一个经济发展和人们生活水平的标志，而且更多地从社会全面发展的角度来构思中国的未来。

亲身感受着苏州日新月异发展变化的戴心思老人说，苏州在小康之路上取得的辉煌成就，是邓小平“三步走”战略构想的不断验证和生动体现。他再三强调了自己的一个看法，那就是 20 年前苏州的小康是低水平的小康，对于苏州来说，现在要定出更高的标准，要建设高水平的全面小康。

江泽民同志关于江苏要走在全国发展前列，争取率先基本实现现代化的要求，是 1998 年 10 月在苏州视察时首先提出的。2003 年

---

① 《邓小平文选》第 3 卷，[北京]人民出版社 1993 年版，第 25 页。

② 《邓小平文选》第 3 卷，[北京]人民出版社 1993 年版，第 66 页。

③ 《邓小平文选》第 3 卷，[北京]人民出版社 1993 年版，第 54 页。

3月举行的十届全国人大一次会议上，江泽民同志在参加江苏代表团的讨论时再次提出，全面建设小康社会，江苏有条件搞得更快些。

也是在2003年“两会”上，胡锦涛同志带着率先发展的殷切期望，来到江苏代表当中。他语重心长地指出：“历史上，我们曾经有过丧失机遇而落伍的教训，也有抓住机遇加快发展的成功经验。机不可失，时不再来。江苏的同志一定要认清机遇、把握机遇、用好机遇，只争朝夕地做好各项工作，在改革开放和现代化建设的征程上不断取得新的优异成绩，充分发挥排头兵作用。”

面对江苏在新时期发展的新形势，省委对苏州提出了加快实现“两个率先”的要求。

苏州，是邓小平“小康”概念萌生的地方。小康，是苏州孜孜不懈的追求。

2. 光荣之梦

历来被人们冠以“上有天堂、下有苏杭”美誉的苏州，面对伟人勾勒出的小康社会这一壮丽蓝图，在全面建设小康以及基本实现现代化过程中，走在江苏各市的前列，是领导决策层对苏州的一种期望，从某种意义上说更是苏州的一种责任。

苏州人坚信，发展是硬道理，没有发展就没有小康。改革开放20多年来，苏州市委换了9任书记，但抢抓机遇、加快发展的“接力棒”却手手相传，不断创造出一个个“小康接力赛”的新纪录。同时，也在这一个个手手相传的接力中，实践并认知着“小康”的现实意义和内涵。

“小康”是什么？“小康”是中国人民世世代代追求幸福的代言词；“小康”是中国共产党人让广大人民过上好日子的承诺和标杆。江苏省委书记李源潮说得好：“‘率先全面建成小康社会、率先基本实现现代化’是江苏当前最重要的任务，一个地区是否实现了全面建设小康社会的目标，要接受历史和人民的考试。我们要在实践的基础上，通过感性和理性结合的方式，对江苏实现全面小康建设的水平,给出一个不带水分的、人民群众得实惠的、老百姓认可的答案。”小康在专家的指标体系中,是用阿拉伯数字书写的;小康在老百姓心目中,则是用生活的“幸福指数”书写的。是否全面小康,要让老百姓来说。

在苏州老百姓的眼中,“小康”这两个简单的字化成了生活中实实在在的具体物象——

在被征地农民眼中,小康就是房子。

玉山镇大同村村民支兴根说,拆迁置换到了3套房子 。

沿着312国道进入昆山大同村,一幢幢掩映在绿树丛中的淡黄色居民楼映入眼帘,这里是玉山镇农民集中居住区之一的枫景园,支兴根的新家就在这里。老支原来是村里的拖拉机手。2000年,台企“南亚电子”征用了村里的土地;2003年,玉山镇农民向集中居住区集中,老支家250平方米的老宅拆迁置换到了3套近300平方米的新房,大套132平方米,中套91平方米,小套74平方米。走进老支家,窗台上一盆茉莉花飘着清香。客厅里摆着大背投,房间里2台电脑,车库里还有1辆小车。老支家5口人,他自己在村食堂工作,年收入2万余元;女儿女婿在昆山市区开店做空调生意,年收入约5万元;老太婆在家带孙子。此外,他家还有两套拆迁房出租,每月收入1 300元;还有老夫妻年人均6 000元的养老金收入、全家5口年人均1 200元的补粮金收入,以及参股大同村富民合作社建造出租打工楼的分红。生活富足的老支,最大的愿望是下一代受到更好的教育,“明年打算将孙子送到重点学校去”。

在大同村,像老支这样的家庭很普遍。村书记叶小巧告诉记者,集中居住后,全村393户,户均2.78套房,外加一个车库,收入也分几块:既有工资性收入,又有经营性收入,还有投资性收入,特别是保底的那一块政策性收入,让离开土地的村民安心不少。过去村里很穷的人家,这次也因拆迁全面改善了生活。从昆山市有关部门了解到,玉山镇农民通过拆迁集中居住,每户都可得到60万元左右,城市化没有拆穷人家,而是消灭了贫困户。近年,昆山先后建造了31个农民集中居住小区,将 4.5 万户农民变成了市民。集中居住加快了昆山城市化进程,昆山 40.67 万城镇人口中,每 3 人就有 1 人原来是农民。昆山通过大力吸引国际资本、发展民营经济,创造了大量就业机会,单 2004 年就新增就业岗位 144 321 个,近几年来,该市城镇失业登记率一直控制在 2.58%。昆山积极实施"三有工程",即"人人有技能、个个有工作、家家有物业",成立富民、社区、土地三大股份合作社,组织农民出资入股,不断增加农村低收入阶层的资产性、投资性收入。据昆山市 2005 年 6 月份对 11 万户农民收入调查显示:2005 年上半年昆山年人均纯收入超过 8 000 元的农户达 49%。

昆山的小康之路,是在国际化、工业化、城市化三重因素并重下走出来的。在这一背景下,人们最担心的是出现如英国工业革命初期"圈地运动"造成的贫富分化。而在科学发展观指导下的昆山小康之路,则充分注重协调人民生活和经济发展的关系。只有人民群众得实惠的高速发展,基础才是坚实的。昆山是如此,苏州工业园区、苏州高新区、张家港、吴江等都是如此。走进张家港金港镇的元丰社区,失地农民不仅有社保、有医疗、有新居,而且大多数在务新业,有投资,他们在新的城市社区生活得有滋有味。"一个理想的社区",中共中央政治局委员、宣传部部长刘云山在视察后赞许地说。

在台商眼中,小康就是速度。

"沪士电子"副总经理李明贵说,在这里任何一点上高速只要 12 分钟。

在台商"沪士电子"副总经理李明贵眼里,在昆山的 12 年就像在看一幅充满动感的油画。李明贵 1993 年年初来到昆山。当时,他最大的感受是生活不便。只要一过下午 1 点半,街上就找不到一家吃饭的地方。而到了晚上 9 点多,街上一片漆黑看不见人。出行没有计程车,有的地方还需要摆渡,到昆山的公路,只有一条 312 国道。现在,整个城市越来越大,街道又宽又直又干净,绿化又好。开发区里高科技工厂林立,节假日市区各大商场人头攒动。无论加班到何时,24 小时都能找到吃饭的地方,尤其是各色台湾料理不仅台湾人在吃，本地人也喜欢吃。晚上，街上灯火通明，车水马龙，繁华可称"小香港"。出行更是方便，在昆山任何一个点，上高速只要12分钟，进出昆山单高速公路就有5条。李明贵说，在昆山的12年，生活安宁，治安好。他的同事们很多都将家安在了昆山。

走进昆山，给人们的第一感觉是很洋气，颇有海派风韵。这一风格的形成，有靠近上海的缘故，但更主要的是受到经济国际化的直接影响。昆山目前已集聚了3 800余家外资企业和1.51万家民营企业。形成了IT、精密机械、精细化工三大主导产业。近年来，昆山每年保持着新增注册外资25亿美元、到账外资12亿美元、民资实际投入100亿元的增长速度。2004年，二、三产业占GDP的比重达98.2%。依托穿越境内的苏沪、苏昆太、沪宁等高速公路及312国道，昆山精心构建城乡一体化交通网络，不断拓展城市空间，促进各类要素集聚。2004年，昆山市公路密度每平方公里达1.4公里，为全国之最。中心城区规模从2002年的24.2平方公里扩大到现在的55平方公里。城市副中心和小城镇建成区面积超过66.5平方公里。2005年，昆山市完成财政收入超百亿元。在国家统计局公布的2005年全国百强县市排名中，昆山跃居首位。

改革开放，目的是为了尽快缩短与发达国家和地区的差距。建设小康，尽快提高人民群众的生活水平，同样需要借助各种先进生产力和先进生产关系。对此外商可能更有体会，因为他们比我们更早经历过。能让这一群体认同和赞美，不容易，但昆山做到了。

"亲商"理念更是苏州工业园区的法宝。走进园区，你不由得会发出赞叹，这是投资者的真正天堂。亲商、爱商、为商，成为一种深入人心的理念，无论是最高领导还是普通员工，那种为民亲商、服务到位的精、气、神，都是一流的。

外地人如果到紧邻上海的太仓，当地人一定夸耀和热情推荐你去看一看太仓港区。作为与上海港的配套工程，它不仅是长江之港，充满活力和生机，而且开发区服务堪称一绝。那里的投资商，无论是内资还是外资，都会翘大拇指称赞。"一流服务"，这就是秘诀。

在城市“美容师”眼中，小康就是生态。

昆山市农业局长邹家林说，寸土寸金的昆山森林覆盖率3年提高了11.8%。

周市镇西侧的一片低洼地里，一群工人正在忙碌着，有的将原来的池塘挖深挖宽，有的将挖出的土堆积成小山，有的在沿河空隙处植树……这里是20世纪30年代形成的低洼地，很快将变成一个拥有乔、灌、花、草四季植物，溪水潺潺，集休闲娱乐为一体的生态公园。昆山市农业局长邹家林说，昆山缺地，但昆山水域多，占总面积三分之一，利用水边湿地大片植树造林，是昆山人的一个金点子。城市生态公园，还有丹桂园风景名胜区、明镜荡生态景区、张大千农业示范园、巴城湿地公园等就是这样诞生的，它们与公路景观大道、城区园林式居住小区等一起，组成了昆山的绿色画卷。3年前，昆山的森林覆盖率是8%，2005年6月已达19.8%了，到年底，超过20%绝对没问题。邹家林如数家珍，娓娓道来。

人到昆山，感觉城在林中，房在绿中，人在景中，分外美丽。昆山是个寸土寸金的地方，但昆山的“寸土寸金”不能只留给工厂。昆山成了投资热土，也要成为人居天堂，昆山在大量兴建工厂的同时，也在大量兴建公园。自2003年始，昆山每年投入5亿元，合理规划城市绿化，利用沿河沿湖空地废弃地、各种道路两边、城市社区空间，建设公园绿地，还把绿化环境与建设休闲农业相结合。与绿化同步的是昆山的环境保护，他们在全苏州率先提出“既要金山银山，又要绿水青山”的口号，全市每个乡镇都建了生活污水处理厂，阳澄湖、淀山湖围网养殖压缩，退塘还湖使城市水环境日益改善。2004年，昆山环境综合指数达96.5，超出指标16个百分点。

张家港公园，位于城区西南，一个昔日废弃的砖窑厂，被巧夺天工地改造成市民休闲的好去处；暨阳湖园区，曾经是建设沿江高速时的取土坑，通过国际招标，规划开发4.5平方公里，成为湖光绿岸、风景秀丽的景区。张家港先后获得“中国人居环境范例奖”“国家园林城市”“全国文明城市”等称号。

"绿色太湖、健康太湖、文化太湖"——吴中区打出的太湖广告。这不是简单的口号或者旅游卖点，而是他们从苏州老百姓对母亲湖保护的渴望出发，做出的实实在在的行动。环太湖生态圈建设、体育圈建设、旅游圈建设、文化圈建设等不仅给周末苏州市区的度假百姓带来一个又一个惊喜，而且环太湖自行车拉力赛等国际赛事正在招揽越来越多的中外游客。

"水相城、绿相城"——建区不到 5 年的相城区，高起点、生态化建设城区行动一出手就赢得了来自本地百姓和外界客商的满堂喝彩。

优美的环境和发达的经济，是苏州全面小康社会建设不可或缺的双轮。

在老年人眼中，小康就是养老金。

千灯镇石浦村村民诸祥妹说，每月有了 500 元的养老金。

对于千灯镇石浦村的诸祥妹来说，2005 年 7 月 28 日是个不同寻常的日子，这天，她与村里的另外 40 名失地农民一起，将所得的失地补偿金折算成日期，由农保换成了社保。诸祥妹今年 52 岁，按社保规定，自这个月起，她就可在镇社保所每月领取 500 元养老金了，而在以前，她需等到 55 周岁后才能领取。诸祥妹有两个女儿，大女儿是残疾，小女儿在读大学，她所在工厂由于生意不好，收入不稳，她的丈夫在一家民办企业工作，收入也不高，老来无靠一直让她忧心忡忡。这次为她解去心头之忧的，是 2005 年昆山市实施的农保与城保并轨政策。

到 2004 年年底，昆山市城镇职工养老保险、医疗保险、职工失业保险覆盖率为 98.8%，农村三大保险率达 99.6%。其中养老保险覆盖率为 99.43%，医疗保险覆盖率为 99.5%，低保覆盖率为 100%。在昆山，农村所有老人不需交纳一分钱就可领取基本养老金。低保标准全省最高，农村为年人均 2 000 元，城镇为年人均 3 100 元。基本实现了"老有所养、病有所医、弱有所扶、贫有所济"。2005 年，昆山市又实施农村养老保险同城镇职工养老保险并轨，提高失地农民的生活保障水平，女的比原来提前5年领养老金，男的比原来多拿180元。

小康的基础是财富的增加，但如果这个基础失衡，就会颠覆小康；沿海地区率先进入小康的动力是市场竞争，但如果竞争让人无法生存，动力就会变成阻力。改革开放的历程让我们体会到：小康不难，难在全面高水平。

苏州高新区和虎丘区是名副其实的苏州大郊区，也是“新苏州”——现代化新城，但是随着苏州城区的不断扩展，失地农民日益增多，拆迁安置补偿任务特别繁重。全区无地农民就占总人口的一半。但是，区政府与高新区一起，积极筹措资金，为他们的生活建立了五道防护网：社保、低保、安置住房、新型合作医疗、子女义务免费就读中小学。培训让农民重新就业，进入现代职业体系；安定的生活成为催化剂，成为推动农民非农化、推动和谐社会建设、推动城市化和解决“三农”问题的强大动力。

在外来工眼中，小康就是就业与成长。

新一醉大酒店总经理许德军说，在昆山我从领班成长为总经理。

作为一个外来户，昆山新一醉大酒店总经理许德军，对昆山有着深深的眷恋。他说：“过去总有拎起行李要离开的感觉；现在，社会认同感则让人有安顿下来的强烈愿望。”许德军是吉林通化人，1998年从吉林通化师范学院毕业后曾在上海等地工作过，2000年被昆山新一醉大酒店录取，成为大堂领班。因为昆山火红的创业氛围，3年后，许德军当上了总经理。

2004年年底，昆山市户籍总人口63.7万人，外来暂住人口达62.5万人。昆山市向数十万“新昆山人”承诺：“有尊严就有故乡，有爱就有家。”昆山市人民路上一座不起眼的小院挂起了“新昆山人服务中心”的牌子，专为非昆山户籍的外来人员提供权益维护、法律援助、就业指导、就学咨询、医疗帮助等服务。昆山市外来人口管理办公室则将“新昆山人”的就业权、受教育权、政治民主权、经济利益权、安全卫生健康权、生活居住权等合法权益一个个梳理成文，列入政府部门考核目标。30多万册《昆山新市民幸福指南》,把安居、乐业、就学、问医、法律法规等各方面的信息送到"新昆山人"心坎上。

苏州魅力吸引了将近400万外来人口,几乎占了苏州人口的三分之二。"新苏州人"这一饱含亲情的称谓,加上在就业、社会保障、义务教育和卫生服务等方面的合法权益的保障,使他们对苏州"全面小康"这一字眼有很深的体会。

小康,这两个简单的字包含着太多的梦想,也包含着沉重的责任。这梦想,老百姓在期盼;这责任,决策层在日思夜想。

2003年3月23日,全国"两会"刚结束,省委书记李源潮就率省级机关的同志赶到昆山,分别召开中外企业家、基层干部、市级领导班子座谈会,并走村串户,就"两个率先"进行了为期3天的深入调研。

李源潮调查研究期间与基层干部和老百姓讨论起最热烈的话题。

在昆山锦溪镇,李源潮书记亲切地握住农民的手问:"要实现小康,在你心里头觉得应该是个什么样子?""最好钱再多一点。我家三口人,一年收入不到2万,要是每人能够有七八千,就差不多了。"

"还有呢?"

"房子再宽敞一点,身体健康一点,子女能上个大学。"

"还有,环境要再好一点,不要有污染。"

朴实无华的语言,道出了农民心目中的小康理想,也解答了江苏和苏州领导心中的疑团。从基层最广大群众利益和愿望出发,才能为全面小康目标准确定位。

李源潮在调研中详细询问了昆山人均收入、家庭财富、住房、教育、医疗、社会保障等六个方面的指标实现程度,提出要全力争取2005年前率先全面建成高水平小康社会,2010年前率先基本实现现代化。

2003年6月7日,全国SARS疫情稍有缓解,李源潮就第二次来到苏州,先后对太仓、吴江、苏州工业园区和苏州高新区作实地考察。

在听取苏州市工作汇报时,对"两个率先"进行了调研。

苏州市委、市政府要求市计委(现为发改委)、统计局以统计指标体系的形式对苏州市"两个率先"的实现情况进行研究。当时全国还没有权威的、统一的"全国小康"指标体系。经商量确定,"全面建设小康社会"同时参考对照两个标准,一为国家统计局统计科学研究所所长文兼武先生提出,二为国家统计局副局长贺铿提出,这两个标准均为他们在研究性文章中采用定量与定性相结合的标准。"基本实现现代化"采用江苏省统计局在1995年制定的指标体系。市政府办公室、市统计局和市计委(现为发改委)连夜加班,联合其他职能部门和各县级市,收集了分地区2000年、2001年、2002年的实现情况,并对2005年和2010年进行了预测。小康指标共有31个,基本实现现代化指标有20个,采用表格和文字说明的形式印成数十份材料,在第二天汇报报送李源潮一行,这是苏州市政府对"两个率先"指标体系的初探。李源潮同志在题为《增创发展新优势,争当"两个率先"先行军》的讲话中指出,近年来苏州的发展速度最快,开放度最高,对全省的贡献最大,经济、人口、资源、环境的协调发展最好,苏州的经济和社会发展一直走在全省前列。苏南在全省的发展中处于排头兵位置,小康建设和基本实现现代化都应该是高标准、高水平的,苏州更应成为全省全面建设小康及基本实现现代化的先行军。

在李源潮调研之后,苏州市委决定对"两个率先"进行进一步调研。2003年4月,市委、市政府领导带领7个调研组,分赴各地,在城区、沿江、开发区、企业、农村等进行了广泛的调研,形成了7份调研报告。市计委(现为发改委)、市统计局组成课题组,就"两个率先"的指标体系进行专题研究,先后走访相关城市,初步完成了《苏州实现"两个率先"的主要指标》和进程分析。苏州市"两个率先"主要由十大指标构成,与当时省里正在设定的全面小康指标体系基本衔接,主要变化是根据苏州率先发展的实际情况,把反映教育水平的指标由高中阶段毛入学率改为高等教育毛入学率。市委办公室组成写作班子,起草了《关于学习贯彻"三个代表"重要思想,争当全省"两个率先”先行军的决定》。经过广泛地征求各方意见，大家一致认为，实现“两个率先”是新世纪初叶苏州发展的总目标、总定位，是做好各项工作的总任务、总要求。这是一部既具有时代特征，又富有苏州特色，既振奋人心，又实事求是的纲领。

江苏省有关部门以昆山为样本，结合全省各地的实际情况，初步拟定了全面小康指标体系征求意见稿下发各市进行讨论，省政府召开了征求意见会议，苏州市对指标选取、指标体系确定提出了中肯的建议，省委、省政府在听取各方面意见的基础上进行修订，于2003年7月在全国率先设定了《江苏省全面建设小康社会指标体系》，全省各地以4大类18项25个指标为导向，全力推进全面小康进程。

2003年9月16日，《中共苏州市委关于学习贯彻“三个代表”重要思想，争当全省“两个率先”先行军的决定》（以下简称《决定》）公诸报端。

这份体现苏州全市干部群众共同心声的《决定》，是苏州市委、市政府在广泛调查、深入研究的基础上形成的。市委有关同志说，《决定》九易其稿，堆起来的稿件超过1米高。反复酝酿、反复修改的目的是，既要体现指标的超前性、全面性，更要注重指标的科学性、可行性。《决定》贯穿着发展，锁定了苏州实现“两个率先”的新坐标，其形成的10项核心指标，包含人均地区生产总值、居民收入、城市化率、科学研究与试验发展经费支出占国内生产总值比重、高等教育毛入学率、卫生服务体系健全率、城镇登记失业率、城镇劳动保障三大保险各自覆盖面、城镇绿化覆盖率、环境质量综合指数等，和江苏省确定的全面小康指标体系基本相接，全部指向同一个主题：富民强市。

这是苏州发展的一个新起点。既是苏州改革开放20多年来，在持续快速发展的高平台上，向着“更快、更高、更强”的目标迈进的现实需要，也是苏州人民沿着党的十六大指引的方向，在新世纪面对新形势，继续争先赶超，保持先发优势的理想追求。

这是苏州发展的一个新飞跃。既凝聚着590多万苏州人梦寐以求的渴望,也包含着党和国家领导人对苏州的殷切期望。

苏州在发力,苏州在加速,关注,惊奇,羡慕,人们的目光在投向苏州。

为了正确评价和及时监测苏州"两个率先"的进程,经苏州市政府第30次常务会议研究,市政府决定成立由统计局牵头,市计委(现为发改委)、公安、劳动和社保、交通、建设、科技、教育、卫生、民政、园林和绿化、规划、农村工作、环保等部门参与的全市"两个率先"进程监测小组,负责组织协调全市"两个率先"实现进程的监测工作,监测小组办公室设在统计局。随后市政府办公室转发了《苏州市"两个率先"进程监测小组工作规则》。监测小组及时传达省委、省政府,市委、市政府"两个率先"的工作意见和部署,收集进程监测工作的新情况新问题,与相关部门共同研究分析,组织协调各成员单位定期开展监测工作,起到了非常重要的作用。

党的十六届三中全会明确提出"坚持以人为本,树立全面、协调、可持续的发展观,促进经济社会和人的全面发展",同时强调按照"五个统筹"的要求推进改革和发展。苏州市委认为,为确保苏州的"两个率先"能够在科学发展观指导下健康发展,关键在于创新体制机制,建立起有效的引导和约束机制,其核心是按照科学发展观的要求,创新政绩考核机制,通过建立一整套衡量经济社会全面发展的考核体系,在组织和机制上促使各级干部牢固树立正确的政绩观。苏州市又引进"绿色GDP"、"人文GDP"理念,在充分调研的基础上研究制定了科学发展评价考核指标体系。

2004年12月8日,市委办公室、市政府办公室转发了市委研究室、市统计局等部门《关于建立科学发展评价考核体系的意见》,要求各地按照科学发展观和"五个统筹"的要求,统筹谋划好区域经济社会发展,在更高层次上提升以人为本,全面、协调、可持续发展的能力和水平。该指标体系分为两大部分,第一部分是"两个率先"10个指标组成的核心指标,包括人均地区生产总值、居民收入、城市化率、R&D经费支出占GDP比重、高等教育毛入学率、卫生服务体系健全率、城镇登记失业率、城镇劳动保障三大基本保险覆盖率、城镇绿化覆盖率、环境质量综合指数等。第二部分是扩展指标,由地方财政一般预算收入及其占 GDP 比重、服务业增加值及其对经济增长的贡献率、电力产出弹性系数、污水治理率、工业固体废物综合利用率、高中阶段教育毛入学率、每万人八类主要刑事案件发生率、计划生育率、人均拥有公益性文化设施面积、文保单位和控保建筑完好率、农村三大保障覆盖率、高低收入差距等 12 个指标组成,体现了经济与社会、人与环境、投入与产出等关系,突出了经济社会的可持续发展,这既是对核心指标的补充和完善,又对核心指标起约束作用。

2004 年 12 月 15 日,带着对全省如何加快推进“两个率先”的思考,江苏省委书记李源潮再次率领省市负责同志对苏州进行调研。

在两天的时间里,从昆山到太仓,从苏州工业园区到苏州城区,从社区中心到乡村农家,从工厂车间到田间地头,李源潮等马不停蹄,认真看,仔细听。临别之际,苏州的干部拿出笔记本,准备记下省委书记的最新“指示”,李源潮说得很直白:“苏州一定要做江苏‘两个率先’的排头兵!”

时隔不到半月,2004 年 12 月 23 日召开的苏州市经济工作会议作出郑重承诺:确保在 2005 年第一个“率先”全面建成小康社会各项目标任务得到实现。

3. 决胜冲刺

决胜在 2005 年,冲刺在 2005 年。

江苏省设定的“全面小康社会”目标,包含 4 大类 18 项 25 个指标(见表 2-1),涉及经济发展、生活水平、社会发展、生态环境等众多领域,突破了传统小康概念对单纯经济指标的偏重,而拓展和提升到全面发展、和谐发展和科学发展的新境界。

首先是范围有所不同。以前所提的“总体小康”,主要是强调经济建设,强调人民收入的增长,侧重点在于解决温饱问题,提高物质文明的水平。正如党的十六大报告中所指出的,存在着“低水平、不全面和不平衡性”等缺陷。而“全面小康”，是“以人为本”，全面、协调、可持续发展的小康。“以人为本”的小康，是为了人民的小康，人民群众的幸福需要成为小康建设的核心、目的和标准，人民的需要成为小康建设的出发点和归宿点，是小康成果惠及全体人民的小康。全面、协调的小康，不是单纯指物质文明，还包括精神文明和政治文明的建设，是经济、政治、文化全面协调发展的小康。作为一个完整的目标体系，它不仅包含着经济指标，而且包含着社会指标、民生指标、生态指标，追求的是社会的全面进步与和谐发展。

其次是标准有所不同。对照1991年国家小康目标，“全面小康”就是要在原有“小康”的基础上实现发展水平的新跨越。从经济指标上看，人均GDP要达到24 000元；从收入指标看，城镇居民人均可支配收入要达到16 000元，农村居民家庭人均纯收入要达到8 000元。其他指标也都有较高水平的要求。

经济发展是整个社会发展的基础，经济发展指标也是全面建设小康社会指标体系的基础。因此，在全面建设小康社会指标体系的4大类18项25个指标当中，第一大类指标就是经济发展指标，它具体包括人均GDP、二三产业增加值占GDP的比重、城市化水平、城镇登记失业率等几项。需要指出的是，在全面建设小康社会的指标体系中，要辩证全面地看待人均GDP指标。人均GDP具有较强的代表性，它表现的是国家或地区的综合实力，也反映人民的富裕程度，在全面建设小康社会的指标体系中，既有丰富的经济内涵，又具有重要的作用。但也应该看到，任何指标都反映一个时期人们的认识水平，它不可能穷尽一切，因而都有其自身的相对局限性。人均GDP指标也是如此。一是它不能反映社会成员之间客观存在的不平衡现象。这就出现了“平均数”与“大多数”之间的差距问题。二是人均GDP在统计上也有其不够准确的地方。特别是人口基数的界定会影响人均GDP的统计。三是人均GDP与人们的最终消费不完全一致，生产过程中的无效情况不一定能准确反映出来。此外，公众的满意度，即主观指标，以及社会和谐状况即社会资本状况，都没有在指标体系中作出充分反映。

江苏省委十届五次全会明确提出，“全面实现小康最核心的问题是提高人民生活质量，必须以富民优先，以老百姓切身感受为依据，以广大人民群众满意为标准，并把富民列为全面落实‘两个率先’十大举措的第一条”。作为与人民群众日常生活关系最为密切，同时又作为衡量人的生活与发展最为核心的评判标准，人民生活水平指标是以人为本的科学发展观的一个十分具体的体现。在这一指标中，有居民收入、住房、出行、信息化程度、文教娱乐服务支出占家庭消费支出比重和恩格尔系数6项指标。从这些指标体系可以看出，全面建设小康社会的出发点和归宿就是提高人民的生活水平和质量。

社会发展指标体系主要包括：卫生服务水平、社会保障体系建设、R&D经费支出占GDP的比重、高中阶段教育毛入学率、人民群众对社会治安的满意率、城乡村(居)民依法自治等6项指标。前两项突出了以人为本、提高居民生活质量的理念，注重考察人民的医疗和生活条件；第三、第四项突出了科技发展和文化教育水平的提高，体现了对社会发展现代动力和先进方法的追求；最后两项考察了社会稳定和政治文明建设进程，属于社会发展目标的范畴。这6项指标很具代表性，并且相互关联，既反映了社会发展的多重侧面，又显示了对当前社会发展重点的选择。

建设一个全面小康的社会，必须把生态环境保护与促进经济发展、社会进步放在同等重要位置，努力走一条生产发展、生活富裕、生态良好的文明发展之路，不仅使人民群众在吃、穿、用上达到小康水平，而且要让城乡居民都能拥有优美的生态环境。生态环境指标，是全面建设小康社会、促进人与自然和谐、实现可持续发展的重要方面，共设置了两类生态环境指标：绿化水平和环境质量综合指数。前者是描绘生态建设的一个主要指标，后者是反映环境质量的一个综合指标。虽然只有这两个指标，但其涵盖面很广，可以充分反映加强生态建设、促进人与自然和谐、实现可持续发展的目标要求。

2005年8月6日下午，江苏全面建设小康社会苏州论坛在昆山举行。省委书记李源潮在论坛上指出,“率先全面建成小康社会、率先基本实现现代化”是江苏当前最重要的任务,一个地区是否实现了全面建设小康社会的目标,要接受历史和人民的考试。现在苏州、昆山的发展正在作出实践性的回答,我们要在实践的基础上,通过感性和理性结合的方式,对江苏实现全面小康建设的水平,给出一个不带水分的、人民群众得实惠的、老百姓认可的答案。这次论坛的主题是:以“三个代表”重要思想和科学发展观为指导,具体探讨研究江苏尤其是苏州积极推进全面建设小康社会指标体系的实施进展情况,总结江苏特别是苏州市实现第一个“率先”目标的成效、特色与经验,进一步理清和明确苏州如何建设高水平全面小康社会的发展思路和举措。省委、省政府要求苏州当好全省推进第一个“率先”的先行军,昆山要当好第一个“率先”的排头兵。

李源潮说,全面建设小康社会指标体系是党的十六大精神和江苏实践相结合的产物。“两个率先”不是一个简单的口号,而是在目标要求下的具体实践。省委、省政府根据党的十六大的战略部署和江苏的发展实际,按照党中央对江苏实现“两个率先”,加快科学发展的总定位,明确提出了全省率先全面建成小康社会,率先基本实现现代化的奋斗目标,并通过广泛调研尤其是结合苏南的发展实际,以昆山为具体样本,结合我国与国际的标准、专家的建议,在全国率先设定省级全面建成小康社会的4大类18项25个综合指标。这个指标体系最大的作用,不仅是对结果的检验,更是对进程的引导。重要的不是只设立指标体系,而是在现有的发展条件下找到实现指标体系的具体路径。实践证明,这个指标体系在全省三年推进全面小康社会的建设当中起到了重要的导向和激励作用。建设目的比目标更根本。无论目标怎样修订,都要围绕全面建设一个不带水分的、人民群众得实惠的、老百姓认可的小康社会这一目的。

李源潮说,率先发展、科学发展、和谐发展,是“两个率先”的题中应有之义,也是实施全面建设小康社会指标体系的内在要求和重要体现。江苏能否如期实现全面建设小康社会的目标,苏州、昆山的发展作出了实践性的回答。全省“两个率先”的良好进程进一步说明，江苏确定的目标定位是切合实际的，是经得起实践检验的。李源潮指出，要注重总结全面小康社会建设中的实践经验，走有江苏特色的全面小康建设之路。“两个率先”是一项探索前进的崭新实践，没有多少现成的经验可以借鉴。我们在设定全面小康社会指标体系时，一些核心指标的形成得益于基层实践的启示。江苏人民和基层干部有着很强的创造力，今后我们在发展中还会遇到各种各样的困难和矛盾，要靠人民群众和基层的创造性在实践中解决。我们要很好地总结苏州、昆山等先行一步地区的经验，为全省全面建设小康社会作出示范、提供经验。全面建设小康社会是我国在基本建成小康社会之后经济社会发展所经历的一个特定阶段。究竟怎样才算是实现全面小康，国家没有硬性的标准，国外也没有现成的指标可以照搬套用。实践在发展，形势在变化，老百姓的意愿也会水涨船高。指标体系也应当随着形势的变化和经济社会发展的需要，进一步丰富和完善。我们要在科学发展观的指导下，参照国家指标、国际惯例和群众意愿，从江苏的发展实际出发，对有些指标要因地制宜地作些丰富和调整。丰富也好，调整也好，一些核心指标如富民指标等，必须毫不动摇地坚持，困难再大，目标不能变，标准不能降，一个地区是否实现了全面小康社会建设目标，要接受历史和人民的考试。李源潮说，要以推进“两个率先”来谋划“十一五”规划，以制定“十一五”发展规划为契机，引领全面小康指标的实现，为江苏的长远发展奠定更加坚实的基础。

在全面小康指标体系中，富民是关键，而其中农民年均纯收入要达 8 000 元是底线。诚如李源潮所说：“不过8 000元，一票否决！”

作为一个地区的整体发展，苏州和昆山的率先实践与探索，问题是前沿的，解答问题所形成的经验也许对全省乃至全国具有某种先导和示范意义。

苏州市领导在论坛上介绍，经过两年多的实施，苏州全面建设高水平小康社会工作取得明显成效。对照省里提出的综合考核指标，到2004年底，苏州已有14个指标提前达到省目标值要求。2005年上半年，全市又在环境质量综合指数、居民百户家庭电脑拥有量指标上提前达标，城镇居民人均可支配收入、农村居民人均纯收入、R&D经费支出占GDP比重和城市绿化覆盖率等4个指标进展顺利，基本接近目标值。苏州市领导表示，按照目前的时序进度，到2005年年底，苏州有望全面完成省综合指标的考核任务。

全面建设小康社会目标体系的确立，自觉体现了科学发展观的要求，这一目标体系的最大特点就是以人为本，全面、协调发展。把经济发展和社会发展、率先加快发展和统筹协调发展等更好地统一起来，在目标内涵上进一步细化，在战略部署上进一步深化，在工作布局上进一步展开，在具体措施上进一步落实。特别是更加自觉地去解决发展中存在的不够全面、不够协调的问题。正因如此，在这一指标体系中，凸现动态变化属性的和谐社会建设内容成为其重要的组成部分。诚如有的学者指出的，目标不是目的，目标是阶段性的，变化着的，目的才是根本，是发展的方向。全面、高水平小康重视过程，更强调目的，那就是人民群众的切身利益，人民生活水平的提高。

也正如苏州市委所强调的，全面贯彻落实科学发展观，始终高扬率先发展的旗帜，努力做到立足于"快"，保持经济在高平台上快速发展；服务于"好"，以科学发展观统领全局；着眼于新，把创新贯穿于经济社会发展全过程；致力于"本"，坚持以人为本、富民优先，确保全面建设高水平小康目标任务的胜利完成。

昆山作为全省全面实现小康的"样本"，正在做最后的冲刺。昆山市委介绍说，昆山2004年的综合得分达到98.1分，其中经济发展的四项指标均大大超过全面小康的考核指数，2005年将确保在年底第一个基本实现全面小康。

事实上昆山在2005年6月就对111 155户农民的收入情况进行了调查，调查采用农民自行申报、签字认可的方式进行。调查数据表明：2004年，昆山农民实际年人均纯收入为8 922元，其中年人均纯收入超过8 000元的家庭有55 176户，占总户数的49.64%；年人均纯收入在 5 000 到8 000元之间的有 43 425 户,占总户数的 39.07%;年人均纯收入低于 5 000 元的有 12 554 户,占 11.29%。以这样的调查方式摸清当地农民收入情况在江苏省内还是第一次。

此次调查共涉及农户 111 155 户(不含五保户),其中老人单列户 6 877 户;总人口 413 084 人,其中劳动力244 589人。调查先由农民自行填报收入情况调查表,然后,由各镇统计干部及所在村村民组组长入户逐家核对,经农民签字认可。调查还显示,这些农民中年人均纯收入超过 13 000 元的家庭有 11 393 户,占总数的 10.25%;年人均纯收入低于 3 000 元的家庭有 2 348 户,占总数的 2.11%。

通过让农民自行申报收入,可以摸清家底,掌握实情,对农民的真实收入情况做到心中有数,了解农民增收的重点和难点,为下一步工作提供依据。

此次调查发现,“九五”期间,昆山农民收入逐年提高但增长缓慢,年增长幅度为 5%。至“十五”后,特别是 2003 年,收入出现大幅递增,达 14%。同时,通过对农民自报基础上的调查预测,2005 年昆山农民年人均纯收入将达 9 496 元,其中年人均纯收入超过 8 000 元的家庭将占 56.3%,年人均纯收入在 5 000 ~ 8 000 元的家庭将占 34.5%。一个有趣的现象是:统计部门核准的 2004 年昆山农民年纯收入不是高于、而是略低于农民自报数,为 7 655 元。2005 年昆山农民年纯收入达到或超过 8 000 元是毫无悬念的目标。

从农民的收入来源结构来看,过去,昆山农民收入来源以农业生产和工资性收入为主,其中工资性收入占 70%。2004 年的调查显示,昆山农民的工资性收入下降,占总收入的 45.63%,而来自一、二、三产的经营性收入,以“房东经济”为主的资产性收入,以及农村富民合作社等方面的投资性收入明显上升,占总收入的 39.64%;此外,还有土地补偿及农保为主的政策福利性收入,占总收入的 14.73%。目前,昆山共有 24.5 万农村劳力,其中 20.67 万人在二、三产从业,而集中在民营经济的有 13.43 万人。数据表明,在今后几年内,劳务性工资收入仍将是昆山农民收入的主要来源。

对于"全面小康",昆山市委的理解是,在全面建设小康社会中,地方党委政府发挥引领作用的核心,是要做到这样三点:目标始终如一,果断科学决策,大胆创新工作。发现问题要及时进行科学果断决策。近几年,昆山发现农民的收入增长不快,主要原因还是以工资性收入为主,经营性收入不足,为此加大了发展民营经济的力度,出台实施了"三有工程""五道保障"等。在全面建设小康社会过程中,有一个核心难题,那就是如何让人民群众的收入水平和经济发展形成合理的比例。这是最难的。

昆山市认为,这一全面小康建设指标体系的根本目的是为了提高人民群众的生活质量,这涉及收入水平、财产拥有、享受城市公共资源的能力和水平、社会保障等方面。这里面还包含人的生活愉快程度。昆山要向实现基本现代化奋进,有几个核心的问题要关注:一是人民群众的收入如何持续增长,这是最难的。二是效率和公平问题要放到更突出的关注点上,基尼系数要低于0.4,要培养相对稳定、人群庞大的中等收入群体。三是服务业的比重要上升,尤其要发展从研发、生产制造到销售、结算等环节的生产性服务业。四是人才在劳动力中的比例要不断提高。五是要加大单位GDP能耗的考核力度,不断提升制造业的水平。六是社会治安,要特别关注万人信访率和万人非正常死亡率的变化,比如万人非正常死亡率,是衡量公共治安、医疗水平、生产安全、社会公共处置能力的重要指标。七是受高等教育的人数。

本着这一宗旨,江苏和苏州推进全面建设小康社会的4大类18项25个指标在全省乃至全国人民的关注中颁布了。一个关系到人民根本利益的发展纲领的颁布意味着政府对人民肩负起的一种高度责任,它也是一个号角,召唤和调动着苏州千千万万人去为之奋斗。表2-1,表2-2就是这一责任的具体体现。

表 2-1　苏州市推进全面建设小康社会工作及责任和监测责任分解表

（征求意见稿）

	指标名称	代码	单位	目标值	2004 年实现值	工作目标落实责任部门	监测和数据提供责任单位
一、经济发展	1. 人均地区生产总值*	1	元	≥24 000	57 992		统计、公安
	2. 二、三产业增加值占GDP比重	2	%	≥92	97.8		统计
	3. 城市化水平*	3	%	55	63.3		统计、公安
	4. 城镇登记失业率*	4	%	<5	3.7	劳动和社保	劳动和社保
二、生活水平	5. 居民收入						
	(1) 城镇居民人均可支配收入*	5	元	≥16 000	14 451		统计
	(2) 农村居民人均纯收入*	6	元	≥8 000	7 503		统计、农村工作
	6. 居民住房						
	(1) 城镇人均住房建筑面积	7	M²	30	27.0		统计
	(2) 农村人均钢筋、砖木结构住房面积	8	M²	40	62.3		统计
	7. 居民出行						
	(1) 农村行政村通灰黑公路（或航道）比重	9	%	100	100.0	交通	交通
	(2) 城镇人均拥有道路面积	10	M²	12	15.3	建设、公用事业	建设
	8. 居民信息化普及程度						
	(1) 百户家庭电话拥有量	11	部	200	234.6		统计
	(2) 百户家庭电脑拥有量	12	台	40	32.4		统计
	9. 居民文教娱乐服务支出占家庭消费支出比重	13	%	18	14.3		统计
	10. 恩格尔系数	14	%	<40	38.9		统计

续表

	指标名称	代码	单位	目标值	2004 年实现值	工作目标落实责任部门	监测和数据提供责任单位
三、社会发展	11. R&D 经费支出占 GDP 比重*	15	%	≥1.5	1.04	科技	科技、统计、教育
	12. 高中阶段教育毛入学率	16	%	≥90	95.6	教育	教育
	13. 卫生服务体系健全率*	17	%	≥90	80.2	卫生	卫生
	14. 社会保障						
	(1) 城镇劳动保障三大保险各自覆盖面*	18	%	≥95	97.7	劳动和社保	劳动和社保
	(2) 新型农村合作医疗覆盖面	19	%	≥85	94.8	卫生、农村工作	卫生
	15. 人民群众对社会治安的满意率	20	%	90	90.0	政法、公安	统计
	16. 城乡村(居)民依法自治						
	(1) 城镇社区居委会依法自治达标率	21	%	90	96.0	民政	民政
	(2) 农村村委会依法自治达标率	22	%	95	98.0	民政	民政
四、生态环境	17. 绿化水平						
	(1) 城市绿化覆盖率*	23	%	40	39.2	园林和绿化、规划、建设	园林和绿化、规划、建设
	(2) 森林覆盖率	24	%	20	11.9	农林	农林
	18. 环境质量综合指数*	25	分	80	73.4	环保	环保
附:高等教育毛入学率 *			%	45	50.1	教育	教育

注:1. 2004 年实现值为省反馈数。

2. 工作目标落实责任需要各级地方党委政府以及相关部门的共同努力,表中仅列出职责比较明确的单位。

3. 打“ * ”的为苏州市确定的“两个率先”指标。

表 2-2　　2005 年上半年苏州市全面建设小康社会进程预测表

指标名称	代码	单位	2005 年目标值	2004 年实现值	2005 年上半年
甲	乙	丙	1	2	3
一、经济发展					
1. 人均地区生产总值	1	元	≥24 000	57 992	30 000
2. 二、三产业增加值占 GDP 比重	2	%	≥92	97.8	98.0
3. 城市化水平	3	%	55	63.3	63.8
4. 城镇登记失业率	4	%	<5	3.7	3.5 左右
二、生活水平					
5. 居民收入					
(1) 城镇居民人均可支配收入	5	元	≥16 000	14 451	8 523
(2) 农村居民人均纯收入	6	元	≥8 000	7 503	
6. 居民住房					
(1) 城镇人均住房建筑面积	7	M^2	30	27.0	26.0
(2) 农村人均钢筋、砖木结构住房面积	8	M^2	40	62.3	62.5
7. 居民出行					
(1) 农村行政村通灰黑公路(或航道)比重	9	%	100	100.0	100.0
(2) 城镇人均拥有道路面积	10	M^2	12	15.3	15.3
8. 居民信息化普及程度					
(1) 百户家庭电话拥有量	11	部	200	234.6	250.25
(2) 百户家庭电脑拥有量	12	台	40	32.4	40.54

续表

指标名称	代码	单位	2005 年目标值	2004 年实现值	2005 年上半年
甲	乙	丙	1	2	3
9. 居民文教娱乐服务支出占家庭消费支出比重	13	%	18	14.3	12.19
10. 恩格尔系数	14	%	<40	38.9	37.49
三、社会发展					
11. R&D 经费支出占 GDP 比重	15	%	≥1.5	1.04	1.4
12. 高中阶段教育毛入学率	16	%	≥90	95.6	大于 93
13. 卫生服务体系健全率	17	%	≥90	80.2	82.15
14. 社会保障					
(1) 城镇劳动保障三大保险各自覆盖面	18	%	≥95	97.7	99.1
(2) 新型农村合作医疗覆盖面	19	%	≥85	94.8	95.2
15. 人民群众对社会治安的满意率	20	%	90	90.0	90.4
16. 城乡村(居)民依法自治					
(1) 城镇社区居委会依法自治达标率	21	%	90	96.0	90
(2) 农村村委会依法自治达标率	22	%	95	98.0	90
四、生态环境					
17. 绿化水平					
(1) 城市绿化覆盖率	23	%	40	39.2	39.8
(2) 森林覆盖率	24	%	20	11.9	11.52
18. 环境质量综合指数	25	分	80	73.4	81.52

发展为了人民，发展依靠人民，发展成果由人民共享，切实解决人民群众最关心、最直接、最现实的利益问题，千方百计为困难群众多办好事实事，进一步凝聚起广大人民群众的力量，共同为全面建设小康社会而努力奋斗。

——胡锦涛

苏州人用古典园林的技巧，布局出现代经济的版图；用双面刺绣的绝活，实现了东西方文明的对接。

——全国“最具活力城市”评委会

【第三章】苏州全面建设小康社会的现实进程

苏州的全面小康社会建设是伟大理论指导下的成功实践，是苏州改革开放和现代化建设史上的重要一页，也是全市上下团结奋进、开拓创新的精彩篇章。三年全面小康社会的建设，带给苏州的是一连串的丰硕成果：更加健康协调的经济社会发展态势，更加殷实的城市家底和百姓荷包，苏州人从来没有像现在这样切身体会到“富民强市”的意义。苏州为全国的发展又一次提供了范例。

一、苏州小康建设的时空坐标与历史背景

——从 1996 年到 2002 年，完成 GDP 从 1000 亿元到 2000 亿元的能级跨越，苏州遭遇到了“七年之痒”

——GDP、财政收入等都远远高于国内许多城市，为什么苏州人被人质疑富裕程度与经济总量增长不对称？质疑苏州，引发冲击波

——“两个率先”是新世纪苏州的总定位、总目标。实现“两个率先”不仅仅是苏州的责任,更重要的是,它是解决苏州发展种种问题的唯一出路

2003年的春天,一种突如其来的SARS病毒打乱了许多中国人的生活。

这是进入21世纪以来,全球范围内出现的第一个严重而易于传播的新病毒。在国内,SARS自2002年11月在广东省出现后,迅速传播到各地,不少人因此死亡。在疫情比较严重的地区,恐慌的情绪不断蔓延,人们不敢坐飞机,不敢上饭馆吃东西,甚至不敢上百货公司买东西。餐饮、商贸、旅游等行业也因此倍受打击。

SARS袭来,苏州也难以独善其身。尽管政府及时组织起了严密而有效的防控体系和措施,确保始终未有大的疫情发生,但SARS病毒对经济的损伤仍难以消除。招商引资就是一个最典型的例子。由于人员流动受到限制,苏州城乡各地大规模的招商活动被迫暂时中断。多年来早已习惯了东奔西走,如今突然清闲下来,这让许多招商人员感到不适应。而一些先期出国的招商代表团也被迫滞留国外,接受隔离观察。面对眼下无法完成的任务,人人焦急万分但又无可奈何。

焦急源自原本伸手可及的“掘金”机会。

在SARS还没有来的时候,2002年,中国改革开放以来的第三波外资抢摊大戏正在如火如荼地上演。凭借着各行业入世开放期次第到来的利好,国际资本潮水般地涌进中国,涌进长三角。和20世纪90年代初、90年代后期两次不同的是,这一波外资潮来得更急,跨国公司的“大腕”们也来得更多。紧靠上海这棵“大树”的苏州,正是这波抢摊潮的中心之一。在2002年,苏州的新增合同利用外资(按新口径)就达到了100.67亿美元,实际利用外资超过48.14亿美元,分别比上年增长了144.6%和59.3%。外商投资的大项目,独资、增资项目明显增多。新批合同外资超千万美元的项目571项，增资超千万美元的项目83项，两项合计合同外资78.62亿美元，占全市新增合同外资总额的78.1%；新批独资项目2 019家，合同外资95.03亿美元，占全市新增合同外资总额的94.4%；有677家（次）外商投资企业先后增资14.21亿美元，占全市新增合同外资总额的14.1%。乡镇引进外资大量增加，全市乡镇新增合同外资45.03亿美元。私营企业利用外资有所突破，新批私营企业利用外资项目125个，合同外资9 701万美元。至年末，全市累计注册外资323.69亿美元，世界500强跨国公司中已有85家先后来苏州投资兴办了215个项目；全市累计实际利用外资281.54亿美元。大批外商投资企业投产后获得了良好的投资回报，缴纳税收对全市的财政收入贡献逐年加大，全年涉外税收104.40亿元，占全市财政收入（原口径）的38.5%。这样的规模，在中国大陆仅次于上海。如果没有意外，按照各地的计划指标，2003年又将迎来一个外资丰收年。而SARS的“不请自来”，严重扰乱了引资计划，怎不令人扼腕叹息！

当然，意外的“清闲”也给了苏州人审视过去、盘算未来的时间。

1. GDP千亿元俱乐部新贵的“七年之痒”

改革开放以来，苏州走上了一条率先发展之路。“率先”的结果是，苏州经济迅速崛起，成为全国数百城市中的GDP新贵。

20世纪90年代初，面对上海浦东开发开放的绝佳机会，完成了乡村工业化原始积累的苏州“调转船头”，大力招商引资，大打开放型经济牌，全市经济奋力起飞。GDP总量从90年代初的300多亿元，接连突破500亿元、900亿元大关。1996年，苏州以1 002.14亿元的总量首次跻身全国城市千亿元GDP俱乐部后，GDP连年轻松跃升，在全国城市间的位次不断前移。到2002年，苏州只用7年时间就完成了GDP总量由1 000亿元到2 000亿元的跨越，当年，全市GDP完成2 080.37亿元，仅次于上海、北京、广州、深圳，列全国各大中城市第五位。

苏州的率先发展和城市复兴得益于一种以政府主导、外资投入为主要特点的发展模式。区别于早期的“苏南模式”，称其为“苏州之路”。但任何模式都是特定历史条件下的产物。随着七年间GDP总量快速跨入2 000亿元能级，苏州的问题也逐步暴露出来，为耀眼的光环投上了阴影，这使得苏州人在享受工业化和现代化快感的同时，不得不直面一些烦恼。

资源能源“瓶颈”问题首当其冲。苏州的市情是人多地少，资源不足。在8 488平方公里的辖区，扣除42%的水面，苏州每平方公里的人口密度高达1 200人，人均资源十分有限。改革开放20多年来，工业化的急速起步，粗放型的工业发展更是加剧了资源供求的矛盾。

一份统计报告显示，近年来，苏州的GDP每增加一个百分点，将消耗掉4 000亩左右的耕地。在22%的工业经济年均增长率下，苏州的耕地每年以近10万亩的速度在消失。2002年，苏州GDP增长了14.5%，而粮食作物播种面积调减了15千公顷，粮食产量下降了8.2%，油料作物产量下降了22%，棉花产量下降了42%，蚕茧产量下降了40%。苏州除了不能动的基本农田外，剩余发展空间越来越少。那个记忆中熟悉的河道纵横、沃野千里的江南水乡，在工业化的急行军中渐渐离苏州人远去。

与此同时，能源的供给也越来越成为大问题。工业总量占江苏省30%左右的苏州是能耗大市，2002年全市工业企业能源消耗合计1 965.7万吨标准煤。这其中，绝大部分的煤、焦炭、汽油、燃料油、电力是从外省市购进的。统计显示，苏州的工业总产值每增加1亿元，用电量就要增加0.052亿千瓦时。照此速度，到2008年苏州的用电量将超过1 000亿千瓦时，远远大于当时的生产能力。为了解决大批工厂夏季高峰被拉闸限电的问题，一些地方甚至不惜冒政治“风险”，想方设法自建当时国家产业政策并不鼓励的小火电。

工业化带来的环境污染压力也与日俱增。苏州以水而兴，因水而秀，但近年来，一系列因为工业化而导致的水问题日益严峻。2002年，全市工农业生产和生活用水总量已经超过50亿立方米，但本地水资源总量也只能满足用水量的60%，不足部分需要境外来水补充。水资源的日益紧缺，使得苏州这座“东方威尼斯”迈入水质型缺水城市行列。更令人担忧的是，水污染日益严重，水环境恶化趋势无法有效扭转。太湖、阳澄湖等湖泊水质大多为三、四类水，苏州全市共有饮用水取水口23个，2002年水质达到Ⅱ类的仅4个，从来没有为吃水发过愁的苏州人遭遇了前所未有的尴尬。

与大量外资一起“抢摊”苏州的还有众多外来人口。一个个招商引资项目落地开工后，总会引来一拨拨外来务工者的加盟。1996年至2002年的7年间，在苏州登记居住超过半年以上的外来人口每年数以10万计。这个数字大大超过某些国际大都市接纳外来人口的速度。2002年底，苏州的外来人口达到了170万。大量外来人口的涌入，一方面他们的吃、住、行等给苏州城乡带来了巨大压力，另一方面因生存境遇而引发的矛盾冲突也造成了一系列社会问题。全市的刑事案件犯罪嫌疑人中80%是外来人员，刑事案件的受害者中80%是外来人员，这两个“80%”颇能说明一些问题。

工业化必然催生城市化。但世纪之交，苏州的城市化还大大滞后于工业化，导致城市综合服务功能比较落后。尤其是中心城市——苏州市区的城市功能明显偏弱，GDP占全市的份额仅为三分之一左右，这种“强市弱心”的状况让苏州市对所辖县市的辐射力大打折扣。一个让苏州市几任市长都颇为尴尬的事实是，每年他手里能用的财力与下面一个县级市市长相差无几，尽管他负责管理的区域和人口是后者的10倍左右。

城市化步伐的滞后还表现在遍布各地的“城中村”“镇中村”等老大难问题上。以2002年为例，苏州中心城区建成区内有“城中村”103个，居民4.2万户，其中农业人口6.5万人，市区居民9万人。这些“城中村”多是区划调整的产物，因为相关的管理、建设没有紧紧跟上，“垃圾靠风刮、污水靠蒸发、家里现代化、户外脏乱差”成了不少“城中村”居民生活的真实写照。这些“城中村”的存在，不仅严重影响了苏州的城市形象，而且使得居民无法体会到苏州的发展成果。

与经济发展高速度相伴的是，城市的综合管理成本也直线上升。城市公共资源和公共物品供给系统突然发生严重不平衡，交通、水电、公安、城管、消防、工商、卫生甚至教育，都在协调应对因突然大量涌入的外来人口而带来的一系列棘手问题。

种种烦恼考验着苏州人的智慧，也考量着苏州发展的未来。遭遇矛盾，又渴望突破，2003 年的春天，直面 GDP 的“七年之痒”，苏州人第一次有了一种复杂的心情。

2. 质疑苏州引发冲击波

关注苏州新世纪前途命运的还不只是苏州人。

2003 年初，一位名叫龚坚的网友在对苏州和成都的 GDP、人均 GDP、城乡居民人均收入、人均住房面积、社会消费品零售总额、私家车拥有量等统计数据进行对比分析后发现，除 GDP、进出口总额等数字苏州大大超过成都外，在许多有关居民生活水平的经济指标上，处于东部最发达地区的苏州，还比不上地处西部内陆、发展较为迟缓的成都。于是，他得出了“苏州人不如成都人富裕”的结论。

此言一出，随即在网上引起一场轩然大波。“只长骨头不长肉”“市强民不富”等质疑一下子涌向了“苏州之路”。随着理论界、经济界、新闻界人士陆续加入，这场关于苏州的争论也不断升级。细心的人们曾作过一个统计，在争论最热烈的时候，随意登陆一个网络搜索引擎，键入“苏州”两个字，就会有数千条相关信息出现在面前。

面对非议和质疑，苏州人历来有种大气。改革开放以来，从乡镇工业时期的“星期天工程师”到自费搞开发区、保税区，苏州人早已习惯了在别人的疑惑中创业成长，“埋头干，不争论”成了苏州的干部群众始终不渝的信条。但是，这一次苏州人却没有掉以轻心。在网络上、理论杂志上，许多机关干部、基层领导都在关注着有关苏州的争论，并在小范围内展开了讨论。

质疑声在苏州引发了一场思想冲击波。

最容易引起苏州人共鸣的是“市强民不富”问题。20 世纪 90 年代以来,苏州每年引进的外资达数十亿美元之多,GDP 年均保持15%左右的增幅,但人均收入与 GDP 大不相称,增幅远远低于 GDP 增幅,以至于有了"苏州名声响百姓却不实惠"的说法。2002 年,苏州的 GDP 踏上2 000亿元新台阶,在长三角 15 个大中城市中排名第二,超过浙江任何一个城市,但城镇居民的可支配收入不足11 000元,仅位居第八,远远落后于浙江的杭州、宁波、绍兴。这一超一短,把苏州的尴尬,进而把苏州的问题显露无遗。

按照国际经验数据,如果剔除信贷消费因素,人均 GDP 与人均可支配收入的关系大致是后者为前者的75%。但2002 年,苏州按照户籍人口计算的人均 GDP 达到4 300多美元,而全市城市居民人均可支配收入只有10 617元,只占人均 GDP 的 29%,全市农民年人均纯收入更低,为6 134元,两者相差悬殊。一般而言,经济总量较多地区的居民就该有较高的收入,但苏州 GDP 总量与人均收入之间却为何存在着如此之大的反差?为什么苏州人没有从经济的繁荣中获益更多?

有一篇《苏州模式的反思与肯定》的文章至今被许多苏州人记忆犹新。这篇理论文章通过大量数据模型的分析,直言不讳地提出,造成苏州"市强民不富"现象的原因在于单纯依靠外资带动型的经济发展模式。

文章说,近年来,苏州成了全国引进外资的典型,媒体称苏州已是"名副其实的世界工厂",但许多工厂实际上只是跨国企业的加工车间,出口的都是技术含量不高的低端产品。即使一些 IT 高科技产业,实际上也与研发、设计无缘,装配工人多从事的是简单重复的装配工作。这说明,苏州的高科技产业还只是国际高科技产业链条末端的劳动密集型产业环节部分。这种廉价的"打工经济"自然给百姓带来的福利增长不及经济本身增长的幅度。更可能造成的后患是,如果单纯走外来型工业化道路,外科手术式引入新的制造体系,必然有损于传统产业制造体系,从而导致苏州城市竞争力的下降。

文章最后提出的忠告至今振聋发聩:在经济全球化背景下,苏州走外来型工业化道路,可以利用各种内外资源,实现区域经济快速发展,但无论如何,始终都应有利于"强市富民"和"可持续发展",始终不能失去"自我",迷失方向。

今天,回过头来再来看这场争论,会发现这又是一次思想解放的"及时雨"。正是这场争论,帮助许多苏州人解答了一些现实中的疑惑,廓清了继续前行的思路。通过深刻反思,苏州人对自己的过去和未来认识得更加清楚。

苏州人坚信,发展才是硬道理,凝结着数百万干部群众智慧和心血的"苏州之路"也经得起实践和历史检验。改革开放以来的 20 多年,依托着率先发展的理念,初步完成了工业化,仅占全国 0.09% 土地面积和 0.45% 人口的小苏州,创造了全国 2.4% 的生产总值、2.5% 的财政收入(含海关关税)、7.7% 的外贸进出口总额。与此同时,城市地位不断提升,城乡面貌日新月异,基础设施和各项社会事业日益完善,拥有2 500年历史的苏州在新世纪终于迎来了城市复兴的曙光。

苏州人懂得,率先发展就意味着率先遇到问题,就必须率先解决问题。作为全省乃至全国发展的"领先者",苏州眼下的种种矛盾和困难,都源自人均 GDP 达到3 000美元后的进一步发展问题。在这样一个既是发展黄金期,又是矛盾凸现期的关键时期,如何才能率先突破矛盾的重围,顺利实现经济社会转型,使苏州的发展成果更加名副其实,发展的后劲更加强劲,这是苏州干部群众最关心的问题,也是对苏州的质疑声中最核心的问题。

面对重重挑战,苏州是否真的能率先破题?

2003 年,600 万苏州人曾经有过太多的选择,如今已经没有选择。

3. 苏州的新抉择

2002 年秋天,党的十六大胜利召开。在这个规划 21 世纪中国发展蓝图的大会上,党中央提出"要在本世纪头二十年,集中力量,全面建设惠及十几亿人口的更高水平的小康社会,使经济更加发展、民主更加健全、科教更加进步、文化更加繁荣、社会更加和谐、人民生活更加殷实”。由此，“一个惠及、六个更加”的全面小康成为了中国现代化建设的新目标。

如前所说，对于小康，苏州人并不陌生。苏州是伟人“小康思想”的“故乡”。

但十六大提出的小康概念是20年前小平同志在苏州提出的小康思想的进一步发展。范围扩展了，过去的总体小康主要强调经济建设，强调人民收入的增长，而且主要侧重点在于解决温饱问题，提高物质文明水平。而今的“全面小康”，强调以人为本，全面、协调、可持续发展，不单纯指物质文明建设，还包括精神文明和政治文明建设，是经济、政治、文化全面协调发展的小康，追求的是社会的全面进步与和谐发展。

标准提高了，对照1991年国家小康生活标准，在20世纪90年代初，苏州就已基本实现了小康目标。全面小康就是要在原有总体小康的基础上实现发展水平的新跨越。从经济指标上看，人均GDP要达到24 000元(约3 000美元)；从收入指标上看，城镇居民人均可支配收入要达到16 000元(约2 000美元)，农村居民家庭人均纯收入要达到8 000元(约1 000美元)。其他社会发展、生态环境等指标也都要有较高水平的标准，总体上就是要符合“一个惠及、六个更加”的要求。

按照这样的要求，苏州有没有可能实现率先？能不能在新世纪初叶实现连续性的跨越式发展？能否在GDP的狂飙突进中找到富民的平衡点？对于苏州的决策层和600万苏州人来说，无疑将要经受前所未有的风险与挑战、磨砺与检验。

省委对苏州投来了殷切的目光。“苏州是一个出经验的地方。近年来苏州的发展速度最快，开放度最高，对全省的贡献最大，经济、人口、资源、环境的协调发展最好。苏州完全有条件成为全省全面建设小康及基本实现现代化的先行军，全国率先发展的排头兵！”在随后召开的省委扩大会上，李源潮在题为《增创发展新优势，争当“两个率先”先行军》的讲话中热情地鼓励道。

省委的殷切期望极大地激励了苏州广大干部群众，同时有关全面建设高水平小康社会的思路也更加清晰。

2003年9月16日，中共苏州市委九届五次全会召开。全会作出《中共苏州市委关于学习贯彻"三个代表"重要思想，争当全省"两个率先"先行军的决定》(以下简称《决定》)，响亮地提出，苏州要争当全省"两个率先"先行军，确保在2005年率先建成高水平小康社会，2010年率先基本实现现代化。

在这份九易其稿的《决定》里，针对当前形势，苏州市委向全市人民发出了激越的号令："两个率先"是苏州新世纪新阶段的总目标、总定位，不管宏观环境怎样变化，不管发展难度有多大，不管外界对苏州的发展如何议论，我们加快实现"两个率先"的信心不会变，也不能变。"两个率先"是中央和省委对苏州的殷切希望，更是苏州实现更快更好发展的内在要求，也是我们解决目前发展中遇到的矛盾和困难的现实选择。"两个率先"始终是我们凝聚人心、振奋精神，全面发展的一面旗帜，我们必须坚定不移地加快推进。

苏州，要走在前列，为全省全国的发展大局创造新经验，作出新贡献。这已成为全市上下的共识。这种共识，迅速演化为全体苏州人民的共同行动。

21世纪新苏州新小康波澜壮阔的创业历史在吴中大地上拉开了帷幕。

二、"小康苏州"的路径选择与成长轨迹

——从"八个坚持、八个统筹"到"十六字"方针，苏州小康社会建设的思路越来越清晰

——面对富民问题，苏州人坦言要加倍努力

——一个支持民营经济发展的"38条"，将苏州人对民营经济"放心、放胆、放手、放开、放活、放利"的心态表现得淋漓尽致

全面小康不是一个抽象的名词。

江苏的全面小康社会建设目标被量化为一套科学而严密的指标体系。这个综合指标体系分为经济发展、生活水平、社会发展和生态环境4大类18项25条。在苏州的实践中,这个指标体系中的10项指标被强化为“两个率先”核心指标。

这是一幅鼓舞人心的新世纪美妙蓝图。其中,有关全面小康社会的数据描绘更是清晰地凸现了两个字——率先。

全面小康,苏州在实现时间上,要早于全省,快于全国;实现程度上,要高于全省,优于全国:到2005年,苏州的人均GDP达到4.8万元,率先建成高水平小康社会,是全省小康标准的2倍,实现的时间比全省提前5年。

全面小康,苏州要加快富民:到2005年,全市城镇居民人均可支配收入、农村居民人均纯收入这两个核心指标分别为16 000元和8 000元。这两个指标与省政府要求苏南地区率先完成的全面小康目标值一致,但在实现时间上力争提前2年完成。

全面小康,经济社会就要更加协调、全面发展:2005年,全市研究与发展(R&D)经费支出占国内生产总值比重要达到1.5%,卫生服务体系健全率要达到90%,城镇劳动保障三大保险各自覆盖面要达到95%;全市城镇绿化覆盖率和环境质量综合指数两个指标分别要达到40%和80。

这也是一条注定不平坦的新世纪创业征程。用三年的时间完成上述指标,不仅时间紧,任务重,难度也很大。即使是苏州人最拿手的GDP指标,在2003年年底逐渐升温的宏观调控“新政”下也显得困难重重。

宏观环境有利时,抢抓机遇,奋勇争先;宏观环境不利时,更要咬住发展,稳中求进。这就是苏州人的风格。

面对困难,市委、市政府决心已定:“不管东西南北风,咬定青山不放松。”苏州就是要紧紧抓住新世纪前20年难得的战略机遇期,坚持率先发展不动摇,结合小康社会建设指标体系,实事求是地“缺啥补啥”，加快建设一个全面协调可持续发展的新苏州！

市委、市政府主要领导纷纷下乡蹲点了，在中央“五个统筹”理念指导下，结合苏州实际的“八个坚持、八个统筹”的思路逐步确立；干部群众被动员起来了，市、县两级党政一把手牵头负总责，各部门相关紧密协调的网络形成了；全面小康被列入了各级工作考核内容，小康指标一项项分解，工作措施一条条落实；市委、市政府有关部门专门成立了监测小组，对全市各地的小康建设进程进行动态跟踪监测，定期分析汇总，供最高决策层进行科学决策……高水平全面小康这一篇大文章，苏州人有条不紊、忙而不乱地开始破题。

1. 脱胎换骨：“世界工厂”走出“微笑曲线”

站在新世纪经济全球化的风口浪尖上，苏州的经济转型升级压力与日俱增。

压力一方面来自原有发展路径难以为继。在宏观调控“新政”下，土地、资金、能源等要素供应越来越紧张，单纯依靠土地换资金、技术和空间的经济增长方式处处碰壁。仅以土地为例，在过去的10多年中，苏州每年消耗的土地在10万亩左右。到了宏观调控年，2004年国家给江苏省的土地供应指标只有10万亩，全部给苏州还不够。

另一方面，较低的产业—劳动层次也使得苏州在竞争激烈、形势多变的经济国际化环境中，陷入被动境地。

一种“微笑模式”理论将这种被动解释得很清楚。城市发展的轨迹犹如一个呈下凹形的曲线，一个城市要想“笑”起来，产业就得从两边向上延伸。而以外资工业为主导的苏州则处于“微笑模式”的底端，也就是处于城市发展附加值较低、以组装型企业为主的现状，曲线两边的高端研发、销售都与苏州无缘。这种产业—劳动结构，且不说存在着国际资本“风吹草动”“逐水草而居”的风险，就是对本地富民的贡献也不如想像中的大。

以全球最大的电脑鼠标生产商罗技公司为例，每年有2 000万个在苏州制造的鼠标运往美国。在美国其售价约40美元，在价格构成中，罗技拿8美元，销售商拿15美元，零部件供应商拿14美元，而苏州只能从每只鼠标中拿到3美元，这其中还包括工人的工资和电力、交通等其他开支。这也是被理论界和外地城市领导诟病的主要问题。

对此，苏州的学者们作了深入的学理分析。的确，我国加入了WTO，苏州参与了国际经济大循环体系，但是进入的方位是低端、被控制的。进入新全球化时代，全球经济结构在重新洗牌后，变成发达国家、跨国公司和全球公司用自主知识产权、技术生产即“头脑工业”来控制分布扩散在全球的“生产车间”，即没有自主头脑的“躯体工业”，造成“知识资本—工业生产”的两极结构。生产利润的主要部分从产品生产国流向知识产权国。

的确，全球分工体系曾有序地发生过多次变化。在第一阶段，即世界工业化初期，发达国家相继发生工业革命，而传统国家处在农耕文明甚至更原始的状态。世界产业分工则表现为以商品输出为纽带形成的“工业文明—农业文明”结构。第二阶段，当传统国家要求进入工业领域之时，发达国家则占领技术和资本密集的产业集群，让传统国家进入低端工业领域，即资源型和劳动密集型产业领域，构成“技术、资本密集型产业—资源、劳动密集型产业”的国际分工体系。第三阶段，当后发国家（姑且如此称谓）也努力进入资本、技术密集产业领域时，就呈现苏州目前的样态：在遍布苏州的IT产业领域中，发达国家掌控知识工业或头脑工业，处在产业链条的最高端；而苏州的加工厂处在末端的“组装”环节，从事高技术产业领域中的低端劳动，获得低附加值。“富民”目标与低端劳动的不对称性，造成直接的困境。摆脱这一困境的根本出路，是义无反顾地向上端挺进。

无论是建设高水平小康，还是进一步融入经济国际化，苏州经济的转型升级都刻不容缓。但是，苏州经济多年来已跃上一个高平台，在这个基础上要顺利实现转型升级，还要“毫发无损”地继续保持高增长态势，就像“大象翻身”，谈何容易？

十六大提出的新型工业化让苏州人眼前一亮，如获至宝：坚持以信息化带动工业化，以工业化促进信息化，走出一条科技含量高、经济效益好、资源消耗低、环境污染少、人力资源优势得到充分发挥的工业化发展新路。

科学思想赋予苏州人的是理念的更新。苏州市委、市政府迅即确定，要坚定不移地以新型工业化为第一方略，推动产业"升级改版"，调优调强经济结构，做大经济规模，做强经济实力，为实现高水平小康奠定更加坚实的物质基础。

"世界工厂"迎来了一次脱胎换骨式的手术。

产业升级被牢牢地定位于对国际先进制造业的打造上。苏州人看清了一个趋势，21 世纪是经济全球化的世纪。而经济全球化实质上是由于生产力发展所引起的生产要素在全球范围内流动，以寻找更有利的投资场所的过程。苏州就是要抓住第三次外资抢摊热潮，坚持开放型经济这个"火车头"，把世界上最优秀的企业、最先进的技术、最适合的要素资源汇聚到苏州来，在这里"生根发芽"，用苏州人的大脑和巧手生产出最畅销的产品，并卖出最合理的价钱。

围绕先进制造业基地目标和外资"生根"战略，苏州人更加精细地开始了8 488平方公里内的产业布局。苏州沿江 70 公里岸线，利用岸线、港口资源，重点开发钢铁、能源、化工、造纸等产业，力争到 2008 年在经济总量上再造一个"新苏州"；沿沪宁线，则扮演了以 IT 等为代表的高新技术产业核心区的角色，推动电子信息产业最终形成计算机整体及配套件生产链、通讯终端及 AV 产品生产链、集成电路芯片生产链和电子元器件产业链等完整的产业链，成为全国乃至全球 IT 制造业基地之一；苏嘉杭高速公路沿线，成为机械制造、机电一体化等的产业高地，在短时间内形成特色鲜明、优势突出的产业链条。

大布局促进了企业大集群、产业大集聚。三年时间，沿江开发、沿苏嘉杭高速产业带"风生水起"，而沿沪宁线产业带更是"高歌猛进"，提前两年完成"IT 产业双倍增"计划。三"带"合一，一个旗舰型的国际先进制造业产业基地在长三角"横空出世"。苏州在第三波招商引资"卡位战"中赢得了先机。

技术创新被提上了重要议事日程。在努力提高利用外资水平，注重引进跨国公司及其研发机构、采购中心，引进资金和技术密集型项目的同时，苏州人从没有像今天这样迫切地着力培育自己的创新基地和规模型企业。苏州市每年拿出1 000万元，设立推进技术创新的专项资金，围绕高新技术产业化、传统产业高新化改造，重点实施一批有明显带动作用的重点项目、骨干项目，带动产业的优化升级。重大技术创新项目产业化步伐开始加快，苏州人陆续重点建设了生物医药、数字电子、环保等一批高层次的技术中心，以及航空地面设备、程控通信设备等一批高新技术中试基地，力争技术创新投入占企业销售收入比重年均提高1个百分点，三至五年内，主要工业产品采用国际标准率达到80%，科技进步对工业贡献率超过55%。

结构调整被苏州人看成了改革开放以来的第三次机遇而大抓特抓。

近年来，苏州工业经济总量迅猛扩张，2004年已坐上了全国第二大工业城市的交椅。产业结构过重，意味着城市资源承载力受到严峻挑战，意味着经济躯体的不协调。以至于当年温家宝总理来苏视察的时候，提出"小桥流水的苏州，产业结构是否过重了"的担忧。

在结构调整中，苏州人认准了一个道理，调优，就是要使三次产业结构更趋合理、协调；调强，就是要丰满经济躯体的主干，转变工业经济单一依靠外资的局面，提高经济抗震能力。于是，苏州人"大手笔"地做了两件事。

第一件事，2004年以市委、市政府一号文件的形式，出台了"民营经济腾飞计划"，划定到2006年底全市民营经济主要经济指标比2003年翻番的目标。随计划同时出台的还有支持民营经济发展的"38条"，这一条条、一句句，将市委、市政府对民营经济"放心、放胆、放手、放开、放活、放利"的心态表现得淋漓尽致。

在"有形之手"的强力支持下，苏州私营经济开始显示出巨大的活力。2004年全社会固定资产投资按经济类型分类统计，私营、个体共投资449.95亿元，增长35.9%，私营、个体经济的固定资产投资增长率远远高于全市19%的速度。至2005年10月，苏州的民营经济注册资本超过1 733亿元，企业总户数超过9万家，户均注册资本176万元，分别比2004年增长31%、13%和16%，名列全省第一；这三个数字甚至可以与民营经济大省浙江省排名第一的杭州市比肩。由此，外资经济、民营经济与规模经济"三足鼎立"的格局开始构建，苏州经济由"单打一"向"三聚合"演变。

第二件事，2005年苏州市委、市政府同样以一号文件的形式出台了服务业跨越计划。这份计划公布了苏州制定的先进制造业和现代服务业"双轮驱动"发展战略，确立了以"突破占领生产性服务业，开放发展现代服务业，振兴繁荣传统服务业"三大重点为主攻方向，明确苏州要力争在三至五年内，使全市服务业总量实现翻番，占GDP的比重每年提高1个百分点。为推动"服务业跨越计划"的实施，苏州出台了一系列优惠政策，涉及市场准入、财政税费、就业再就业、融资担保、土地供应、项目投资等各个方面。

苏州选择了服务业，服务业也选择了快速发展的苏州。经过半年多发力，苏州的服务业尤其是现代服务业呈现出令人欣喜的发展趋势：

对接，体现在服务业与制造业集群衔接。现代服务业的框架和蓝图在与制造业连接中生成。现代物流业、通信业、金融服务业、会展业等迅速崛起，一个又一个大型服务设施拔地而起，蔚为大观。制造业成链成片是苏州的特色，而这一特色正向服务业频频招手。工业园区成片成片包租打工楼、整座整座学校预定技术工，在苏州都不是新闻。有人留意过，仅一个苏州工业园区，企业为职工上下班包租的厂车，就足以养活几个大型运输公司。

融合，更多地表现为三产对一、二产业的渗透。搞农业的纷纷办起休闲观光农业增加效益，生产农资的引进超市经营模式统一价格和质量。将当地大批"埋头生产"的制造商纳入统一的国际贸易网络,增强了抗风险能力。

当制造业遭遇土地、能源、出口等“瓶颈”的时候,苏州把握住服务业发展的又一次良机,带动制造业升级,完成高平台上惊人的一跳。2005年上半年全市完成服务业增加值突破600亿元,增速在全国20个重点城市中与杭州并驾齐驱,排列第一。在服务业高歌猛进的过程中,苏州为实现高平台上的跨越找到了跳板,开始迎接又一次繁荣。

2. 画龙点睛:“天堂城市”掀起“富民运动”

不管是省里的4大类18项25条小康指标,还是苏州自己的10项核心指标,有关富民的指标总是最牵动人心的。

其一,富民指标事关数百万普通百姓的切身利益;其二,相对于其他指标,富民达标的难度最大。富民指标中,最关键的是城镇居民人均可支配收入和农村居民人均纯收入两项。按照小康目标,到2005年,这两项指标要分别达到16 000元和8 000元,这意味着从2003年到2005年,城镇居民、农村居民的人均收入年均增幅至少要分别达到10%。而1997年至2002年的6年中,农民收入增幅最高的年份也仅为5.5%。

困难是显而易见的。在2004年“两会”上,苏州市政府坦言:“我们的任务还很艰巨,矛盾也很突出。在新一轮富民赛跑中,这根‘接力棒’并不那么轻松。”

富民是一个国家、一个地区经济发展的持续动力,富民是率先全面建设小康社会的题中应有之义。这一方面表现为居民收入水平的变化会引起消费需求和投资需求的变动,从而对转变经济增长方式产生重要的影响;另一方面,富民战略也是经济发展的激励机制得以强化的重要源泉。因此,在加快发展经济的同时加快富民、实现富民,其作用无异于“画龙点睛”。

苏州人深知此中奥妙。

有一个细节不应该被忽略。在2004年前,苏州经常提及的口号是"富民强市";2004年以来,"富民强市"被改成了"富民优先"。虽然只有两字之差,但反映出的是更加"以人为本"的发展理念和更加紧迫的富民愿望。"全面建设小康的出发点和落脚点在于富民,我们要坚持发展为了人民、发展依靠人民、发展成果由人民共享,大力实施'富民优先工程',让全体苏州人民感受、分享更多发展成果。"这是苏州市委对小康建设最本质的认识。

2005年,市委专门成立了富民工作领导小组,市委主要负责同志亲自担任组长,会同市各有关部门,研究部署工作,制定落实措施。

这些年来苏州经济日益繁荣,老百姓为何富得不快?市委、市政府领导经过深入调查,发现了症结所在:苏州人的收入结构有问题。一方面,受制于外企"打工经济",苏州的职工工资性收入增长不快;另外一方面,和浙江等地相比,苏州人还缺少资产性收入,更缺少创业收入,而这两者恰恰是构成合理收入结构的重要因素!

苏州的领导和干部恍然大悟。于是,"输血"和"造血"双管齐下,扎扎实实为百姓增收办实事的思路形成了,办法出台了。外界媒体发现了新闻:"天堂城市"掀起了"富民运动"。

努力扩大就业,让更多苏州人搭上工业经济"快车"。从市区到各县市,"实现充分就业,促进经济发展"的理念被各级政府牢固树立,扩大本地百姓就业成了干部们的大事。各类企业被鼓励在开足马力生产的同时,为社会提供更多就业岗位。近年来落户苏州的外企规模越来越大,苏州人也抓住机遇制定"政策",要求和鼓励每一个外资企业开工后优先解决本地人的就业。

同时,企业工资增长与经济效益挂钩制度、最低工资标准制度、工资集体协商制度等一系列规章开始颁行,为保障企业职工工资与企业经济效益同步增长"撑腰壮胆"。截至2005年,全市企业职工最低工资标准已从1995年的每月210元涨至620元,年均增长12.8%;全市已有2.2万家企业的80万职工签订了行业性工资集体合同,在由劳动者、企业方和总工会、劳动社保等市有关部门三方参加的工资集体协商制度保护下,分享更规范的企业工资分配和增长水平。

在扩大就业的努力中,“政府买单赠送岗位”的做法被苏州人创造出来了。为了加强社会治安,2004 年 1 月,由政府出资、公安机关管理的专业群防群治队伍组建完毕。首次在市区招聘的2 000名原下岗职工穿上了统一制服,走上街头,协助警察维护起社会治安。这样一来,既解决了治安力量不足的问题,又“雪中送炭”,为2 000多个家庭送上了一份稳定的工作,“一举两得”的做法令市区的下岗工人们无比欣喜。这样的做法被迅速推广和“移植”。如今,全市的辅助治安人员达数万人。各地城市的社区里,绿化员、保洁员等公益性岗位越来越多,成为扩大就业的亮点。

社会保障水平的高低直接关系居民实际收入的多寡,也事关社会的稳定与否。近年来,苏州人从“扩面提档”入手,逐年提高社会保障水平,为百姓“织密”一张保险网。

2003 年以来,扩大养老、医疗、失业、工伤、生育五大社会保险覆盖面的工作被严格而有序地推进。所有城镇企业的职工都被要求参保。各地的劳动保障局工作人员到一家家企业跑,工商局等部门也很配合,企业年审实行社保一票否决制。到 2004 年年底全市城镇职工参保率已经达到 90% 以上。苏州还先后数次调高了退休人员养老待遇,调整完善医疗保险政策,出台了地方补充医疗保险统筹管理办法、社会医疗救助办法等,提高居民的抗“风险”能力。目前,在医疗保险总费用中,个人负担已从 2001 年的 40.2% 下降为 2004 年的 33.2% 。2005 年年初出台医疗保险政策调整措施后,全市居民预计又可减轻个人负担6 000万元。从 2006 年起,苏州市级财政预计将每年投入1 000万元,启动《苏州市少年儿童住院大病医疗保险试行办法》。按照这个办法的规定,以年度封顶数 10 万元计算,每一户患病儿童家庭只需要承担 1 万元左右的费用,全市又将有数万家庭摆脱因病致贫的危险。

在及时“输血”的同时,以鼓励民间创业为主要特征的“造血”活动也在紧锣密鼓地进行之中。

20多年前，当理论界为"苏南模式"和"温州模式"孰优孰劣争论不休时，著名学者费孝通说过一句话："今后，包括苏南地区在内，大家都会学'温州模式'。"

20年后，当苏州人在结构调整中"腾出手"来大力发展民营经济时，对先贤的教诲感佩不已——因为中国人多，民营经济就是要解决富民的问题。老百姓富了，整个社会才能强，一个城市、一个国家才能强。

顿悟之后，苏州人开始大力发展富民经济。为了推动民营经济做大做强，政府制定了一个详细的民营经济发展计划，并为计划起了一个寓意深刻的名字——"腾飞计划"。在38条扶持鼓励民营经济的政策发布后，各地干部像当初抓外资一样开始抓民资。各个行业的入行门槛降低了，工商审批的手续简化了，伴随着"人人想创业、会创业、创成业、创大业"的口号不断深入人心，老百姓创业的激情被调动起来了。

民间资本一旦被唤醒、被激活，其向前奔腾的力量谁都挡不住。截至2005年，苏州全市私营企业总户数累计达到10.27万户，注册资本1 946亿元，其中2005年新登记的私营企业超过2.1万家，全市个体工商户达到了23.95万户。2005年，私营个体经济税收占全市税收的比重达到29.5%，比上年提高2.2个百分点。全市私营企业、个体工商户新增就业岗位10万个，累计超过190万个。"老板经济"不仅培育出一大批"大老板""中老板"和"小老板"，也为扩大就业、居民增收作出了积极贡献。

2005年，苏州城镇居民人均可支配收入达到16 276元，在江苏省13个省辖市中位列第一……

3. 城乡统筹："鱼米之乡"梦圆"世纪憧憬"

跨入新世纪，城市化浪潮席卷中国，成为各地经济社会发展的强大动力。但是，即使是最发达的城市，"三农"问题仍不能被回避。苏州也不例外。

近年来,在城市化战略推动下,苏州的城市化率以每年4个百分点的速度递增,2003年达到了48.1%。但即使这样,仍有近一半以上的苏州人还是农民身份。

数据背后的另一个事实是,最近几年,苏州虽然在解决“三农”问题上作出了积极探索,农民收入有了较快增长,农村面貌有了很大改善,农业也取得了稳定发展,但相对于苏州城区,农村仍是弱势地区,大部分农民还是弱势群体。

在这样的背景下,苏州广大农村的小康建设怎么搞?对此,苏州市委、市政府的态度很坚决:高水平小康,决不能仅仅局限于繁荣市区。没有农村的繁荣,就没有苏州的小康。我们要按照科学发展观的要求,更加注重统筹城乡经济社会发展,以城市化带动农村,以产业化改造农业,以组织化提高农民收入,加快富农,加快建设社会主义新农村,让广大农民和市民一起奔小康。

高标准、高起点的城市化首先被摆上了城乡统筹的战略高度。因为,城市化是农民看得见、摸得着、学得像的现代化。

尽管专家学者们在理论上对城市化、现代化有种种注解,但是农民在自身实践中有自己的憧憬。20世纪50年代初,一句民谣在苏南农村广泛流传:“楼上楼下,电灯电话。”这也充分说明,农民心目中的现代化并不是凭空想像的,而是从城里看到的,他们希望真正过上和城里人一样的生活。

要实现现代化,就先得实现城市化。改革开放以后,苏州农村干部和广大农民摸索出了一条通过发展乡镇企业,致富农民、繁荣农村的发展道路。伴随着一个个乡镇企业的开张,一批批农民进入了工厂,一幢幢农民楼房拔地而起,一个个小城镇迅速崛起。到80年代末、90年代初,苏州绝大多数农民基本实现了梦寐以求的“楼上楼下,电灯电话”。但这仅仅是模仿城市生活,与城市“形似”而已。由于千家万户任意建造楼房、公共设施落后等产生了一系列问题,不少农户尽管房屋建得相当豪华,但屋外环境还是脏乱差。农村依然是农村,农民并没有真正过上城市化生活。

小康社会建设中，苏州人对乡村城市化制定了新的目标：既要追求与城市的“形似”，更要追求与城市的“神似”；要让该成为城市的地方更像城市，该成为农村的地方更像农村，改变过去存在的“走过一村又一村，村村像城市；走过一镇又一镇，镇镇像农村”的格局。

规划的龙头作用被始终坚持并得以放大。

2003 年，苏州市委、市政府出台了《关于加快城市化进程的决定》，明确提出要按照城乡统筹的要求，构建起以特大城市（苏州中心城市）为核心、中等城市（5 个县级市城区）为枢纽、小城市（10 多个中心镇）为基础的，国际化、现代化的区域城市框架。到 2007 年，苏州中心城市、县级市城区和中心镇建成区总面积比 2002 年翻一番，全市城市化率在现有基础上提高 10 个百分点左右。

根据这一总体规划和当地的具体规划，各地农村开始积极推进“企业向工业园区集中、农户向居住小区集中、耕地向种田大户集中”。于是，一个个工业园区建成了，一个个现代化新农村诞生了。其中，有的是进行了“老村改造”，由集体投入几十万、上百万元，建造河道驳岸、公共厕所和垃圾箱，进行环境绿化、亮化、美化；有的则干脆进行“新村建设”——由集体投入几百万、上千万元，移地重新规划居住小区，让农民自己去建造单体或联体别墅。苏州农村的活力和魅力初现。

沟通城乡的重大基础设施兴起建设高潮。2003 年以来，苏州每年开工兴建和建成竣工的高速公路、“准高速”干道数量都在 4 到 5 条，8 848平方公里的土地上，随着绕城、苏沪、苏昆（山）太（仓）、沪苏浙、苏嘉杭等一批高速公路项目的建成，以苏州中心城区为中心的、覆盖全市城乡的系统化、网络化、现代化道路框架已经形成。高速公路的通车里程数近 300 公里，位列全省第一，高速公路的密度堪比德国。如今在全市任何一个乡镇，15 分钟内即可上高速，为城乡经济一体化创造了“无障碍”的环境条件。

即使苏州实现了现代化，也不能没有农业。苏州人始终认为，在该发展城市的地方，要加快城市建设，尽快实现“形似”；而在该发展农业的地方,要加快农业基础设施建设,坚决保持农业地区的良好自然环境。

为此,2003 年以来,在保持农区的生态环境和自然风光方面,苏州市的措施更为有力。通过禁止开山采石,以及综合开发,已经在丘陵地区形成了一批新的自然景观和人文景观。通过污水治理和水资源保护,形成了太湖、阳澄湖等一批做足水文章的生态保护区和自然景观区。农业保护区的设想正在逐步变为现实,具有生产、生活、生态三大功能,产品、观赏、体验、休闲、环境、文化六大作用的新型都市农业,在产业化道路上迎来了丰收的金秋。

城乡统筹焦点在加快富农。如何让广大农民能尽快实现增收,在小康社会建设中不掉队?苏州的干部群众动足了脑筋,想尽了办法。

工业化、城市化的加速,推动了震撼千古的城乡大融合。按照“三集中”原则,数以万计的苏州农民向城区转移。曾几何时,失去了土地对于农民来说就是“天塌地陷”!

“决不能让农民失地再失利”,苏州市委、市政府果断决策,要让农民在就业、教育、社会保障、医疗卫生、基础设施等方面享受到与城市居民同样的待遇。一系列保障失地农民利益、推动农民就业、完善农村土地制度的措施陆续出台了:

——严格征地法律程序,按照《征地拆迁安置补偿办法》,规定合理的补偿安置方案。在每亩征用土地补偿标准金38 600元中,用20 000元解决农民的保险问题,5 000元给村集体,还有10 000多元给农民本人,实现集体经济组织与农民双得利。

——在全国率先推行农村社会保险制度,并逐步与城市社会保险并轨。以老年农民养老补贴为主要内容的农村养老保险,让农民“开天辟地”享受到城里人退休的待遇:女性农民 55 周岁,男性农民 60 周岁,每月都可以从政府手里领到 80 元至 130 元的补贴。2004 年老年农民养老补贴覆盖面超过 80%。农村合作医疗保险制度全面建立,行政村覆盖率达到 100%,人均可享受医保 106 元。新型合作医疗制度、大病医疗风险保险、养老保险等新名词让祖祖辈辈“土里刨食”的农民们觉得新鲜不已，又受益无穷。

致富农民，仅靠社会保障的“水涨船高”是不够的。2004 年以来，在加大农村改革力度，破除体制性障碍，进一步解放农村生产力方面，苏州人想得更深，走得更快。

苏州率先进行户籍制度改革，不再分城镇户口和农业户口，实行城乡统一的按照居住地登记户口的制度；率先实行城乡统一的就业制度，为保证失地农民享有平等务工权利大开绿灯；同时对符合劳动年龄、具有就业愿望的农民进行就业登记，然后由政府提供就业培训，使其尽快掌握一技之长，提高就业或自主创业能力，并在思维方式、生活方式、价值观念等方面逐步融入城市，成为广大农民接受现代化教育的第一课。

在农村改革实践中，苏州还提出了“五有”“五无”的口号。

“五有”，就是推进农村股份合作制改革，让离开土地的农民“人人有技能、人人有就业、人人有股份、人人有社保、家家有物业”，踏踏实实地增收致富。于是，各地大力发展土地股份合作社、富民合作社，使广大农民既成为合作社的股东，又成为合作社兴办或合办的农业企业职工，从而既取得股金收入，又取得工资收入。

“五无”，就是推进农村税费改革，让种田的农民“无农业税赋、无乱摊派、无乱收费、无筹资筹劳、无拖欠”。于是，2004 年苏州率先在全省宣布取消“千年皇粮”农业税……

致富通道被打通了，沿着宽敞的道路，农民无忧无虑地走向城市化，走进现代化。2005 年，苏州农民人均纯收入超过8 000元，全面小康目标已经完成。

4．细胞再造：“科技新城”传承“文明薪火”

在全国大中城市里，苏州算得上是一个“明星城市”。改革开放 20 多年来，苏州经济成就引人瞩目，同时在全国卫生城市、健康城市等各种评比竞赛中也屡次折桂。

这种现象曾令外界不解。几年前，内陆某城市的党政代表团在苏州考察时，提出了一个问题：你们抓经济，强调争先赶超，为什么抓社会事业，也是一招不让，荣誉多多？

陪同的苏州市领导打了个比方：经济建设和社会事业好比一个人身体的不同部分，一个人想要跑起来，全身各部分的协调必不可少，否则不仅跑不快，而且有可能栽跟头！

这就是苏州人从实践中学会的辩证法——现代城市文明是经济社会发展成就的综合反映，经济文明、社会文明之于城市文明，互为表里，相辅相成，缺一不可。在市场经济条件下，只有让经济建设和社会事业“双轮驱动”，城市发展才能更协调更全面。

在苏州人眼里，建设社会事业，增加公共物品供给，就是在打造和积累地区发展必不可少的社会资本。“苏南模式”当年留下的正价值效应之一，就是对社会资本积累的重视。这好比将钱存进银行，前人存进，后人消费。美国学者福山曾经在《信任》一书中为发展中国家担忧：在不久的将来，如果发展中国家不能有效建立规范的市场经济体系因而发生经济崩溃的话，那么主要是由于人们缺乏相互信任、和谐关系和共同价值等社会资本造成的。另一个诺贝尔经济学奖得主阿罗也说：“世界上大多数的经济衰退都可以解释为缺乏相互信任。”因此，增进社会资本建设与抓经济发展，两者是合一的。综合起来，就是我们所讲的要构建和谐社会。

“两手抓、两手都要硬”“协调才能美”，这种观点在全面小康社会建设中被继承并发扬光大。面对新的历史条件，市委、市政府响亮地提出：没有社会事业的发展，就没有苏州的全面小康。我们要坚持用统筹的眼光和办法，进一步推动经济社会协调发展，努力提高全面小康的层次和水平。

科技、文化、教育、卫生等社会事业的发展规划、战略措施被提到了与招商引资同等重要的位置。苏州人专注于这些社会事业和城市发展的“细胞”再造，并使之更健康、更具有活力，更好地传承千年古城的文明薪火。

世纪之交，一条国外来的消息曾令所有的苏州人兴奋一时，美国《新闻周刊》郑重公布了他们评出的全球九大新兴科技城市名单，而苏州是亚洲唯一的入选城市。从此，苏州又多了一个城市名片——“科技新城”。

但是兴奋褪去之后，苏州人发现，这样的称号多是溢美之词：除了强大的IT产业优势、众多的“世界工厂”外，苏州的自主科技实力、潜力还是“短腿”，自己的高科技企业还不多，市民的科技素质与其他入选城市相比还有一定的差距。

冷静思考一番，自信而又看重“面子”的苏州人开始悄悄地谋划对策。

2004年春，在太湖湖畔的苏州高新区，苏州人搞了一个国际新兴科技城市十大工程启动仪式暨苏高新创业园新大楼落成启用庆典。庆典上，市委、市政府主要负责同志与南京大学、东南大学、南京航空航天大学等省内22所高校的领导签署了共建国际新兴科技城市合作备忘录，同时将国际新兴科技城市十大工程的任务分解“责任状”颁给了参加庆典的相关部门领导。

这是一份明确了实施要点、完成时间、责任奖惩的“军令状”。科技创新和产业化工程、绿色农业工程、科技园建设工程、软件园建设工程、知识产权培育与保护工程、科技基础设施建设工程、科技中介服务体系建设工程、高层次人才队伍建设工程、公众科学素养工程、城市现代化工程这十大工程，每一项都寄托了苏州人全面打造科技新城的希望。伴随着春天的脚步，苏州国际新兴科技城市的建设步伐“加档提速”。

高素质人才培育始终是打造科技新城的关键环节。无论是原始创新、集成创新或者消化吸收再创新，都要高端人才来做。没有人，一事无成。但多年来，除了跻身于全国排名30多位的百年老校苏州大学外，苏州缺少国内一流高校，也缺少国家级一流研究机构，这是一大缺憾。有人建议苏州新办一批综合大学，市委、市政府经过深入分析后认为，苏州最为缺乏的人才不是普通劳动者，也不是一般的大学生，而是能够将高新技术转化为先进生产力的高端人才，是能够自主创新、全力支撑未来苏州产业升级和经济创新增长的领军人才，是善于统筹、把握现代管理流程的高级人才。因此他们决定：与国内外著名高校合作创办一个培养大量创新人才和应用型人才，为苏州未来经济和社会发展提供强有力的科技和人才支撑的“苏州研究生城”。

2002 年 8 月，占地 10 平方公里的苏州独墅湖高教区在城东苏州工业园区独墅湖畔成功奠基，与苏州城西已建成的苏州科技中心遥相呼应。这个高教区将按照“统一规划、分期开发、政府支持、自主办学、运作企业化、后勤社会化”的开发方式，借助国内各知名高校、科研院所、研发机构的教育科研优势，力争用 8 到 10 年时间，使高教区逐步发展为以研究生培养为主的高等教育基地和高新技术研发基地、苏州市科研产业基地以及引进国内外先进科技成果与技术及智力资源的桥梁和载体。很快，中国科技大学、东南大学、南京大学、美国得克萨斯州大学、英国利物浦大学和本地的苏州大学等 11 所大学先后与高教区签约并陆续入驻，2005 年首次秋季开学后学生规模超过3 000人。

科技新城打造过程中的亮点还不止这些。2003 年以来，苏州先后成立了 8 个“科技企业孵化器”，吸引了 280 多名出国留学人员，创办了 150 家留学人员企业；本地骨干企业与中科院的 51 个分院、研究院、研究所和公司建立了紧密的合作关系，并同国内各大高校建立了 200 多个相对稳定的产学研联合体。围绕科技主题搭建展示交流平台，三年来，苏州连续举办电子信息博览会，承办国际科联大会，从 IT 的最新技术、产品到信息化社区、数字城市，普通市民的科技知识一点一滴逐渐增多，科技素养在潜移默化中提高。

小康不小康，后劲在教育。

近年来，苏州的教育事业一直走在全省前列。从 1994 年至 2004 年的 10 年间，政府投入的教育经费超过 200 亿元；2004 年，苏州已率先在全省普及 15 年教育，高中段教育毛入学率达 95.6%，高等教育毛入学率超过50%，迈入普及化阶段；苏州在全省率先建成覆盖城乡的教育宽带网，实现了5个100%——独立建制以上中小学100%建有多媒体教室，农村中心小学以上学校100%实现宽带接入，省实验小学和省重点中学以上学校100%建成校园网，各县、区100%建成教育信息中心，所有市、区100%通过省教育现代化工程先进市(县)的验收。2005年10月，苏州率先宣布：在全市公办学校中实现真正的义务教育。随着小康水平的提高，使免费义务教育这一公共物品惠及所有苏州人民。

一连串的数字不仅见证了苏州教育的长足发展，同时也成为苏州经济腾飞的绝佳注解。

"苏州正处在率先全面建成高水平小康社会和率先基本实现现代化的关键时期。要实现'两个率先'，必须推动教育事业优先发展、率先发展、加快发展、科学发展。"2005年9月，在第21个教师节来临之际，在筹划苏州教育新发展大计之时，苏州市委、市政府作出了准确判断，并提出到2007年，苏州将率先基本实现教育现代化，教育发展主要指标达到中等发达国家同期水平；并将在2007年高水平、高质量普及15年教育。

围绕着教育投入水平、师资学历水平、教育信息化、优质教育资源比例、教育人才密度和社会教育培训等指标，苏州正向教育现代化目标加速奔跑。

一个没有文化的城市，是没有灵魂的城市。

"吴门烟雨色迷蒙，小桥凝碧水悠悠"，苏州2 500多年的历史，因为文化，才显得光彩夺目。

如今，在建设高水平小康的征程中，文化毫无疑问地被苏州人摆上了突出位置。苏州人说，我们就是要坚持继承与发展并重，传统与现代互动，着力建设文化强市，让城市之魂再度成为"复兴"苏州文明的感召之源。

苏州人在文化上历来舍得花本钱。最近几年，投入力度更是有增无减。继图书馆新馆、体育中心等亿元项目启用后，博物馆新馆、苏州科技文化艺术中心、石路演艺中心等耗资数亿、数十亿元的工程先后上马。各县市在文化设施上也叫着劲“砸钱”，目标都是国内一流。社会文化教育资源也被广泛挖掘利用，新图书馆落成后马上为市民提供受教育机会，新苏州博物馆聘请世界著名建筑设计大师贝聿铭先生执笔，也在紧锣密鼓的建设中。仅社区文化教育中心、街道党校等办学单位每年的培训人次就超过30万。

在优秀传统文化遗产保护上，好消息也接连不断。苏州成为第一个承接世界文化遗产大会的中国城市，苏州古城和周庄、同里、角直三个古镇正积极申报世界文化遗产。被誉为姑苏城“绿色项链”的环古城风貌保护工程初具规模。入夜的护城河成为灯光璀灿、风姿绰约的风光带，引来无数游客。平江的观前街改造，老字号店鳞次栉比，门牌相连。金阊复制景观传统，从石路商业街到山塘街，尽现昔日故事。“最是红尘中一二等富贵风流之地”的山塘街历史文化街区修复保护试验段开街迎客。沧浪以“文化立区”作为“经济强区、和谐沧浪、幸福社区”的引领，文化内涵越来越浓郁，生活特色越来越鲜明。保护文化遗产被越来越多的苏州人视为己任，学评弹、唱昆曲悄然时兴。

改革文化体制，建设先进文化，苏州广大文艺工作者的积极性、创造性被充分调动起来了，《快活的黄帽子》《一二三，起步走》《干将与莫邪》等一批饱含时代精神、体现文化品位的精品力作纷纷“出笼”，并屡获全国大奖。昆剧青春版《牡丹亭》上演后一炮走红，享誉海内外，尽显世界文化遗产项目的光彩。文化部将昆曲研究中心放在苏州大学，“苏州文化”品牌在全国的知名度越来越高。

文化强市，融传统文化与现代文化于一体，苏州的人文历史重新焕发出迷人光彩，苏州人的精神面貌发生了深刻变化，城市文化品位不断跃升。目前，古城三个城区都是全国群众文化先进区，全市98%的乡镇街道进入了省群众文化先进行列。

当文化这个城市之魂成为文明的感召之源，小康建设就有了生生不息的动力，和谐美丽的“人间新天堂”，苏州人渐行渐近。

5. 环境优先:“绿色苏州”超越“先富后安”

在工业化时代,经济增长与环境污染是一对“孪生兄弟”,对此苏州也曾困惑不已。

苏州的市情是人口密度高、人均资源少。在较早地步入工业化中期、城市化加速期和国际化提升期后,资源短缺与低效利用并存,超快增长与超高消耗相伴的矛盾日益突出。

2003 年,全市人均耕地不到半亩,规模以上工业万元产值能耗 0.53 吨标煤,水、矿产、电力、运输的供给压力日趋加大。而随着经济快速增长、外来人口急剧增加,环境承载能力持续下降,城市乡村生态逐步走向敏感区域……

发达国家上百年里逐步出现、分阶段解决的环境问题,在苏州近 20 多年的迅猛发展中已集中产生。

尽管在 20 世纪 90 年代,苏州人就开始关注环境保护问题,并作出了不懈努力,但“既要金山银山,也要绿水青山”的想法多少有些理想化的色彩。伴随着经济总量的连年大幅攀升,环境资源的日益紧缺让苏州“虽富难安”,也使得苏州的可持续发展能力面临着越来越严峻的挑战。

没有环境资源安全感的小康决不是高水平的小康。苏州决不能重蹈发达国家“先富后安”的覆辙!

踏上“两个率先”的新征途,苏州人响亮地提出了“环境优先”的战略口号。实践中,苏州的干部群众用通俗的语言,把这个战略口号概括为一句话:“没有绿水青山,就没有金山银山。”

从“既要金山银山,又要绿水青山”,到“没有绿水青山,就没有金山银山”,口号之变折射出的是苏州人的新思路、新选择。

工业化中后期,造成苏州环境资源紧缺的根本原因在于传统的粗放型增长模式。现实面前,苏州人痛定思痛——原来那种通过高投入、高消耗、高污染来换取高增长的路子再也不能走了。

于是,就有了可能是全国最严格的耕地保护制度。380 万亩基本农田被写进了苏州城市总体规划、经济社会发展规划；于是，就有了被全省乃至全国传为经验的“工业向园区集中，人口向城镇集中，住宅向社区集中”；于是，有了招商引资中“土地投资强度”新指标。市政府出台“铁政策”，每亩土地上的投资必须达到500万元以上，否则不再单独供地。由此，各地开发区开始变“招商引资”为“招商选资”。规模小的不选，发展前景一般的不选，环境危害严重、影响可持续发展的不选，集约化发展的味道越来越浓……

生态环境需要保护，更需要建设。2003年以来，苏州先后推出了两个雄心勃勃但又实实在在的行动计划——“绿色苏州”和“生态苏州”，希望通过遍布城乡的“造绿运动”和生态保护修复，让曾经引以为豪的自然美重归“人间天堂”。

苏州人的生态观念是独特的。与大自然亲近、交朋友的生态理念如果说是西方人跨过工业文明之后在后现代才悟出的，那么对苏州人来说，已经是千百年来一直操守的传统。与西方人那种强调环境保护中将自然与人相互割裂、封闭自然的方式不同，苏州人的生态观念则是强调人与自然的共处和共同优化的“环境支持”。“环境保护+经济零增长”的荷兰模式不适合苏州。苏州人多地少，人与自然高度融合，人只有通过不断优化环境、提高生态品质，才能从中得到更多的环境价值、生态价值甚至是绿色经济价值。这就是“环境支持”的理念。

苏州人是善于造绿、造园的。遍布姑苏的园林，得山水之妙，就是苏州人用智慧将大自然“请进来”保护和优化的杰作。今天，苏州人再一次“用古典园林的技巧，布局出现代经济的版图”，那么，不仅是技巧，而且更重要的是其中的“环境支持”理念，是否能为作为一个泱泱大国、人均生态资源贫瘠的中国的可持续发展，提供一种新的思路和战略理念呢？

作为行动计划的配套动作，苏州一方面加快立法，先后制定、颁布了《苏州市阳澄湖水源水质保护条例》《苏州市禁止开山采石条例》等20多项与环境保护直接相关的法规、规章和上百项规范性文件;另一方面,加大投入,全市环保投资占GDP的比例已连续多年超过2%,并逐年有所提高。

一组数据可以佐证"绿色苏州"和"生态苏州"的显著成效:截至2004年年底,市区绿化覆盖率达到39.2%,绿地率达到33.5%,人均公共绿地达到8.6平方米;古城区内,居民出行350米即有一处小游园;全市已建成2个省级自然保护区、19个县级以上风景名胜区和5个县级以上森林公园,受保护地区面积占全市面积的10%;全市环境质量综合指数达87,在全国重点城市中名列前茅……

"环境的承载力取决于受保护被建设的程度,同时也取决于所承载人口的数量和质量。我们要建设的小康,应该是一个人与自然相处和谐、人口增长与资源开发相互协调的小康。"跳出环境建设环境,苏州人得出了这样的结论。

20世纪90年代,苏州率先实现了人口战略重点转移,率先实现了人口再生产类型的转变,率先进入了人口自然增长的零增长状态。2003年4月,苏州被批准为全国综合改革试点市后,一场以稳定低生育水平、提升人口质量、健全保障服务体系为中心的人口与计划生育综合改革被加快实施。苏州开始对经济高速发展背景下的人口计生新路进行探索。

苏州在全省率先出台计生奖励制度。从2004年开始,全市独生子女父母奖励金从40元提高到了60元,并作为个人投保补贴,直接进入个人养老保险基金;全面建立计划生育公积金制度,对计生特困家庭实施救助。在建立人口出生预报制度的同时,2005年苏州开始把人口出生缺陷社会化干预工程列入政府实事工程,建立政府搭台、社会参与、市场运作的出生缺陷干预体系,确保三年内全市人口缺陷发生率在现有水平上下降30%左右。

苏州的环境资源承载压力更多地来自激增的外来人口。苏州以海纳百川的气势开始了"新苏州人计划"。实施流动人口计生现居住地管理,健全基层信息管理网络,出台流动人员孕产妇限价分娩政策,为外来孕产妇提供安全廉价的生育服务……对新苏州人贴心的服务和关爱，让越来越多的外来人口欣然接受了优生优育的新观念。

2005年夏，世界健康城市大会在苏州召开。作为大会承办方的苏州人又有了创建健康城市的新梦想：到2010年末，全市总人口控制在700万左右，出生人口缺陷率控制在1‰以内，市民平均预期寿命超过78岁，新成长劳动力平均受教育年限达到14年，人口素质和人口分布接近发达国家20世纪末的水平，实现人口与经济社会的可持续发展。

为减少废弃物总量，减少瑞斯所说的“生态赤字”，推进循环经济建设被迅速纳入市委、市政府的工作视野。高新区利用科技平台在短短几年中就迅速发展起“环保产业园”和“循环经济体系”。环境是无价资源，但也是有价商品。运用循环经济技术和手段，优化配置环境资源，就可为可持续发展铺路垫石。这种认识，已为越来越多的苏州企业所接受。由此，“吃”废料、“吐”金子，循环经济成为苏州人破解经济发展与环境矛盾的“金钥匙”。

苏州人认为，自己的城市由三大区块组成：老苏州，指古城区；新苏州，指高新区；洋苏州，指与新加坡合作建设的苏州工业园区。新苏州、洋苏州，循环经济已成规模。

对于苏州工业园区，10年前中国和新加坡两国专家就制定了前瞻性规划，科学合理布局工业与各项城市功能，“污染物集中控制”“清洁能源”等环保理念得到了充分体现。“金华盛”纸业在苏州工业园区是用水大户，每年的污水处理产生大量污泥，通过技术改造，处理后的污泥可以直接投入锅炉燃烧，在产生热量的同时，污泥中的碳酸钙又成为锅炉的脱硫原料，既节省了煤炭，还减少了固体废弃物的排放，实现了厂内的资源小循环。

变废为宝，终点成了新起点。“金华盛”纸业只是一个普通的例子。按照“统筹规划，分步实施，以点带面，整体推进”的原则，苏州以建设生态市为主线，以提高资源利用效率为核心，在企业、区域、社会三个层面积极开展循环经济探索和实践。目前，全市60多个循环经济试点单位各放异彩，从企业到园区，从单位到社会，循环经济已从理论变为实践，汇成势不可挡的潮流，显示出诱人的生命力。

苏州是座开放之城。近年来，大量外来人口的进入，为苏州经济发展作出了巨大贡献，同时也不可避免地带来了社会治安隐患。面对走在苏州大地上的每5个人中就有2个是外来流动人口的现实，如何处理好外来人口与经济社会发展的关系，促进城市不同群体间的相融和谐，就成了摆在苏州人面前的问题。

“环境建设涵盖自然环境建设和社会环境建设，良好的自然环境是人们赖以生存的家园；而良好的社会环境则是人们安居乐业、经济稳定持续发展的重要保障。环境建设不仅要促进人与自然和谐发展，更要为发展创建一个和谐的社会氛围。”倾力打造环境并尝到甜头的苏州人想得更远也更深。

“平安苏州”创建轰轰烈烈开展起来了。为了加强社会面的治安防控，确保百姓生活安全，近年来市政府出资按警力1∶1招聘组建治安辅警队伍，并投入近亿元在1 450个监控点安装490套视频监控探头，建成47个镇级路面治安监控系统。同时，还广泛开展了“家庭技防”工程，在三个古城区老居民住宅楼安装单元电子防盗门，使15万居民得益。对被称为“新苏州人”的外来人口，苏州人一方面为他们参与城市生活、融入城市社会创造条件；另一方面，积极探索对外来人口管理、服务的新举措、新途径，努力化解潜在的社会矛盾。比如，过去很多外来务工者散居在农民家里，管理起来比较困难，现在通过政府引导、多方参与，加快设施现代化、管理集中化的集宿区建设。2005年全市外来务工者的集宿率超过了50%。在遍布城乡的集宿小区里，新苏州人享受着和苏州人一样的生活便利，展望着同样美好的前景……

保护环境就是解放生产力，改善环境就是发展生产力。叫响“绿色苏州”“生态苏州”“平安苏州”，在高水平小康社会快车道上，苏州人稳步前行。

三、全面小康建设的成果与价值

——2006 年，省委考核组将如期来到苏州

——“苏州人用古典园林的技巧，布局出现代经济的版图；用双面刺绣的绝活，实现了东西方文明的对接”

——“强吴时代”的发展愿景

公元 2005 年注定要被载入苏州城市发展的辉煌史册。

苏州将向全省、全国人民交上一份体现率先发展、科学发展的成绩单。

在省定的小康社会建设 4 大类 18 项 25 条指标中，苏州的人均地区生产总值，二、三产业增加值占 GDP 比重，城市化水平，城镇登记失业率，农村人均钢筋、砖木结构住房面积，城镇人均拥有道路面积，百户家庭电话拥有量，恩格尔系数，城镇劳动保障三大保险覆盖面，人民群众对社会治安的满意率，城镇社区居委会依法自治达标率等 11 项指标提前 2 年达标；高中阶段教育毛入学率，新型农村合作医疗覆盖面，农村村委会依法自治达标率等 3 项指标也提前 1 年达标。半数以上指标提前达标。

这也是一份成功破解新世纪城市和谐发展问题的答卷。经济社会协调发展、人与自然和谐相处、城市乡村开放融合，小康社会的美丽画卷已在苏州徐徐展开。

三年磨一剑。苏州人履行了自己曾经许下的诺言——建设一个不含水分的、人民群众得实惠的、老百姓认可的小康。

1. 科学发展观送来的“超值大礼包”

从 2003 年到 2005 年的三年间，苏州的全面小康社会建设一路走来，一路凯歌。

这是一曲以和谐发展为主题的时代之歌。三年来，苏州市委、市

政府始终自觉地以科学发展观为指引，坚持全面、协调、可持续发展的方略，力促经济建设、社会事业发展两个轮子互动共进。由此而产生的和谐之美演绎出的文明新路径，使得苏州小康建设既个性彰显，又精彩纷呈。

抵达终点之际，回望走过的三年创业之路，苏州人身后留下的是一串坚实的脚步，一筐丰硕的成果。

这三年是苏州经济总量和综合实力跨上大台阶的三年。

三年来，苏州全市 GDP 年均递增 17% 以上，全部工业总产值年均递增 33%，地方财政一般预算收入年均递增 36.8%。2005 年年末，全市 GDP 达到4 026.52 亿元；地方财政一般预算收入达到316.78 亿元，占 GDP 的比重达到 7.9%，较上年同比提高 1.3 个百分点；工业总产值达到12 100亿元，其中高新技术产业产值占规模以上工业的 30.5%。作为一个地级市，苏州的主要经济指标牢牢地占据全国大中城市前位，5 个县级市全部进入“全国综合实力百强县(市)”前 11 位。

这三年是苏州对外开放形成领先优势的三年。

苏州人紧紧抓住国际资本和产业转移的战略机遇期，坚定不移地实施经济国际化战略，开放型经济不断放量、扩容、上水平，利用外资和对外贸易不断跨上新台阶。三年来，新增实际利用外资(有验资报告)近 150 亿美元；全市进出口总额占全省的比重由 44% 提高到 61.2%。2005 年年底，全市新增注册外资 153.4 亿美元，实际利用外资 60 亿美元，同比增长 19.4%，其中新批千万美元以上项目注册外资占 63.5%，世界 500 强企业已有 107 家在苏州投资建厂。

这三年是苏州人民生活迈向全面小康的三年。

三年来，苏州城镇居民人均可支配收入和农民人均纯收入年均递增 15.3% 和 10.6%。目前，城镇三大保险覆盖率均超过 95%，农村基本养老、医疗保险覆盖率分别达到 84% 和 95%；市区近 30 万职工从住房公积金制度中受益；居民人均住房建筑面积约 30 平方米；人均公共绿地达 9.8 平方米；环境质量综合指数达 84.45；全市普及自来水,农民家庭卫生厕所普及率达到74%;全市平均每100户人家拥有家庭电话269部、家庭电脑51部。到2005年年底私家车拥有量为30万辆;人均预期寿命达到78岁,比全国高出5岁。2005年年底,苏州城镇居民人均可支配收入达到16 276元;农民人均纯收入8 300元,均为全省最高。

这三年是苏州各项改革取得重大突破的三年。苏州人投入40多亿元,率先完成国有集体企业改制任务;国有资产管理体制和投融资体制改革深入实施;上市企业达到16家;农村税费改革和“三大合作”改革持续深化;社会事业领域企事业单位和社团改革稳步推进;政府职能加快转变。改革催生的体制新优势,为苏州经济社会的发展带来了新的生机和活力。

这三年是苏州城市现代化建设框架全面拉开的三年。苏州以提高中心城市首位度为目标,大力推进城市化和城市现代化;城乡产业规划、功能布局、基础设施建设统筹发展;城市化率由41.7%提高到63.5%;以苏州中心城市为核心、5个县级市城区为枢纽、10个左右重点中心镇为基础的区域城市群发展框架基本形成。

这三年是苏州物质文明、精神文明、政治文明与和谐社会等四大建设更趋协调的三年。在经济保持快速增长的同时,社会事业全面进步,精神文明建设、民主法制建设不断加强,党的建设特别是执政能力建设全面推进,四大建设都取得了新的成绩。

除了“看得见,摸得着”的硬实力有了跨越式提升外,苏州的软实力也明显增强。

2004年,作为全国大中城市中的佼佼者,苏州入选当年“中国十大最具经济活力城市”,并获得唯一的年度大奖。颁奖之际,大会组办方用两句话解释了大奖为何花落苏州:“苏州人用古典园林的技巧,布局出现代经济的版图;用双面刺绣的绝活,实现了东西方文明的对接。”

2005年,中国社会科学院财贸研究所发布中国城市竞争力报告。在对包括香港、澳门在内的全国200个城市采用300项指标进行综合评估后，苏州列香港、上海、深圳、北京等名城之后，排名第八。这份报告对苏州的软实力评价有四句话：“文化竞争力很强，制度竞争力很强，管理竞争力非常强，开放竞争力强。”

这是科学发展观送给苏州人的一份“超值大礼包”。

回顾总结苏州小康社会建设实践，最根本的一条经验就是坚持以邓小平理论和“三个代表”重要思想为指导，全面贯彻落实科学发展观，把中央的精神和苏州的实际结合起来，创造性地开展工作。这样的经验值得我们继承和发扬。

2．“强吴时代”的发展愿景

2002 年，著名作家陆文夫先生主编的《苏州杂志》曾发表《强吴时代》一文：“在苏州长达2 500年的悠久历史中，真正能够称做伟大的，那就是春秋的强吴时代。苏州人从来对这个时代感兴趣，现在更感兴趣，是因为我们正进入一个前所未有的鼎盛时代。从气势上，从开拓精神、创新精神上，或许只有这个时代能跟强吴时代媲美。”

站在新世纪城市复兴的高度，审视高水平小康社会建设成果，苏州人没有理由不为新世纪有一个“强吴时代”的到来而热情欢呼。这一个“强”字，代表着苏州百姓对建设一个富足、强盛的苏州的热切赞美。

过去的三年里，全面建设小康社会成为“三个代表”重要思想在苏州的最大实践，苏州人民把党的十六大，十六届三中、四中全会精神和自身实际紧密结合，开启了一项伟大工程。

三年的实践证明，小康社会的建设过程是解放和发展生产力、大力发展先进文化、切实提高人民生活质量和水平的过程，也是真正把全面发展、协调发展、科学发展的要求贯穿于各项决策和具体工作的过程。全面小康社会建设的过程及其丰硕成果，不仅对苏州继续“第二个率先”具有重大的现实意义，而且对重新打造“新吴时代”具有意义深远的价值。

价值一：苏州在新世纪初跨上了更高的发展平台。

全面建设小康社会的指标体系，本身就包含了科学发展的内涵和目标要求，它的引领和导向作用十分明显；而通过全面建设高水平小康社会，进一步增强了苏州人的全面发展、科学发展意识，促进了科学发展观在苏州的贯彻落实，推动了苏州经济社会持续快速健康发展。在科学发展观的指引下，苏州人一步一个脚印地向前跨越。

从2003年到2005年的三年内，苏州的GDP翻了一番，实现了经济总量由2 000亿元向4 000亿元的能级跨越。这个速度打破了上一次GDP由1 000亿元向2 000亿元跨越时创造的7年翻番的纪录。人均GDP按照户籍人口计算，达到8 000美元，按照辖区常住人口计算，也超过了5 700美元，经济发展达到世界中等收入国家水平。随着工业总量的不断膨胀，作为一个普普通通的地级市，苏州“摇身一变”已成为全国一流的大工业城市。经济社会统筹、城乡统筹、对内开放与对外开放统筹，为苏州迈向基本实现现代化奠定了更为坚实的基础。

价值二：苏州在新世纪初赢得了更大的领先优势。

全面建设小康社会，既是一个标杆，又是一面旗帜。它使得苏州广大干部群众进一步鼓舞了士气，激励了斗志，凝聚起方方面面的智慧和力量，以敢于争先、勇于胜利的气魄，抢抓一次又一次发展先机，为自己赢得了宝贵的领先优势。

“十五”前后苏州经济社会发展指标在全国各大中城市间的排名变化，将这种领先优势体现得更加清晰。对比小康社会建设启动前的1999年和2004年的数据，苏州的GDP总量由全国排名第七跃升至全国第四；财政一般预算收入由全国第九跃升至全国第六；规模以上工业总产值由全国第六跃升至全国第二；城镇居民人均可支配收入由全国第十升至全国第九，农民纯收入由全国第三跃升为全国第一……

2005年，苏州的GDP总量超过了全国的14个省区；工业增加值超过19个省区；进出口总额仅次于广东、上海，占江苏的五分之三；协议利用外资仅次于广东、山东，占江苏的五分之二；地方一般预算收入在全国城市排名每年升位。

价值三：苏州在新世纪初形成了更强的竞争能力。

建设高水平全面小康的有效途径，就是更加注重经济社会协调发展、城乡统筹发展，促进社会和谐。三年来，按照科学发展观的要求，苏州各级政府坚持经济建设、社会事业"双轮驱动"，花大力气调整经济结构、城乡产业布局，加快富民，同时努力营造鼓励创业、崇尚创新、倡导创优的良好社会氛围，确保城乡人民群众共享发展成果，从而激发了全社会的创造活力，促进了社会公平和正义，一个人们各得其所、团结互助、和睦融洽的社会雏形初具。面对21世纪纷繁复杂又日趋激烈的国际化大势，苏州的整体竞争能力已大大提高。

一系列国家级荣誉称号从一个侧面解释了苏州的整体竞争能力：

苏州在全国第一个实现国家卫生城市满堂红，市区和5个县级市全部是国家卫生城市。苏州是全国文化模范市，所有县市、区都是全国文化工作先进县市、区。计划生育工作是全国模范市，连续5年实现人口自然增长率零增长或负增长。社会治安方面是全国社会治安综合治理优秀地区，2004年首捧全国社会治安领域最高奖——"长安杯"。拥军拥政方面第三次获得全国双拥模范城称号。环境保护方面也是获得国家环境保护模范城市满堂红。苏州还是中国旅游优秀城市，全国人防工作先进市，全国创建文明城市工作先进市，全国妇女儿童工作先进市……

"小康是个动态过程。因此，达到省定标准，并不意味着苏州已建成了高水平小康社会。'十一五'期间，巩固和发展小康建设已有成果，并在这个基础上逐步向基本实现现代化迈进，我们前面的路还很长。"在盘点小康建设成果时，苏州市委、市政府决策者非常清醒。

2005年年底，经过冷静分析、理性判断后，苏州提出了下一个黄金五年的奋斗目标："十一五"期间，苏州地区生产总值年均增长12%左右；生态环境明显改善，资源利用效率显著提高，单位生产总值能源消耗比"十五"期末降低20%左右；构建和谐社会走在全国前列。到2010年，总体达到省基本实现现代化目标要求。到2020年，主要经济指标达到当时上中等收入国家和地区的较高水平……

四、“苏州之路”的伟大嬗变与经验解读

——在引入了科学发展观的鲜活“因子”后，“苏州之路”正在发生着伟大的嬗变

——别人通常会喊“抓机遇”，而苏州人在“抓”字前面又加了一个字“抢”

——苏州的干部有个特点，就是“官”不论大小，但“位置感”都很强

高水平小康社会建设全面达标，苏州再一次走在了全省全国的最前列。

“苏州现象”也再一次引起理论界广泛关注。认真研究对比之后，权威们作出了这样的判断：在引入了科学发展观的鲜活“因子”后，“苏州之路”发生着伟大的嬗变。

于是，解读“苏州小康经验”又成了热点话题，“内外并重、富民优先”“强势政府、有效管理”“经济为先，协调社会”等论点不一而足。

对于“小康经验”，苏州人有着自己的理解。概括成一句话，那就是要建成小康，就必须拥有三种意识——强烈的机遇意识、创新意识和责任意识。如今，踏上“第二个率先”新五年的创业路程，很好地继承和发扬这三种意识，已经成为苏州广大干部群众的共识。

1. “小康经验”解读之一：解放思想，抢抓机遇

机遇是什么？早在20世纪90年代，苏州人就作出了一个十分精辟的定义：机遇，就是在你面前稍纵即逝、只要想抓就能抓住、但一不留神让它溜走就让你后悔终生的东西！

由此，苏州人很早就对机遇有着独特的理解。在实践中，在机遇

面前，别人通常会喊“抓机遇”，而苏州人在“抓”字前面又加了一个字“抢”——“抢抓机遇”。一个“抢”字将苏州人时不我待、舍我其谁的气魄表现得淋漓尽致。

2004年下半年，宏观调控“新政”正如火如荼之际，西北某省党政代表团来苏州参观考察。在情况介绍会上，该省领导与苏州方面领导进行了亲切而友好的座谈。话题自然绕不过宏观调控。听到苏州把宏观调控当成发展机遇，经济继续保持了高速增长势头，该省领导想不通了。面对客人们虚心的讨教，市领导的一席话解开了他们的疑惑：“宏观调控政策都一样，大家都困难。但这个时候，如果我们按照中央的要求，埋怨声音少一点，脑筋动得快一点，思路转得早一点，措施下得新一点，就能比别人更早地走出困境，就能拉开与其他城市的差距，实现加快发展、率先发展。这不就是机遇吗？”

犹如醍醐灌顶的解答道出了苏州人在经济社会实践中的主动性、积极性和预见性，也从一个侧面揭示了苏州小康的成功经验。

事实上，自从1983年小平同志在苏州提出小康构想到2005年小康达标，苏州人花了20多年的时间。期间，国际、国内形势变幻，经济社会发展变数不断。面对现实，苏州人始终坚信，发展就是硬道理，抢抓机遇才是真本事。改革开放以来，苏州市委来了9任书记，但抢抓机遇、加快发展的“接力棒”却手手相传，不断创造出一个个“小康接力赛”新纪录。

从20世纪80年代的乡镇企业到90年代的浦东开发开放，再到新世纪以来的“两个率先”、结构调整，苏州人在一次次抢抓机遇、创造机遇中赢得了机遇，获得了成功。近20年来，苏州的工业经济年均增长率达到22%，GDP、财政收入年均增长率达到了15%。依托这样的发展速度，仅占全国0.09%土地面积和0.45%人口的小苏州，2005年1~9月创造了全国2.8%的国内产生总值、3.5%的规模以上工业增加值、9.9%的进出口总额、10.3%的实际利用外资，2005年苏州的生产总值相当于全国1982年的总量，在全国获得了越来越重要的经济地位。在江苏省的“经济版图”上，苏州的发展成绩更加令人鼓舞:GDP、全部工业增加值、财政总收入、进出口总额、利用外资等主要经济指标在全省的占比连年跃升,对全省发展越来越起到举足轻重的作用。

要抢抓机遇,前提是要解放思想。机遇只青睐有准备的头脑。苏州人有句话,“思想一通万事皆通”。苏州实现第一个率先的过程,就是一个不断解放思想、振奋精神的过程。苏州市委、市政府始终坚持推动思想解放,坚持按照科学发展观的要求,把各级思想统一到“两个率先”的目标任务上来,同时对于发展中存在的问题和矛盾,鼓励大胆探索、大胆实践,形成了一个凝心聚力的良好环境,使得落实科学发展观和“两个率先”成为了新世纪初苏州解决问题、克服矛盾的最大机遇。

对照省定高水平小康标准,在小康建设中,苏州人来了个“缺啥补啥”,既保证了目标任务的时序进度,又“趁机”拉长了“短腿”。苏州的经济对外资的依存度太高,不利于自主经济发展,苏州人就在坚持扩大开放、继续提升开放水平的同时,从产业、所有制等方面加快经济结构调整步伐,大力发展民营经济,推动现代服务业发展;苏州经济繁荣,但居民富裕程度不够,就多管齐下,加快富民……一道道难题的破解,体现了苏州人实事求是、解放思想的勇气和智慧,也成为对苏州人机遇意识的最佳注解。

2. “小康经验”解读之二:与时俱进,开拓创新

思路决定出路。思路也决定发展的速度。

“两个率先”、高水平全面小康社会建设,是一条前人没有走过的创业创新之路,没有任何现成经验可资借鉴。踏上这条“跑道”,苏州人就认准了一个“死理”:路都是人走出来的。小康社会等不来。我们就是要敢于做前人没有做过的事,敢于走前人没有走过的路。

苏州的“三大法宝”如今已是全国闻名。

这是20世纪90年代苏州的干部群众在改革开放和现代化建设实践中自己总结出来的颇具特色的发展观:“团结拼搏、负重奋进、自

加压力、敢于争先"的张家港精神,"不等不靠、埋头苦干、抢抓机遇、开拓创新"的昆山之路,"亲商、安商、富商"的园区经验。随着"张家港精神""昆山之路"和"园区经验"在全市的推广、发展,"三大法宝"很快成为苏州人民的共同财富。10 多年来,凝聚着苏州人民智慧与创造结晶的"三大法宝",一直引领和激励着全市人民加快发展的步伐,实现了苏州经济腾飞的奇迹。

在小康建设中,苏州人赋予了"三大法宝"新的解释和内涵。用三个字对"三大法宝"进行解释,那就是——"张家港精神"突出一个"搏"字,"昆山之路"重点是一个"闯"字,"园区经验"注重一个"合"字。而这三个字共同蕴涵的时代特征就是"与时俱进,开拓创新"。于是,结合实际,努力实践、弘扬和升华"三大法宝"成为苏州干部群众的自觉行动。

过去的三年里,苏州创造的率先为省内国内瞩目。配合经济结构调整战略,率先推进并完成国有企业改革,实现了国有资本的战略性退出;率先推进社会事业领域各项改革;积极落实城乡统筹发展策略,率先进行农村三大合作组织改革,土地合作社、富民合作社让城市化进程中的农民加快致富;率先推进城乡一体的劳动就业、社会保障体制改革,逐步实现城乡对接;率先推进行政审批制度改革,率先实践惩治和预防腐败体系建设,努力建设清廉型、服务型、人民满意型政府……

说到底,以科学发展观统领率先全面小康社会建设,就是要立足于快、服务于好、着眼于新、致力于本。

一连串的率先,体现了苏州人应对挑战的连续性、坚韧性和开创性心态,也为苏州这么多年来保持的"优势之谜"给出了回答。

与时俱进,不断创新,小康之路越走越宽,苏州人跑得又快又好。

3. "小康经验"解读之三:敢于争先,勇于胜利

来苏州考察过的外地干部总结说,苏州的干部有个特点,就是"官"不论大小,但"位置感"都很强。

这个“位置感”指的是苏州干部所在部门、单位经济社会发展类指标在全市、全省乃至全国的排名。不管是书记、市长，还是镇长、村长、社区主任，排名位次，今年要争取进几位，达到多少位，诸如此类的问题，都非常清楚。向客人介绍起来，话虽简明扼要，但透着一股子自信和豪气。

这就是苏州干部的责任意识。这种责任意识充分体现了苏州干部解决发展问题的规律性和科学性。

强烈的责任意识来自良好的大局意识。

苏州的人口占全省的8.1%，土地面积占8.3%，地方国内生产总值却占23%，地方一般预算收入占22.4%，进出口总额占60.4%，实际利用外资占41.5%，苏州必须为江苏的发展大局多作贡献。同时，苏州在全省要率先发展、率先建成高水平小康社会，就必须承担更多的义务，率先探索出一条符合苏州实际、江苏实际的新路，为全省各地“两个率先”提供经验借鉴。

在强烈的责任意识作用下，“敢于争先、勇于胜利”不再只是一句口号，而成为苏州广大干部群众凝心聚力的生动体现。宏观环境有利时，苏州人抢抓机遇，奋勇争先，强调“能快则快，能超则超”；宏观环境不利时，苏州人更是咬住发展，稳中求进，注重“创新克难，迎难而上”。

敢于争先、勇于胜利需要很强的执政能力和发展能力做支撑。在小康社会建设实践中，苏州始终把不断提高领导干部科学判断形势的能力、应对复杂局面的能力、总揽全局的能力、在困难和矛盾较多情况下加快发展率先发展的能力、在高度开放环境下统筹发展协调发展科学发展的能力，摆在一个重要的位置。

苏州市委专门出台了《提高领导干部执政能力的决定》，按照中央“靠得住、有本事”的要求，加强干部执政能力建设。在提高干部总揽全局的能力方面，苏州市委推出了“五个一工程”：倡导一种创大业的精神；确立一个创新业的目标；提出一套创优业的措施；配好一套领导班子，使班子成员具备政治头脑、经济头脑、科学头脑，具备为党为人民的事业心和责任心；制定一套重奖重罚措施，提倡“奖要奖到眼红，罚要罚到心疼”，最大限度地调动干部的积极性。同时，在加强学习型干部队伍建设上，苏州也舍得花大钱。为了帮助领导干部们克服“知识贫乏症”，市委、市政府每年都要举办一到两次大型发展论坛、领导干部学习班，大规模培训干部，2 000 多位县处级领导干部在 5 年内轮训了一遍，大批基层干部不定期“重回课堂”，更新知识、更新观念……

科学决策、民主决策是提高领导干部执政能力和发展能力的重要环节。在苏州，凡是事关发展全局和人民群众切身利益的重大问题、重大城市建设工程的实施、重大改革措施的出台，事前都要经过仔细的调查研究和专家咨询团的“过堂”；事中，都要及时和人大、政协领导沟通与协调，并出台公示制度；事后还要及时收集、分析反馈信息。苏州市的四套班子领导每年年初，都会确定一个或两个当前制约经济社会发展问题的调研课题，这些课题在随后的大半年之内必须完成。然后在市里的领导干部理论务虚会上接受大家的“检查”和评判。市级领导的率先垂范，带动了各级干部务实作风的形成，决策民主化、科学化进程悄然加速……

创新业，少谋人多谋事；创大业，要想干还会干；创优业，敢争先勇进位。如今，经历过小康建设考验的各级干部已成为苏州实现“两个率先”的人才保证。

反思现代社会生活基于这样的事实：关于社会实践的新认识总是不断地检验和改变这些实践，促使实践在结构上不断改变着自己的特征。

——吉登斯

【第四章】苏州率先全面建设小康社会的深层解读

一、从“苏州经验”到“苏州之路”

——背景分析：世纪之交，新全球化时代造就了国际制造业大规模向苏州的转移，从而使苏州一跃而成为世界工业城市

——结构解读：全面小康建设纲领推动苏州走上了全面科学和谐发展之路

——价值反思：苏州“第一个率先”提升了发展共同体主义价值体系，成为中国经验的重要部分

1. 新全球化时代的世纪选择：苏州实现“第一个率先”背景的深层解读

进入新世纪以来，苏州一直以科学发展的先导和示范引领全国，成为率先全面建成小康社会，率先基本实现现代化的先锋。“天堂”苏州不辱使命，顺利完成“第一个率先”的重大任务，不愧为中国全

面建设小康社会、率先全面落实科学发展观和构建和谐社会的“首批实验室”。在“第一个率先”完成的4大类18项25条指标体系中,苏州创造的一份经验清单足以向全世界证明:以科学发展观与构建和谐社会为指导方针的苏州发展实践正在创造新的“中国经验”,标志着谋求科学、和谐发展的中国时代已经来临。系统而科学地总结苏州的成功经验,意义重要而深远。我们认为,苏州“第一个率先”正在探索“苏州版”的科学、和谐发展模式,凸现了“以人为本”的发展理念,有机融会了“五大统筹”和“六大和谐”的要素,形成了自己的鲜明特色,创造了新经验,谱写了新篇章。当然,地方经验的普世意义不被认同就毫无价值。但是,对苏州经验的高度认同和广泛共识只能来自于对其意义的科学认识和深刻理解。其意义是多方面的,解读也可以选择多种角度。

人们谈论苏州作为一种区域发展一般有三个层次。受发展实践的推动,最基本的层次首先是一种苏州发展经验和发展策略。在这一层面上,苏州可谓经验丰富:负重奋进的“张家港经验”,自费开发的“昆山经验”,亲商的“园区经验”等,都为国人所熟知、所称道。但是,由于这些发展经验仍停留在感性经验的层次上,有着感性的、区位的、个性化的和不可比拟的边界条件的限制,有难以重复和模仿的局限性,既缺乏深刻的穿透性和洞见力,也极易消逝。经验是重要的、无可替代的,但是囿于经验、不及时提升眼界和层次,就不能在根本上彻底抓住发展的本质和关键,优势会变为劣势。马克思说过:理论要彻底,必须抓住事物的根本;而人的根本就在人本身。追问发展内在的冲动需要提炼发展经验,上升到发展科学,即第二层次。分门别类的发展科学,如考察经济增长的发展经济学,研究社会转型的发展社会学,研究政治发展的发展政治学等,都在某一方面、某一角度深刻揭示了总体发展实践的内质和特殊规律。然而,这是“片面的深刻和深刻的片面”,将总体的和综合的发展撕成碎片,难以真正把握发展的总体图景和总体精神。因此,在发展科学之上,需要有第三个层次:发展哲学。这是对发展实践的总体结构、本质和一般规律的考察,是关于发展观的理论体系,是对发展的人文关怀和发展理念的深层透视,也是更深刻、更全面地把握整体对象的理论框架。例如,科学发展观的提出不是作为一种发展经验,而是作为一种发展哲学。它构成了发展实践的灵魂,指明了发展目标、思路和基本价值观。当苏州提出"生态苏州""文化苏州""平安苏州"等一系列鲜明的发展口号并成为发展标准时,重要的不仅是苏州面对未来在操作层面上的行动,而且更是一种总思路、总格局、总理念的大转换,是在新世纪、新的全球化语境中构筑的发展文化、发展理念在一系列经验和战略衬托下的辉煌出场。我们深知:创新时代的人一定有创新的观念。没有率先的观念,就没有率先发展的实践。思想走在行动之前,就像闪电走在雷鸣之前一样。苏州人在长期发展实践中,不仅形成了一系列发展经验和发展战略,而且已经形成了更高境界的理论,需要我们以发展哲学的视域去科学把握。

深层解读苏州"第一个率先"的经验,我们着眼于三个维度:其一,历史语境的分析。苏州在经济国际化基础上实现"第一个率先"存在着一个不可忽略的重大历史语境:新全球化时代的来临。苏州抢抓机遇,是新全球化时代的世纪选择。其二,结构解读。完成高水平全面小康社会建设将苏州推进到科学和谐发展的新轨道。其三,价值反思。苏州的"第一个率先"提升了固有的发展共同体主义价值体系。

任何发展形态都是历史的形态,而历史基础总是起决定作用的。无论是分析苏州何以可能完成"第一个率先",还是分析苏州完成后面临的挑战,都源于这一历史基础。因此,分析其历史语境具有首要意义。回顾以往,对包括苏州在内的苏南发展研究一直是国内学界的聚焦点,其存在已经历了三大阶段:

第一阶段是自20世纪30年代开始,80年代为后续,以苏南农村为主要研究对象的传统"苏南模式"阶段。20世纪30年代,以费孝通先生的《江村经济》和陈翰笙先生的无锡农村调查为代表,主要着眼于旧全球化时代,中国初次现代化进程中的农村产业结构和城乡关系结构的变动。

第二阶段是自20世纪80年代开始，费孝通先生提出了以发展乡镇企业和小城镇为中心内容的“苏南模式”与“温州模式”“珠三角模式”作比较，着眼于探索苏南农村经济发展的路子；90年代初期大规模拓展并延续至新世纪初期，以开发区为载体带动中心城市快速发展的“苏州经验”阶段。这一时期，苏南发展研究主要研究对象是面对新全球化时代，处于全球经济格局和产业分工中的中心城市（尤其是开发区）。

第三阶段是自2002年党的“十六大”以来，随着全面建设小康社会以及科学发展观与和谐社会理论的提出，苏南发展以及与此相适应的苏南发展研究进入了以城乡共同体这一完整“区域”作为研究对象的城乡统筹、共同发展的新阶段。在这一阶段，苏南、特别是苏州已经深度融入新全球化时代，正在成为新型工业化和新型现代化的先导区。苏州在贯彻科学发展观的进程中，积极推进“两个率先”，初步显现出苏南发展中的“苏州之路”。

为什么苏州能够成为国际制造业重要基地、成为经济国际化程度高且推动全面建设小康社会的先导区？这首先是跨国公司、全球公司抢滩的结果。在20世纪80年代后期，随着西方发达国家新科技革命和知识经济的诞生，新全球化时代已经来临，全球经济的性质、结构和趋向都发生了重大转折，发生着从“旧全球化时代”向“新全球化时代”的重大转变。区域经济模式不能不受全球化结构的支配。因此，比较这两个时代的差异，是我们认识区域经济模式转变的非常重要的现实前提。新旧全球化的差异主要在于：其一，两者的产业轴心和基础不同。旧全球化产业经济基础主要是工业文明，机器—电力大工业成为产业轴心；而新全球化产业经济基础是知识经济或后工业文明，以信息与通信技术、电子、空间技术、生命科技和海洋科技等新科技体系为产业轴心。其二，全球化结构内涵的差异。旧全球化依托工业文明和制造业对外扩张，造成“工业文明—农业文明”的统治结构，向外扩散的主要形式是商品、资本和武力；而新全球化则依托知识产业造就“知识文明—工业文明”的统治结构。其三，全球控制方式和结构布局的变化。旧全球化时代主要依托制造业和商品、资本，新全球化主要依托知识产权、技术、信息和人才。正是在这一阶段，发达国家为了低成本扩张和减低本国资源消耗，将制造业大规模外迁、扩散到发展中国家，利用后者的廉价劳动力、工业资源、生态资源和就近市场来实现低成本扩张，同时以充分的知识、技术、贸易优势占领产业高端，控制全球生产，构成全球布局的“知识文明—工业文明”的经济结构。①

中国的环境也格外吸引人。20 世纪 90 年代，正在扩大开放和建立社会主义市场经济的中国成为世界跨国公司抢滩登陆、直接投资的重点。但是，为什么苏州会名列前茅？机遇总是青睐有准备的头脑。别的地方叫“抓机遇”，苏州人则大叫“抢抓机遇”“善抓机遇”，一“抢”、一“善”就使苏州得风气之先。这话固然不错，但是，客观地说，有三个重要因素不能不说。一是恰逢浦东开放、开发的启动，使整个中国经济重心北移，为苏州外向型经济提供了重大机遇。投资深圳的台商纷纷飞入苏州、飞进昆山，曾经使深圳市政府大惑不解：难道我们的服务不好、投资环境建设不到位？也使全国学者大跌眼镜：昆山，一个不起眼的县级市，既不在台海附近、又不在广东，台商的聚集度如何能超过深圳？其实，原因很简单。中国开放初期，主要进出口靠香港，香港成为亚洲、也成为中国对外经济的主要窗口。按照“前店后厂”产业布局，“店门（公司或者市场总部）”在香港，那么，工厂开在就近的郊区则非深圳莫属。90 年代，中国扩大对外开放，浦东开放开发，使大上海的轴心地位迅速恢复，上海以其面向海外、内靠长江三角洲腹地的极其优越的地理条件，渐次恢复亚洲经济中心的功能。因此，台商跟着北上，店门搬到上海，工厂也就开到紧邻上海的苏州，特别是昆山。因此，在某种意义上说，苏州的经济国际

① 任平：《全球发展：模式、理论与选择》，[北京]中国劳动出版社 1999 年版，第 10 页。

化，也是中国宏观经济政策改变送给苏州人的“大礼包”，苏州人没有理由不要。另一个因素，就是苏州这一时期去“抢”抓这一千载难逢的机遇，骨子里实在还有几分被逼上梁山的味道。众所周知，90年代，恰好是中国建立社会主义市场经济体系的时候，也是以集体经济为主的乡镇企业在破除计划经济之后自身变成被改革对象、走向衰败的时候。面对经济效益持续滑坡，面对咄咄逼人的“温州个私经济模式”，苏州人被逼上梁山，再一次否定自我，寻找发展新思路和新模式。这一“逼”就逼出“抢抓机遇”那种急不可耐的劲头来。苏州人还真抓住了机遇！一省之隔的浙江省，之所以外商偏少，主要原因在于他们的个私经济正如日中天，没有外商进入的市场空间。第三个因素就是有为的政府。正像当年乡镇企业是乡村政权办的一样，开发区招商引资模式，如果没有政府参与则一事无成。征地拆迁，做环境，城市化，贷款换汇，优惠政策，各种公共资源的配套，哪一样都少不了政府。抓机遇的主体是政府，而外资企业进入，构成了中国独有的“A + B”模式。A 就是政府，B 是外资企业。两者联合起来，才构成一个完整的经济结构。因此，“昆山之路”几乎就是政府“招商引资”做环境、做开发区之路，不过政府级别开始提升，从过去的乡镇升格到市县，一直到中、新两国政府合作的苏州工业园区。

从结构解读来看，“Glocal”（Global 和 Local 的结合，即“全球化进入本土的过程”）也是全面改造地方格局、使之完全适应全球化地平线的过程。跨国公司、全球公司的进入，带来的不仅仅是高端产品和技术，而且也带来一流管理、国际惯例、环保观念、文化和生活质量，从而整体上促进了苏州建设水平的提升。政府在招商引资、管理开发区中迅速了解了国际规则和全球经济，提升了管理水平，成为高效、廉洁的政府；也在配套做政策服务中优化了交通、水电、通信、教育、文化设施，在改善投资环境中打造出现代城市框架，保护环境，与国际接轨。外资企业对人才的需求推动了苏州高等教育的国际化和大众化，新全球化知识扩散带动了信息通信的国际化，人力就业需求促进了社会保障的普遍化。新全球化进入苏州的过程，就是苏州全面小康社会建设水平总体提升的过程。虽然就创造本土收入而言,民资远胜于外资;但就现代化素质总体熏陶来说,经济国际化对区域发展的总体效应远胜过目前的民资。全球化进入本土,本土知识就具有世界意义。苏州本土浓郁的文化底蕴也成为吸引世界眼球的亮点。

从价值反思来看,保持20多年跨跃式高速持续发展并始终成为中国现代化先导与示范的苏州,其深层蕴涵的发展观念就是发展的共同体主义。

作为苏州发展的核心理念,当代发展的共同体主义是在创建小康社会实践中形成,在深化改革、社会转型中成长,在新世纪实现"两个率先",在加速发展中日渐成熟的一种全面性、整体性、协调性和可持续性的发展模式,是中国特色社会主义建设特质的苏州形态,是苏州版的科学、和谐发展模式,是具有极其强大的生命力和竞争力的"苏州之路"。这一道路的深层理念存在于20世纪80年代异军突起的乡镇企业和小城镇建设浪潮之中,存在于外向带动的中外经济融合中,存在于"既要金山银山,又要绿水青山"的诗意般生态建设中。在苏州市域,城乡共同发展、经济社会共同繁荣、政府与市场互补互促、国际国内协调共进、人与自然共生共荣,达到了一种和谐共生的发展境界。

2. 发展共同体主义是苏州率先发展问题的解答逻辑

苏州的发展共同体主义的形成绝非偶然,而是萌芽于悠久的发展传统,并在多年探索科学发展之路的"两个率先"实践中产生、成长和不断形成的。具体来说,这一模式有着深厚而优秀的传统根基,发轫于小康社会实践和城乡共同发展模式,继而变革扩散于外向型经济和区域共同发展中,初步形成于率先实施科学发展与和谐发展建设中,伴随着苏州改革开放和现代化建设的全过程,凝聚着苏州人几十年率先探索建设中国特色社会主义之路的心血。

为什么苏州能够先于全国而产生发展的共同体主义?首先应当看到,发展的共同体主义深受悠久的历史传统和浓郁的地域文化特色影响。"发展是社会灵魂的觉醒。"苏南是吴文化的中心。一方水土养一方人,一片乡情造就一方英杰。传统的儒学倡导的"亲缘伦理"和"乡缘伦理"使江南人不舍乡情、兼济天下。独特的区域优势,率先开放的人文环境,既造就了苏州人通达善变、刻意求新的品格,也造就了苏州人立足乡里、带动本土、共谋发展的情怀和文化。著名社会学家费孝通先生在其成名作《江村经济》中所着力描写的,正是20世纪30年代的江南农村,为民族振兴和共谋发展,一批有识之士以乡村为单位举办民族工业、建立发展共同体实验的情形。可以说,这一共同发展的传统绵延不绝,虽经战乱而不息,虽经制度变迁而不殆。

其次,发展共同体得益于"敢为天下先"的前沿意识和率先实践精神。改革开放以来,苏州的发展共同体主义是在率先实践"发展是硬道理",着力探索率先发展、加快发展的道路上形成和发展的。在工业资源缺乏、空间相对狭小、人口密集而又滨江沿湖的苏州,要想超过资源丰富的地区而成为先进发达地区,就必须"早起床"、早起步、早探索、早改革、早发展,一句话,要具有强烈的"率先意识"。然而,率先的实践不仅仅意味着抢占先导地位,更意味着比全国,甚至比世界大多数地区率先遭遇各种新情况、新难题、新矛盾。解决这些难题,需要苏州人不断增强自己的力量,这不仅是个体的力量,而且是协调的共同体的力量;充分发挥人的聪明才智,这不仅是个人的智慧,更为重要的是群体的智慧,共同体的智慧;需要分工和协作,需要相互支持,需要一个稳固的共同体的优化结构。这就是发展共同体主义产生的基本逻辑。只有更团结、更合作,凝心聚力,才能破解发展中的难题、率先中的问题、创新中的障碍。只有集共同体之力,才能补资源之不足,越过发展的难关。率先的实践不断呼唤共同体的实践,需要苏州率先在理论上探索,在实践中解决,因此,必然先于全国而形成经验,继而创新理论。

苏州发展的共同体主义起步于20世纪80年代初期。应当看到,在全国改革的初期,各地区由于具体民情民风和路径不同,造就的计划体制外生产方式从一开始就出现了重大差异。以"南风窗"

外向型经济起步的广东、福建沿海，一开始就受港台经济的影响，成为血缘—同乡跨境投资发展模式。这一模式是以亲缘和乡缘为纽带，以外向型经济为主线，各自单线联系，投资主体彼此之间缺乏有机联系。以个私民企为主的浙江温州经济，离散而富有活力。而苏南既没有广东的“南风窗”资源，也没有民间资本资源，而有的是相对强有力的地方政府和政权组织。因此，发展从一开始就选择了共同体模式——著名的“苏南模式”。在计划经济造就的体制内已经孕育着异军突起的乡镇企业，以及由此而来的小康社会初期形态。过去“一大二公”的“虚幻共同体”——人民公社，在改革实践中被瓦解之后，如果说乡村扮演了第一个共同体的角色，那么，乡镇企业就成为共同体的经济机制。邓小平视察苏州后提出的“小康社会”理论，在某种意义上，正是对初期的共同体形态的一种概括。“苏南模式”的“以工补农”和“以工建农”，在共同体内着力解决工农、城乡差别问题，建立小城镇，农民“离土不离乡、进厂不进城”，着力解决城乡一体化结构问题；建立农村医疗保障体系和教育、文化保障体系，着力解决农民社会资源共享问题，这一切构成了“苏南模式”的基本框架。这是苏州发展共同体主义的初级阶段和初级形态。尽管这一时期的发展共同体主义有其体制上、阶段上的重大缺陷，因而必然会被更高级的形式所扬弃，但是，这一发展共同体主义的价值观是极其宝贵的精神财富，它在尔后的发展中不断转换新的创新形式而成为苏州发展观的核心理念。

苏州发展的共同体主义成长于20世纪80到90年代。在全球化背景下，在中国改革进入攻坚阶段，发展进入关键时期，苏州的发展共同体主义初级形式一方面受到严重挑战，另一方面又在应对挑战、转换体制和机制中发展到一个更高阶段。由于以政府为主导、以集体经济为产权体制的乡镇企业逐渐不适应激烈的市场竞争环境，改制之后，乡村原来的发展共同体形态被解构。传统乡镇企业因为资源占有分散、环境污染而逐渐被集中化的开发区建设所替代。“离土不离乡”的农村就业模式和在一个乡、村共同体内“以工补农”“以工建农”的协调发展模式被打破。开发区建设不仅造就新的城乡分离、工农分离的二元结构,同时在更大的范围内提出了工农关系与城乡关系的协调问题。在全球化产业大转移过程中,苏州以其独特的区位优势迅速成为国际制造业投资的热土,中国与新加坡合作的苏州工业园区、苏州高新技术开发区、昆山开发区等一大批国家级开发区吸纳总计超过数以百亿美元计的工业投资,因此从以乡镇经济为主体进入到外向型经济的新阶段。外资企业比重急剧膨胀,又凸现了内外发展主体的矛盾。然而,正是这些矛盾,引发了新一轮发展共同体建设的探索:以加速推进城市化、构建城乡一体化新格局的战略构想,来解决城乡发展的共同体问题;以外向带动和经济国际化的战略,来解决内外发展的协调问题;以生态城市、环保城市和卫生城市的建设来弥合人与自然的矛盾和冲突等等。一个新的、动态化的发展共同体主义应运而生。

苏州发展的共同体主义初步形成于新世纪的新探索。新世纪以来,特别是党的十六大以来,中央对江苏省提出了“两个率先”的发展目标,江苏省委、省政府又向苏州提出争做“两个率先”先行军的任务,从此,“两个率先”成为了苏州发展共同体主义的新核心、新主线、新境界。科学发展观高度凝聚了苏州发展共同体主义的科学内涵,而苏州发展共同体主义也为科学发展观提供了坚实的经验基础。科学发展观提出以人为本,全面、协调、可持续发展以及“五大统筹”的原则,实际上是从发展哲学层面对苏州发展共同体主义提出的更深刻、更广泛、更全面、更高层次的要求,苏州以科学发展观来引领“两个率先”,在新的历史条件下创造发展共同体新的更高形态。

3. 发展共同体主义:基本框架、内容、特点

苏州的发展共同体主义具有怎样的框架、内容和特点呢?

概括地说,苏州的发展共同体主义的基本框架是:以苏州浓郁的水文化、园林文化与“和合”文化为底蕴,以经济共同发展和富民优先为基础,以社会共同进步为主干,以发展的共同体价值为导向,

以城乡、区域、内外、经济与社会、人与自然和谐共进为目标，所形成的全面、协调、和谐、共进的发展观。

苏州的发展共同体主义的基本内容有以下几个方面：

其一，对发展的高度认同，形成发展的共识主义。当代发展共同体与传统共同体之间最大的差异，就在于是否能够促进发展，走向现代化。发展共同体必须是在创新发展中求得共识的群体，是聚精会神搞建设、一心一意共谋发展的群体。到苏州走一走，看一看，任何人都不难看出从各级政府官员到平民百姓，从城市到农村，发展意识深入人心，这是全球少有的发展热土。发展是共同体凝聚的基础、目标和一以贯之的红线。在这一意义上说，苏州人是率先实现发展意识的共同觉醒的群体，是千方百计、千言万语、千辛万苦谋发展的群体，更是共闯发展之路、共克发展难关、共求发展之策的群体。小到一村、一乡，大到一县、一市，到处是发展的汹涌热潮，到处是发展的成功实践。苏州全市上下普遍具有超强的发展意识、率先意识和机遇意识，这奠定了苏州发展共同体主义的价值标准与合法性基础。

其二，以发展的公正性为基础，以公正促进“两个率先”目标的实现。效率与公平的关系，一直是全球各界人士高度关注的焦点。中国根据自己的国情，提出“效率优先、兼顾公平”的方针，但允许各地在自己的发展模式中尽可能地扩大公平的比重。苏州作为经济、文化发达地区，实际上一直将发展的公正性作为基础，强调发展的有机性、协调性、全面性，以公正促进效率的提高。

其三，以共同体发展为价值导向，促进差异性个体发展目标的实现。确立共同发展的价值目标，是多年来苏州历届领导的主要工作导向。市场化的作用必然导致两极化现象。苏州不回避矛盾，总是率先在全国施行各种保障公正性的措施，来实现协调发展。苏州实施“以工补农”“以工建农”，进而实现产业结构、社会阶层间转移支付；实施农村新型合作医疗，解决农民因病致贫、因病返贫的问题；实施城市“低保”与农村“低保”；实现人与自然可持续协调发展的“生态市”建设战略以及融会中外经济要素、促进内资发展的经济国际化战略。公正的培育促进了效率的实现，也使各个差异性个体的发展各得其所。竞争、合作和融合三个环节是构建发展共同体的必要环节。在建立社会主义市场经济的今天，竞争是不可避免的，但是，苏州始终抓住以共同体发展这一价值导向，对竞争做到机制有序性、法治化、合理化，扩大合作博弈和融和博弈的比重，从而让错位竞争、合作竞争、融合竞争成为苏州打造发展板块、构建发展共同体的关键。

其四，以共同体整体和谐共进为目标，促进协调发展的实现。苏州十分注意打造领头雁、领航舰。但是，苏州更十分注重将先导与整体发展有机结合，在共同体内迅速扩展先进经验，保持全面发展的实现。为此，苏州在共同体内的学习机制、知识扩展机制上动足了脑筋，并将“三大法宝”（“昆山之路”“张家港精神”“园区理念”）作为苏州人的共同精神财富。正因为如此，苏州从城乡经济发展共同体起步经过社会发展共同体，并通过知识经验的共享而建立知识共同体，进而实现生态共同体的历史建构。

“第一个率先”花落苏州理所当然。“白发苏州”有天堂美誉，富足的小康社会与“和合”文明的结合，为今天创造全面小康与和谐社会留下丰厚的传统资源。水文化是一种具有通达求变、开放创新气质的文化。小桥流水千回百转汇通江河湖海，使郑和可以远洋世界；一个个精巧的园林融山水自然于市井之中，蕴天人合一的妙趣，扩展为今天苏州一体两翼的城市格局；精巧的双面绣完成着东西方文化的对接，檀香扇的本土化香风正在吹向欧美。

二、“第一个率先”：地方经验的世界意义与中国特质

——苏州之路具有全球背景和世界意义

——苏州是中国率先实现科学和谐发展模式的重要实验室，“苏州之路”是“中国经验”的重要组成部分

1. 世界发展史上的一个独特模式

发展的共同体主义不仅仅是中国特色，而且具有全球背景。苏州的发展共同体主义不仅是自己的精神财富，而且具有世界性意义。

发展共同体主义作为世界性思想资源和发展模式，主要来源于发展经济学、社会发展和政治哲学。总的来看，中外共同体主义思想形式是多样化的，有经济共同体主义、社会共同体主义、政治共同体主义、福利共同体主义、社区共同体主义、文化共同体主义、生态共同体主义等。可见，发展的共同体主义是世界范围内着力探索的一种发展模式和发展理论。苏州的发展共同体主义的形成和发展、成熟和完善，必将成为全球发展共同体主义的主要思想资源。应当指出，在西方资本主义制度条件下，由于其市场模式和政治体制的差异，出现了发展的共同体主义和非共同体主义之分。一般说来，新自由主义主张发展的原子主义和离散主义，主张自由竞争的市场主义和个人权利至上主义。这以美国为代表。而在欧洲大陆，特别是一些所谓社会民主党和工党统治下的福利国家，其发展共同体主义特别盛行。他们普遍强调发展的共同体利益制约性，强调各种共同体和公益政治的价值观，强调共同体对个人权利的基础作用和决定作用。

在苏州创造一种中国特色的社会主义条件下的发展共同体主义，原本是其题中应有之义。在中国历史上，小康社会、大同社会、族类、社稷等话语，都是指认不同形态的共同体。建立一个自由人的共同体（Community）原来就是马克思的最高理想之一。社会主义原本就是强调共同体价值观的社会。建设中国特色社会主义，就是探索在中国的历史境遇中如何建立和谐、协调和互进的发展共同体，而小康社会、现代化社会都是对这一发展共同体不同阶段、不同形态的称谓。20 世纪 80 年代初期，邓小平同志为了探索在中国究竟谋划一种怎样的发展模式，来到苏州考察，当他看到苏州乡镇企业异军突起，带来了农民脱贫、城乡协调发展的生机勃勃景象时，他也看到了一个为全国发展理念建立榜样的“苏南模式”：小康社会。这就是发展共同体的早期形态。我们认为,正像在资本制度下有共同体模式和非共同体模式一样,在建设中国特色社会主义进程中,客观上会形成发展的共同体主义和非共同体主义等不同模式。

2. 建设科学和谐发展模式的重要实验室

20 世纪 90 年代以来,世界上出现了三种发展模式,分别发生在拉美国家、俄罗斯与中国,具体的道路均不相同,结果也大不一样。如果要寻找三种模式相似之处的话,那就是实行市场经济转轨。拉美国家与俄罗斯改革的共同点较多,核心是都定位于西方民主发展模式,响应以新自由主义为理论基础的"华盛顿共识"。按照美国学者约瑟夫·斯蒂格利茨的概括,"华盛顿共识"的教条是"主张政府的角色最小化、快速私有化和自由化"。

"华盛顿共识"带来的严重后果,使其在理论上受到质疑和批评。1998 年 4 月在智利首都圣地亚哥举行的拉美国家首脑会议上,明确提出了以"圣地亚哥共识"替代"华盛顿共识"的主张。"圣地亚哥共识"主要包括六个观点:必须减少经济改革的"社会成本",使每一个人都能从改革中受益;大力发展教育事业和卫生事业;不应该降低国家在社会发展进程中的作用;健全法制,实现社会稳定;提高妇女和少数民族群体的社会地位和经济地位;完善和巩固民主制度。

"华盛顿共识"在理论上也受到西方学者的不少批评。从欧洲社会民主主义价值理论出发的"欧洲价值观",在强调经济增长的同时,倡导人权、环保、社会保障和公平分配;以约瑟夫·斯蒂格利茨为代表的"后华盛顿共识",强调与发展相关的制度因素,认为发展不仅是经济增长,而且是社会的全面改造,还关注贫困、收入分配、环境可持续性等问题。"欧洲价值观"与"后华盛顿共识"虽然有一些新的发展观点,但都缺乏有说服力的成功例子。

改革开放以来,中国是世界上经济增长最快的国家,年均增长 9.4%,是同期美国经济增长率的 3 倍。目前,中国 GDP 总量已达到世界第六位;外汇储备位居世界第二;进出口总额位居世界第三,外贸增长达56倍之多,2004 年达到 1.1 万亿美元,比前一年增长 30%。约瑟夫·斯蒂格利茨指出,中国经济发展形成"中国模式",堪称很好的经济学教材。①

美国高盛公司高级顾问、清华大学兼职教授乔舒亚·库珀·雷莫(Joshua Cooper Ramo)在 2004 年 5 月发表的论文中,把中国改革开放的经验概括为"北京共识"。他指出,"北京共识"具有艰苦努力、主动创新和大胆实验(如设立经济特区)、坚决捍卫国家主权和利益(如处理台湾问题)以及循序渐进(如"摸着石头过河")、积聚能量和具有不对称力量的工具(如积累 4 000 亿美元外汇储备)等特点。它不仅关注经济发展,同样注重社会变化,也涉及政治、生活质量和全球力量平衡等诸多方面,体现了一种寻求公正与高质量增长的发展思路。中国与世界其他地区的发展模式不同,这种发展模式与"华盛顿共识"的陈旧思路有着本质的区别。通过这种发展模式,人们看到了中国崛起的力量源泉。②

"中国模式"实质上就是中国作为一个发展中国家在全球化背景下实现现代化的一种战略选择。作为中国改革开放先导区的苏州,从乡镇企业的"异军突起"到"两个率先",都受到了邓小平、江泽民、胡锦涛等同志的高度重视和肯定。其发展的实践,作为重点实验室,展现了"中国模式"的主要特征:

——市场化与强政府并重。1978 年以后,中国经济体制改革首先解决高度集中与计划经济的问题。不该管的不管,人们就有了活力,就走向了市场。发展乡镇企业,是苏州第一次创业的主要内容。在计划经济条件下,这是一个"灰色的过程"。乡镇企业没有计划指标,原材料、商品销售等都要自找门路。乡镇基层干部带领农民找市场、造市场,千辛万苦没有难倒他们,"不正之风"的指责也没有压倒他们。苏州之所以出现经济奇迹,是因为苏州的干部特别是基层干

① 《香港商报》2003 年 9 月 18 日。

② 《参考消息》2004 年 6 月 10 日。

部具有带头坚持市场取向的勇气。苏州人首先以集体为主闯市场，温州人首先以个体为主闯市场，二者在坚持市场取向方面是一致的，当年都需要勇气。1992年以后，中国开始建构市场经济体制。搞市场经济不是意味着取消宏观调控，而是要减少国家对经济的过多干预，改善政府管理方式。这是中国经济体制改革的理论基础。人们议论，苏州是强政府；国外也有人说，中国政府力量强大。是不是发展市场经济不需要“强政府”？不能一概而论。在认识市场运行实际与规律的基础上，政府加强与改善宏观调控，对于培育市场具有必不可少的作用。

——国际化与本土化并重。进入新全球化时代，世界经济发展出现了两个基本特征：“世界经济进退同步”和“亚洲出现经济增长方式转变及区域经济合作加强”。尤其是随着我国综合国力的不断增强，我国正在迅速崛起为世界经济大国，国际经济地位正在发生带有根本性的变化，我国现在面临着和改革开放初期甚至和10年前完全不同的外部环境。因此，谋划苏州经济的发展就必须要统筹市域内各类本土经济发展主体与国外有关经济发展主体之间的关系，建立起外向型经济、国有规模经济、民营经济三者协调发展的利益共同体和生存共同体，形成国资、民资、外资“三足鼎立”和公有经济与非公有经济“比翼双飞”的发展格局，从而不断增强利用国内外两种资源、两个市场的能力，为实现“两个率先”的总体目标奠定可持续增长的经济基础。在内外发展关系上，苏州是外商直接投资大市，连续数年外商注册与到账的直接投资均名列前茅。但是苏州始终强调内外联动，强调“三足鼎立”。

——城市与乡村并重。我国原来是一个农业国，工业化是农业国现代化进程的必由之路。工业化有两条途径：一是只发展城市工业，农村衰败；二是发展乡村工业，城市工业和农村工业联动，促进小城镇和农业共同繁荣。苏州选择了第二条道路，率先大办农村工业。1983年，费孝通教授指出：“在苏南地区，城市工业、乡镇工业和农副业这三种不同层次的生产力浑然一体，构成了一个区域经济的大系统。这是一个在社会主义制度下农村实现工业化的发展系统，展现了‘大鱼帮小鱼，小鱼帮虾米’的中国工业化的新模式。”这种模式是中国农民的一个伟大创造，是中国经济发展的一条重要途径，具有重大的意义。

众所周知，在统筹城乡发展上，苏州从乡镇企业起步，从一开始就走城乡一体化道路，城乡差别小，城乡居民收入比为16 276/8 300，20多年的经济增长和人均收入都翻了几十倍，居然没有出现库兹涅茨所预言的倒U型差异，这不能不说是一个奇迹。苏州不仅在城市，而且普遍在农村实现低保，农民住房面积普遍高于城市，普及新型农村合作医疗和城乡一体的社区卫生，均衡卫生资源，实现城乡在经济发展、就业机会、社会保障、交通、通信、供电、供水等公共设施和教育等资源配置方面的均衡化、公平化，实现教育正义、卫生正义和社会正义，成为城乡共同发展的典范。

苏州城乡协调发展还表现为县级经济强盛。2005年，国家统计局根据2004年统计数据宣布，中国经济最发达十强县（市）的座次分别为：昆山、顺德、江阴、张家港、常熟、南海、萧山、武进、绍兴、太仓。十强县（市）中有四强花落苏州。十强县（市）之首的昆山，2005年的地区生产总值超600亿元，财政收入为100亿元，人均GDP超万元。

农村工业化、农村城镇化的实质，是城乡协调发展，是二元社会结构的转变。农村非农产业的发展，改变了传统的城市工业、农村农业的区域经济和社会发展的格局。日益增长的农村非农产业不仅成为区域经济发展的主要动力，而且也逐步发展成为区域经济的主体。在农村经济的快速发展中，城乡之间加强了资本、人力、技术等要素的流动，城乡之间的经济横向联合得到了空前的发展。

——经济发展与社会发展并重。综观各发达国家的发展轨迹，一个国家或地区要实现现代化，主要取决于两大方面：一是经济要繁荣发展，二是社会要全面进步。就经济发展和社会发展的关系来说，第一，经济发展是社会发展的前提和基础，也是社会发展的根本保证；第二，社会发展是经济发展的目的，也为经济发展提供精神动力、智力支持和其他必要条件。

从一个国家或地区实现现代化的全过程看，经济发展与社会发展的关系是随着生产力水平变化而变化的。大致可以分为三个阶段：一是以经济发展为主的阶段；二是经济发展和社会发展并重也即协调发展阶段；三是经济高速发展以后，社会发展的内容日益丰富，人对全面发展提出了越来越高的要求，经济发展将服从于、服务于社会发展，实现社会全面进步。

社会发展包括科、教、文、卫、体等社会事业的发展，也包括社会就业、社会保障、社会公正、社会秩序、社会管理、社会和谐等方面的发展，还包括社会结构、社会领域体制和机制的完善等。改革开放以来，苏州的经济发展取得了重大的历史性成就，与此同时，苏州的社会发展也有了很大的进步，科、教、文、卫、体等各项社会事业取得了可喜成绩。具体表现在：把科技作为第一生产力，科技事业得到优先发展；把人才作为第一资源，教育事业名列全国前茅；把文化作为第一品牌，文化事业在城乡各具特色；把健康作为第一财富，卫生体育事业硕果累累。在“江苏省全面建设小康社会主要指标”中，社会发展类指标特别是城镇劳动保障三大保险各自覆盖面，新型农村合作医疗覆盖面，人民群众对社会治安的满意率，城镇社区居委会依法自治达标率等指标提前实现。在人与自然环境关系上，有“昆山经验”的“既要金山银山，又要绿水青山”的绿色环保战略，新型工业化模式、高科技产业和工业园区、开发区洁净生产模式的创立，使苏州一举成为生态园林城市、环保城市和卫生城市。

——效率与公平并重。让少数人与少数地区先富裕起来，是中国改革开放与发展的一条重要经验。邓小平同志指出：“鼓励一部分地区、一部分人先富裕起来，也正是为了带动越来越多的人富裕起来，达到共同富裕的目的。”“效率优先，兼顾公平”的口号，对于克服“大锅饭”与平均主义分配的弊病，起到了重要的历史作用，但不是市场经济永恒的原则。效率与公平并重、富民优先、共同富裕，从总体小康走向全面小康，才是“中国模式”的重要特征。

共同富裕在苏州体现得比较充分。2005 年昆山市城镇居民可支配收入为 16 800 元，农民人均纯收入为 8 796 元，据对全市 111 155 户农村家庭收入调查，2004 年农民自报人均纯收入 8 922 元，2005 年自报人均纯收入 9 496 元，其中人均纯收入超过8 000元的家庭占 56.3%，人均纯收入在 5 000 ~ 8 000 元的家庭占 34.5%。

社会保障是坚持公平的重要途径，苏州在这方面也率先发展。2004 年，在苏州一项以纯农民为参保主体的新型农民基本养老保险制度全面实施。这项“新农保”将改变中国农民千百年来“土地养老”的模式，实现城市反哺农村、全体农民“老有所养”的长效机制。新型农民养老保险制度实行的是个人缴一部分、集体补一部分、政府贴一部分的筹资模式，这标志着在这一领域第一次引入了公共财政“反哺”机制，是农村和农民从土地保障和自我保障向社会保障的一个重大转折。在实行新的农村养老保险制度后，苏州农村将形成“城保”“农保”“地保”三保合一的局面，实现农民养老保险的全覆盖。

随着城市化进程的加速推进和农村劳动力转移步伐的加快，进城务工就业农民子女上学问题日益突出。解决好进城务工就业农民子女义务教育问题，不仅是推进农村劳动力转移、加快城市化进程、提高城市人口素质、实现社会进步的迫切要求，也是促进社会公平、构建社会主义和谐社会的重要基础。目前，苏州全市近 20 万名外来务工人员子女都已基本解决了入学问题，其中在公办学校就读的占 75% 以上。

在苏州，城乡居民收入差距较小。2004 年，苏州城乡收入比为 1.90，江苏全省为 2.20，浙江为 2.39，山东为2.69，广东为 3.12，全国平均水平为 3.21。

现阶段，中国正处在两大风险曲线的交叉点上：发展进入关键时期，改革进入攻坚阶段。世界发展经验一再提示：人均 GDP 1 000 ~3 000 美元为社会风险期，收入差距会持续增大，因而引发社会矛盾，冲突持续加剧，社会共识资源持续丧失，社会资本消耗过度，会发生动荡不安的局面。但是，苏州人均 GDP 5 700 美元，城乡收入差距并没有扩大,更没有导致“拉美化”的结局。究其原因,发展共同体主义有效解决了库兹涅茨难题,科学、和谐发展模式避免了“拉美陷阱”。转型社会变化曲线到U型底点最为脆弱,但是苏州也在率先深化改革中闯过难关。其经验十分可贵。苏州解决人地矛盾、经济发展与生态环境冲突的基本经验是:在“环境保护”前提下,积极成为生态支持者,即在发展经济过程中通过优化环境、提高生态品质而获得更大的经济回报,呈现共生、共进和共荣的关系。经验证明,全面小康社会建设、科学发展观与和谐社会三者一以贯之,是统一的整体。科学发展观是指导方针和建设原则,和谐社会是实施科学发展必然带来的社会良性运行状况和目标模式,也是保证科学发展的社会边界条件。全面小康社会建设是科学发展观与和谐社会在其第一阶段的结果形态和目标模式。福山在《信任》和阿马蒂亚·森在《以自由看待发展》中指认的经济发展型社会向自由发展和全面建设型社会转变的语境中,苏州全面建设小康社会的经验成为最具有创新价值的优值逻辑。具有2 500年历史传统的天堂苏州,曾经是小康理想视域中传统和谐社会的典范;今天,又成为构建现代和谐社会的率先典范。作为发达地区和开放地区并具有创新和灵活多样的探索精神的苏州,其经验一如既往地构成“中国经验”最可宝贵的财富。苏州的发展共同体主义在全球化语境中具有突出的意义。正如资本化制度下也存在着发展的共同体主义与非共同体主义一样,苏州的发展共同体主义是建设中国特色社会主义的一种具有普遍价值的重要模式,是引领全国科学发展观形成和发展的先导,是苏州实现“两个率先”和全面、协调、可持续发展的基本路径。

苏州经验的特色和亮点不仅在于它曾经是中国小康社会总设计师邓小平提出这一设想的故乡,也不仅在于其严格地、部分超前实现《江苏省全面建设小康社会主要指标》中所提出的4大类18项25个指标,为江苏、为全国甚至为全球发展提供了宝贵经验,而且更重要的是,它所走的道路、它的特色经过长期积淀,成为一种模式,成为具有深邃内涵的经验资源。“江苏标准”首先集中反映了苏州“两个率先”实践经验和人民群众的基本要求，应当说是一个阶段的认识的成果，但是，发展着的苏州经验和苏州实践又提出了更高的要求，凸现出“江苏标准”的种种不足，因而在引领江苏乃至全国进一步深化科学发展观和和谐社会建设中要更自觉地反思现代性，修正和完善标准。主要有三个方面：

其一，公众的主观指标。包括人民生活满意度、人们的精神状况、城市精神、公正感、安全感和价值观等。苏州人均创造政府财政收入（11 000 元）已经超过自己的收入（城镇居民 16 000 元，农民 8 000 元，总人均 10 500 元）。这表明，发达地区不同于发达国家，苏州人对国家贡献大，充分体现苏州人的大局观念，但也同时表明，苏州的税负超重，调整财政管理体制改革势在必行。

其二，以社会资本资源的累积和发展为核心的社会发育程度和健康程度。和谐社会建设的基本内容，大多数涉及这一方面。“文化苏州”不仅仅是一个“软实力”的打造问题，更是一个和谐社会建设问题。要在全面建设小康社会中凸现和谐社会建设。全面小康社会是和谐社会的必然基础，和谐社会是全面小康社会的突出表现和目标特征。

其三，深化和谐社会建设必须要进一步以人为本、发展为民。要制定和优化富民、惠民政策，优化社会结构，建立和谐社会。在全面建设小康社会指标中，不仅要有恩格尔系数，更要加入基尼系数。在最低保障之外更要有能体现经济的、公共设施的、文化的、教育的、政治的、通信的等各种资源配置的公平性指标。

苏州的双面绣不仅绣着经济发展的“黑猫”和制度文明、精神文明的“白猫”，而且也绣着一只生态的“绿猫”和一只透明的“猫”——那意味着公正和廉明。

三、“后小康时代”：苏州应对新挑战之路

——“规定就是否定”：新全球化时代既给了苏州人一个“超值大礼包”，也同时带来进一步发展的限制

——新农村建设的新挑战与"四大行动计划"

——富民工程需要新的思路和新的突破

——"自主创新""苏州创造"一直是苏州人所努力追求和向往的境界

——现代服务业的种种难题和跨越之途

——生态赤字、资源赤字始终是制约苏州经济社会发展的主要"瓶颈"

——发达地区不等于发达国家：苏州率先发展面临流动人口难题

——率先就意味着先遇到难题和先解答难题：实现现代化既是发展目标，也是应对挑战的根本出路

1. 新全球化时代的新挑战

"任何规定的同时就是否定"——荷兰哲学家斯宾诺莎曾经如此说。的确，新全球化在进入本土、引起本土构造新发展模式的同时，也造成了一系列局限性。后小康时代，新全球化的挑战表现在一系列方面：

其一，外资企业投资比重过大，造成了民营经济崛起的空间被压缩，进而造成富民工程的困境。掌控产业高端的外资所得几乎占了80%的产业新增价值，而低廉劳力始终处于先进产业的低端劳动位置，劳力廉价几乎成为外资存在的一个条件。工资性收入提高与外资投资的矛盾，客观上约束了富民工程的实现。

其二，外资掌握知识产权和技术，"头脑工业"因而处在产业高端；地区劳力处于先进产业的简单劳动岗位，"躯体工业"因而处于产业低端。后者完全依赖前者，依赖国际市场和技术，风险很大。地区自主知识产权不可能从这里产生。企业不可能成为民族的自主创新主体，两者之间具有相当的排斥性。

其三，美国2003年12万亿美元的国民生产总值中，服务业、知识产业等非物质部门创造的价值约占80%，而物质部门生产的价值只占20%。先进的服务理念、成熟的全球服务网络、高水平的管理运作方式、雄厚的资本和良将多多的人才队伍，使新全球化进入地区时就能不断有效占领地区服务市场，根据WTO要求，餐饮、超市、物流、通信服务、银行、教育、卫生等一个又一个部门相继开放，地区现代服务业受到严重挑战。

其四，国际制造业的过分集中，造成对土地、水、能源、原材料等各种工业资源的需求全面紧张，环境质量严重下降，加拿大学者瑞斯(Rees)所说的“生态赤字”和“资源赤字”全球转移已经完成，但造成了地区性生态和资源安全的危机。

其五，国际制造业的高度集中还造成城市化规模的超常增长与人力资源的区域性短缺，从而引发外来人口大量涌入。这些使得苏州城市化速度压力越来越大，城市规模一扩再扩，不是为本地人造城，而是为已经占40%的外来人口造城。每年春节期间城市广场和街道清闲空旷，而年后则拥挤不堪。住房、水电、教育、卫生、交通、安全等投资越来越大，城市管理成本居高不下。

其六，新农村建设的挑战。过去10多年中，城市化、工业化、国际化的超高速推进，对原有的苏州农村形态是一种冲击和调整。苏州地区出现了两种现象：一是有农无村，大量农田还在，农民集中居住；二是有村无乡，农民集中居住了，生产方式发生了变化，生活方式、文化观念也在调整。过去，农村是在新全球化浪潮及城市化、工业化和国际化中被动地服从、适应，农民缺乏自主性、主动权，农村建设缺乏主体地位。党的十六届五中全会提出建设社会主义新农村概念，确立了农村建设与发展的主体地位，因而需要从根本上改变传统的建设思路和格局。

因此，新全球化进入苏州，既带来新发展和新繁荣，也带来新困惑和新问题，需要一一仔细地分析。

2. 富民工程的新挑战

苏州在率先完成江苏省委、省政府确定的全面建设小康社会目标的同时，如何让广大老百姓认可并让“大多数”真切感受到小康社会的幸福，这可能比仅仅实现几项指标来得更直接，也更重要。从这个意义上讲，全力以赴抓好富民工程就成为“后小康时代”的首要任务。

小康代表了千百年来人们对丰衣足食、安居乐业这一美好生活的追求与向往。建设小康社会，根本途径在于发展，根本目的在于富民。让老百姓更快地富裕起来，让发展的成果惠及全体人民，是建设小康社会并向现代化迈进的头等大事。因此，实现“第一个率先”，不能仅仅看 GDP 的多少，更要看人均收入的高低，看群众的普遍富裕程度，看对社会发展方方面面的满意程度，使小康实实在在不含水分，使群众有真真切切的感受。改革开放 20 多年来，苏州经济持续快速发展，目前主要经济指标已跃居全国大小城市前列，但是群众的富裕程度、满意程度与经济发展水平还不尽相符，特别是城乡居民之间、不同群体之间收入差距还比较大，部分群众生活还相当困难，中等收入者的比重还不够大。如果说，以前我们比较注重发展的过程，现在则更要突出强调发展的目的，要在发展过程中贯彻以人为本的原则，体现富民优先的要求，更多地关注民生，让广大群众公平地分享经济社会发展的成果。

“富民工程”是一篇大文章，要做的事情牵涉到方方面面，但是，我们必须着力抓好老百姓关注的、与他们的生活密切相关的几件事。众所周知，一个地区的发展大致包括“外在形象”与“内在和谐”两个方面，但更重要的可能是解决失业、就医、上学、出行、社保等实际问题，尤其是对于各类贫困家庭，更是关注的重点，必须真正守住他们有饭吃、有衣穿、有房住的“三有”底线，加快解决他们看病难、子女上学难的“两难”问题，使所有的苏州人安居乐业。

“富民工程”首先要把实现就业作为民生之本。进一步完善就业制度，积极开发就业岗位，促进发展经济和扩大就业的良性互动，努力帮助有劳动愿望和劳动能力的人实现就业，获得更多的工资性收入。其次，要把鼓励创业作为富民的根本途径。以民有、民办、民营为经济发展的重要形式，以民享、民富、民强作为经济发展的基本方向，营造人人想创业、个个争创业的良好氛围，优化创业环境，支持自主创业，促进民营经济加速腾飞，让越来越多的人获得更多的经营性收入、投资性收入和财产性收入。第三，要把致富农民作为重点和难点。加大财政支农力度，继续推进农村十项实事，深化农村“三大合作”改革，千方百计拓宽农民增收渠道，确保农民收入达到小康标准。第四，要把完善保障作为重要环节。逐步提高城镇社会保障水平，建立健全农村基本保障体系，积极发展社会福利、社会救济和社会互助等事业，加快构建覆盖全市城乡的社会保障“安全网”，努力做到“老有所养、病有所医、贫有所济、难有所帮”。第五，要把共同富裕作为最终目标。更加重视社会公平，完善按劳分配与按生产要素分配相结合的多种分配形式，规范初次分配，调节二次分配，培育三次分配，缩小贫富差距，扩大中等收入者比重，让群众共享改革发展的成果。

3. “自主创新”的新挑战

党的十六届五中全会提出，“必须提高自主创新能力”“要把增强自主创新能力作为调整产业结构、转变经济增长方式的中心环节”。明确要求把自主创新作为制定“十一五”规划的着力点，强调科技发展要坚持自主创新、重点跨越、支撑发展、引领未来的方针，不断增强企业创新能力，加快建设国家创新体系。这些论断，使得我国建设创新型国家的重大战略更加系统与具体。

创新是民族进步的灵魂，是国家发展不竭的动力。自主创新是一国持久核心竞争力的基础。国与国之间的差距表面上是经济的差距，实质上是科学和技术的差距。因此，发展中国家要想缩短与发达国家之间在经济上的差距，最终要赶上和超过发达国家，就必须在自主发展科学的同时大力加强对技术的自主研究和开发。苏州从

1990年开始加速发展外向型经济，紧紧抓住国际产业资本加速向长三角地区转移的机遇，积极实施招商引资战略，使当地区域经济的发展又上了一个新台阶。同时，苏州经济的发展呈现出明显的外向型经济增长特征。以2005年上半年为例，苏州经济的外贸依存度已达到136%，远远高于上海的89.9%、宁波的75.6%和杭州的57%。虽然苏州市的利用外资战略取得了非常大的成就，但从长远来看，经济发展过多地依赖于外商投资并非好事。

首先，持续走“市场换技术”的引入型发展路子，对促进我国的技术进步和提高企业自主创新能力不利；其次，外资企业的“非国民待遇”会对当地民营经济的发展产生相当程度的“挤出效应”；第三，单纯依赖“工资性收入”难以较大幅度地提高当地居民的生活水平；最后，长期依赖于不断增加固定资产投资而推动经济增长的模式将难以为继。随着国内外经济发展环境的不断变化，苏州要保持持续的竞争优势，必须以创新为中心，内外资企业互动发展。

在苏州，外商投资企业过度集中于生产制造业，明显地表现出经济学上的“微笑曲线”这一特征，即产业链利润呈现出一个“U”字型。在这个曲线上，一端是设计和研发，另一端是销售和服务，中间则是加工制造。处在两端的产业利润率一般为20%～25%，而处在中间的加工生产企业的利润只有5%，因此，苏州的外向型经济发展模式明显地存在着“打工经济”的特征。

事实上，GDP的高速增长只是为当地居民提供了更多的就业机会，而要真正创造财富，还有赖于GNP的不断提高。要保持经济的持续发展，就必须大力发展以民营企业为主的内资企业。但是，苏州的民营企业仍呈现出“轻、小、加、低”的特点，即行业分布相对分散，规模偏小，而且以轻工业和加工业为主，技术含量和附加值都较低。

因此，在推动民营企业发展时，应高度重视企业自主创新能力的提高。一方面，要提高吸引外商投资企业的技术门槛，利用外资企业的示范效应、先进技术和管理的溢出效应、竞争效应来推动内资企业的技术升级；另一方面，通过不断提高当地企业的吸收、消化和技术创新能力,从而拉动外资企业技术创新的“本土化”,发展出一条以创新为中心,内外资企业互动发展的“苏州之路”,推动本地制造企业向“微笑曲线”两端移动。

古言道:兵马未动,粮草先行。创新不是纸上谈兵,得有真金白银才行,所以在经济层面上,创新要先解决资金的先期投入问题。

微软为何会如此霸气十足?其实,即使是参天大树,也是从一粒种子长起来的。1975 年,比尔·盖茨从哈佛大学中途退学,决心创办公司的时候,凭的仅仅是脑海中一系列美妙的构想,以及对个人计算机应用前景的巨大信心。然而,经过短短 20 多年的时间,微软就跻身于全球企业 500 强的前列,能够与通用、福特等有几百年历史的大公司平起平坐。其中的奥秘用几句话难以说清楚,但有一点毋庸置疑,微软的成功,风险基金可以说居功至伟。

美国的风险投资非常发达,风险投资的经纪人专门寻找那些高风险、高回报的项目,聚集社会资金,作为股本投进去,并且派出技术和财务专家,协助企业进行技术开发和经营管理,为企业提供多方面的服务。等到项目成功以后,再把股权转让出去,获取高额回报。正是在风险基金的支持下,微软耗巨资开发出一系列产品,并赚得钵满盆满。腰包鼓起来之后,微软更是有恃无恐:一旦发现市场上有竞争力的产品,就高价买断,如果对方不同意,便将自己同类产品低价倾销,让对方死无葬身之地。顺我者昌,逆我者亡,横扫整个世界,至今没有遇到对手。微软的发展给了我们一个启示:推动自主创新,必须疏通融资渠道,发展风险基金。

自主创新必须以高效的组织手段为前提,一旦有了好的创意,还得有办法能把资金、人才等资源组织起来,去实现这个创新,将它转化为科技成果,转化为现实的生产力。如果离开资源的组织技术,即使有再精妙的创意,有再多的奇思妙想,也只能是空中楼阁,最多也不过是一部科幻小说。从鸟能飞上天,到人也要飞上天,中间为什么等待了几千年时间?归根到底,无非是因为资源的组织手段不够有效,不能迅速开发航空和航天的技术。

中央强调，要以自主创新提升产业技术水平。这里的自主创新，不仅仅是指技术创新，还应包括资源组织技术和组织手段的建设。其中必不可少的一个环节，就是疏通融资渠道，建立风险基金，动员整个社会拿钱来支持创新。否则，如果还靠企业家变产来出钱，那就不仅仅是企业家的悲哀，更是我们整个民族的悲哀。

4. 现代服务业跨跃发展的新挑战

大力发展现代服务业，是适应国际产业分工新变化，走新型工业化，促进产业结构高度化的重要产业政策导向。现代服务业是指在工业化高度发展阶段产生的，主要依托电子信息等高技术和现代管理理念、经营方式和组织形式而发展起来的服务部门。它具有三新（新技术、新业态、新方式）和三高（高人力资本含量、高技术含量、高附加值）的特征。

在目前情况下，现代服务业主要是指生产性服务业。根据 NACE（北美产业分类），生产性服务业包括：（1）计算机服务（主要包括硬件咨询、软件咨询、数据处理、数据应用）；（2）专业服务（主要包括法律服务、会计和税务咨询、管理咨询）；（3）销售服务（主要包括市场研究、广告）；（4）技术服务（主要包括建筑事务、工程事务、技术测试和分析）；（5）租赁服务（主要包括运输和建筑设备租赁、办公设备租赁）；（6）劳动力招募（主要包括劳动力招募和人事规则）；（7）运转（主要包括安保、工业清洗）；（8）其他（主要包括秘书和翻译活动、包装、展览）。而根据 1995 年“欧洲企业服务”（EUROSTAT 出版）的定义和分类，生产性服务业包括计算机、专业（例如会计）、销售、技术、出租和租赁、劳动力招聘、操作（例如安保、秘书）和其他服务（例如会展）八大类。

在外人看来，苏州这些年的发展如日中天。其实，苏州人内心极度不安。这个不安，缘于一个百分比——服务业增加值在地区生产总值中的比重。2004 年，苏州经济总量在全国 20 个大中城市中位列第 5，而服务业占比却排最后一名，当年，苏州服务业在地区经济中的比重是32.1%。苏州已处在工业化中后期,但苏州这个时期服务业的比重远远低于国际上同等时期的国家。有关调研显示,在苏州的很多外企有着研发服务需求,但又很少选择本地公司,这与本地的工程技术服务较弱直接相关;而在管理咨询方面,外商制造企业基本上选择外资公司;在教育培训支出方面,80%的外资公司聘请了来自外部的培训机构,而这些培训机构大多也是外资公司。这都从侧面反映了苏州管理咨询、教育培训等生产性服务业亟待发展的现实。你的需求我的市场,对于有着需求的制造型企业来说,苦于难以找到合适的合作伙伴,相关需求难以得到满足;而对于生产服务型企业来说,如何找准市场,困惑也不少。

国际经验告诉我们,当人均国内生产总值达到3 000美元,即经济处于加速成长阶段的初期时,服务业就应当占据领军地位,大部分发达国家的服务业占比基本上均在这一阶段从45% ~55%上升到65% ~75%。

一般的解释,认为造成苏州服务业占比过低的原因,是制造业发展太快。事实上,确实存在这一因素,比如2004年,由于制造业增幅高出服务业,当年服务业的占比较上年还有所降低。然而,苏州人并没有就事论事,他们分析:“我们不能过多地强调制造业快速发展而造成服务业比重下降的合理性,而应更多地看到苏州服务业发展的不足,否则很难解释欧美国家服务业比例达到60% ~70%这一现象。”虽然苏州已进入工业化中后期,但服务业仍处于传统流通型业态,服务企业总体小、散、弱,高知识和高附加值的新兴服务业尚未形成规模,中心城市服务业的辐射带动能力比较薄弱,区域特色不明显,体制机制不够完善。

2005年5月间,苏州市党政代表团6天连访6城取真经。这6个城市是青岛、佛山、广州、深圳、宁波、杭州,都是当今中国发展走在前列的城市。取真经,就是要学他们如何跨越式发展,看到自身的差距,从而找准苏州提升服务业的突破口。

苏州服务业的差距在于:

——服务业开放程度还不够大。全市服务业利用外资长期徘徊在吸引外资总额的10%左右,2004年服务业新增注册外资仅占全部注册外资的8.7%,部分市(县)区2005年一季度服务业利用外资还是零。苏州虽然是吸引外资的重点城市,但服务业利用外资的比重却落后于许多城市。

——服务业内部结构还不够优。按照国际经验,人均GDP达到7 000美元,现代服务业应该相当发达,而苏州在这方面仍旧滞后。再对比周边,上海的商品流通业不可谓不强,但上海商贸业占服务业不到20%,苏州超过30%;上海金融保险业比重超过20%,苏州却只有11%;苏州的生产性服务业占比在35%,而发达国家这个比重应在60%以上。

——服务业规模企业还不够多。苏州14家上市公司,没有一家属服务业。大多数服务型企业,还处在满足本地需求这种最低度层面,区域外合作型、向外拓展型等高级层面的很少。

——中心城市服务业集聚辐射功能还不够强。在某些服务业领域,中心城区未必做得过县区,甚至还有差距,比如专业市场、一些房地产项目。有一个数据充分说明了这一点:市区服务业所占GDP比重仅比全市占比高0.3%。

——服务业需求程度还不够高。企业规模小、产业链不长、分工合作不强、现代企业制度还未建立等,使得不少本来应由生产性服务业承担的功能,被工业企业自我消化了。

苏州当前正面临经济转型。作为国内第二大制造业城市,服务业的大发展是经济规律与社会规律所趋。苏州加快实现现代服务业的发展,实际上是又一次产业结构的大调整,其战略意义极为深远。打开思想之窗,引进的是智慧之光。

从更高的意义上看,跨越式推进现代服务业,则是实现"两个率先"、走好科学发展之路的必经途径。"两个率先"指标体系中有相当大部分如人均GDP、居民收入、城市化率、高中阶段教育毛入学率、卫生体系健全率、城镇绿化覆盖率都与服务业紧密相关,离开了服务业很难达标。服务业又是以人的活动、人的智力为主体和客体的生产活动,具有占用资源少、生态效应好、经济效益高等优点,这也是为何发达国家最终都会走向服务业占国民经济比重最大这条路子的根本所在。据有关方面数据显示,2004 年苏州市服务业以不到总用电量的 8%,创造了 32% 的地区生产总值。2001 年至 2004 年,苏州服务业与工业的投入产出比基本一样,但用地却至少节省一半。

5. 新农村建设、生态与资源安全的新挑战

随着工业化、城市化的推进,苏州"城市支持农村,工业反哺农业"的新阶段已提前到来。如农业增加值,2004 年全市为 77 亿元,只占 3 450 亿元地区生产总值的 2.2%;实际务农的劳力只占过去的一半,约 60 万人;粮食自给率只占三分之一左右;农民收入主要来自二、三产业。这阶段的农业不再替工业发展提供积累,农业成为接受"补助"的部门,而不是受"挤压"的部门。因此,我们要加深对农业基础地位的认识。

讲到农业,我们就要提到粮食。苏州粮食生产虽然出现转机,但也不能松懈。1999 年到 2003 年,减少水稻田几十万亩,2003 年实种水稻 157.9 万亩,单产 567.8 公斤,总产 89.7 万吨,按照 600 万人口计算,人均稻谷 149 公斤,如果按照国际规定标准每人每日摄入 2 400 千卡热量,人均每年需要 300 公斤原粮计算,自给率只有 50%。而且还没有把外来人口计算进去。当然,苏州不要求完全自给,可以通过市场大流通引进一部分,但需要有一定的自给率。

在苏州,农业除经济功能外,生态功能极为重要。苏州位于皖南、浙北天目山系泄洪通道下游,属亚热带季风气候区,雨量充沛,年均降雨量为 1 200 毫米,每年 6 ~ 9 月汛期雨量占到 55%,易受洪涝灾害。苏州市 8 488 平方公里的国土面积中,水面积占 42.5%,是著名的"江南水乡"。一个繁体的"苏"字,内涵丰富,形象地反映了苏州作为"鱼米之乡"的特征。水稻田是最为理想的、不可替代的人工湿地,历史上苏州市雨季水湿地面积曾占其国土面积的 80%。专家

测算，一亩水稻田可蓄水4 500立方米。太湖地区250万公顷稻田的蓄水量相当于两个半太湖的水。历史上这个地区"有洪不成灾""有灾也丰收"的奥秘就在于此。"绿化是城市之肺，湿地是苏州之肾"，这句话既反映了农业的基础地位始终不会变，又反映了现代城市离不开生态农业。

让苏州的农田凸现生态功能，好处多多。一是成片的农田本身就是生态环境的一个重要组成部分，与绿化建设相得益彰；二是"鱼米之乡"是苏州的特色，即使农业生产在苏州经济中的占比已经很小，但是在城市建设中应该彰显苏州城市特点，让"文脉"延续很有必要；三是苏州作为中外闻名的旅游城市，名胜古迹遍布城乡各地，这些散落的"珍珠"，如果用成片农田"串联"起来的话，想必将变得更加好看、耐看；四是生态农业本身就是一篇大文章，与城市化进程并不矛盾，一些发达国家的做法可以印证、借鉴。

据统计，苏州全市1996～2004年年均消耗土地达186平方公里，GDP每增加一个百分点平均消耗建设用地约13平方公里。随着经济的发展，苏州的人地矛盾将日益突出。如果按照1996～2004年GDP增长与土地消耗水平的比例关系推算，要实现2020年GDP增长目标，将面临2 868平方公里的土地缺口，这显然是必须避免的发展模式。

在人地矛盾突出的同时，土地浪费现象仍十分严重。一方面是城乡居民人均占用土地数量大。据调查，2003年苏州城乡人口人均建设用地高达214平方米，2004年农村宅基地达到户均近1亩。另一方面，工业企业占用土地量大而使用率低，占地后闲置的现象十分严重。根据苏州600家企业参与的调查分析结果，苏州企业的工业用地平均容积率为0.6，平均建设密度仅为45%，近一半企业的上述指标仅为0.2和20%，与全国范围内园区、开发区土地利用率仅为46%的情况基本一致。

我们要以生态安全为先决条件，合理安排生产力布局和城市形态布局，把苏州建设成为经济发达、社会文明、生态优良、人与自然生态高度和谐统一的“符合现代化国际潮流的21世纪新天堂”。

为此，首先要保持城乡发展与其生态承载力相适应。必须以城乡环境容量和资源承载力为依据，统筹规划人口资源环境与发展，并以此来制定城乡规划，保持城乡发展与其生态承载力相适应。其次要合理利用土地，保持适宜密度。人口密度、居住密度和经济密度等对城乡生态状况有很大影响，三者与环境污染相当密切，且成正比关系。规划必须从宏观上控制土地利用结构和组成，使城乡总体布局符合生态要求。

对社会主义新农村建设主体地位的认识还有待进一步深化。苏南有较丰富的建设经验，“苏南模式”早就在乡镇发展共同体范围内积累了“以工补农、以城带乡”的建设经验，为今天的新农村建设提供了重要的参考。但是，高速城市化、工业化和国际化造成了苏州农村的迅速消失，或者农村形态的变化。有农无村、有村无乡形态的存在，给建设新农村提出了苏州独有的新课题。一方面，“三化”过程实际上为以统筹城乡发展的战略思路来解决以工补农、以城带乡开展新农村建设带来便利，更有利于从宏观层次上通过地区性制度安排的调整，缩小城乡在公共产品供给方面的差距，为顺利实现“生产发展、生活宽裕、乡风文明、村容整洁、管理民主”的建设要求提供强大物质基础；但另一方面，在强势高速增长的城市化、工业化和国际化面前，农村长期处于被动、从属地位，缺乏自主、主动和主体地位的状况更难以改变。为此，苏州市委、市政府正在制定和实施的“四大行动计划”之一就是《建设社会主义新农村行动计划》。一是加快工业化、城市化的进程来强化新农村建设的物质基础；二是加快制度创新，引导生产要素城乡自由流动，发挥市场机制配置城乡资源的基础作用；三是及时有效地通过政府职能的转变和公共财政体制的改革，向农村居民提供更多的公共物品和服务；四是坚持以人为本，结合当地的实际情况，实现理论、模式和制度的创新。

6. 移民浪潮的新挑战

20世纪90年代以后,苏州的经济发展驶上了突飞猛进的快车道。经济的高速发展,引发了对大量外地劳动力的需求,从而使苏州进入了外来流动人口快速增长的时期。

1996年,是苏州发展史上的标志之年。这一年,是"九五"的开局之年,GDP首次超过千亿元大关,实际利用外资26亿多美元。苏州在回顾自身中思考下一步发展的着力点,明确提出了加快推进经济国际化、实现基本现代化的发展思路。1996年,苏州外来人口59万。当年,苏州出生人数与死亡人数接近持平,户籍人口的自然增长步入零增长时期。从1996年起,迁移增长成为苏州人口增长的最主要因素。当年,苏州户籍人口574万,比上年增加1.2万人,属于净迁入的外来人口。直到20世纪末,苏州户籍人口以每年万人左右的机械增长速度增加。进入21世纪后,这种增长趋势开始大幅度提速,每年有7万~8万人加入苏州户籍。这些取得苏州户口的新移民,处在金字塔型外来人口结构的顶端,以大学毕业生为主体。10年间,苏州已接收各类毕业生近30万人。

更为汹涌的,是那些来苏打工的流动人口。进入21世纪,苏州外来人口以井喷之势猛增。2000年,外来人口为86万,2001年达到105万,2002年则为170万。到2003年,为259万。2004年,达到326万,同年,苏州成为工业总产值过万亿的全国第二大工业城市。平均每年递增60万人。劳动部门说,每年新增的用工中有三分之二是外地人。

资本,以势不可挡的引力,吸附着源源而来的劳动力。他们像潮水般涌来,他们在迁徙中改变自己,更在流动中改变这座城市。他们是这座城市发展的建设者,是这座城市生活的参与者。他们又是这座城市的旁观者,行走在城市的边缘。他们在改变这座城市。但这座城市还没有准备好:该如何接纳他们呢,近400万汹涌而来的流动大军?

外来人口为苏州创造了大量社会财富,但面对每年以25%的速度增长的外来人口也不免让人担忧。目前苏州的人口密度每平方公里已超过 1 200 人(扣除水域面积),而 1995 年年末,全市人口密度每平方公里还只有 675 人。

330 万外来人口把 GDP 的光荣献给了苏州,也带来了就业竞争压力。2003 年,苏州市双选会云集 10 万人,被迫提前闭会! 2004 年,昆山双选会 5 万人抢 1 万个岗位! 2004 年,苏州工业园区夏季双选会排队长达 600 米! 2005 年,苏州高新区双选会有 3 000 人挤不进会场!

土地是最基本的资源,而苏州恰恰是人多地少,随着人口的增加,摊到每个人头上的土地会更少。没有了土地,再谈发展无疑是空中楼阁。江苏省城市规划设计研究院院长邹军指出,苏州 2004 年建设用地数量占市域面积的 28.6%。如按近两年的增长速度发展,仅 5 年左右,苏州将面临无地可用的局面。

庞大的人口规模也考验着城市管理者的智慧。新建一座污水处理厂,加宽一条马路,新开一条公交线路,都是不菲的投入。近年苏州垃圾总量每年以 5% 的增幅在增长,七子山垃圾填埋场 1993 年兴建时预计可以使用 15 年,而现在已经开始二期扩容。园区、高新区的污水处理厂都已启动了二期建设……有测算显示,城市中每增加一个外来人口,就要增加 3.5 万元基础设施投入,5 万人就要设立 1 个社区卫生服务中心。而一旦学校、供电、卫生、交通等公共设施建设速度跟不上人口增长速度,就会使这座城市陷入混乱,甚至瘫痪。资源与人口短兵相接,一个个严峻的课题摆在苏州人面前。

在 2004 年形成的《苏州市经济适度人口容量研究》中,专家根据测算,提出了到 2005、2010、2015 年苏州市常住人口的推荐方案,分别为 758 万、839 万、1 072 万,认为这是在苏州现有土地、资源、产业条件下最佳的人口经济承载力方案。和这个方案相比,苏州的人口数量增长提前了大约 8 年。

应对提前到来的人口增长,苏州该如何准备?

近 400 万外来人口创造的 GDP,是苏州人不愿失去的“奶酪”,本地宝贵的资源,也是苏州人不愿失去的“奶酪”。在人口与资源的矛盾中,该怎样把握增长与消耗平衡的“度”?该如何化解移民潮下城市与日俱增的压力呢?

目前苏州每平方公里的人口密度是1 200(不含水面面积)多人,而2004年东京每平方公里达到5 516人,香港更是多达6 300人,上海的密度比东京略低。世界上许多国家和地区的发展实际证明,一个开放区域人口增长的限制因素,既受自然资源的约束,又不完全受自然资源的约束,而往往取决于这一地区的产业结构。

如何切实转变增长方式,提高资源合理利用率和承载力,开始成为新移民城市关注的焦点。2004年,苏州市委、市政府出台《关于促进可持续发展的若干意见》,提出大力发展资金密集、技术密集、知识密集型产业,加强对人口迁入数量和迁入质量的调控,促进人口向城镇、工业向园区、居住向社区集中,在开发区推广多层厂房等措施。

寻找产业结构和人口规模的"度"这一问题,虽已得到重视,但在实践中远没有真正解决。专家通过数据分析指出,一方面苏州因为大量外来人员的进入而土地短缺,另一方面也存在着土地利用效率低下和浪费现象。他们认为,苏州城市功能分区尚不明显,中心城市人口集聚度过高,而县级市却人口规模偏小,沿江开发则相对滞后。

探寻承载资本的潜能,探寻化解移民压力的空间,更大的"奶酪",期待苏州来创造!

7. 应对挑战: 走率先基本实现现代化之路

任何理论都是问答逻辑。生活提出问题,理论解答问题,理论是生活的解答录。苏州在新世纪,应对挑战、抓住机遇,从而在全国实现了"第一个率先"的历史重任,积累了丰富的发展经验。同时,在苏州"第一个率先"即全面建设小康社会中存在着的问题,需要在进一步发展中加以解答。走率先基本实现现代化之路,不仅是苏州未来发展的目标,更是解答目前一切问题、摆脱困境的根本出路。

如果说,苏州在新全球化时代的初期完成了全面小康社会的建设任务,那么,必将在其中后期百尺竿头更进一步,向产业上端、自主创新和现代服务业挺进,完成率先基本实现现代化的伟业。

第二个率先：理论思考与前景展望

【·下篇·】

按照科学发展观和“五个统筹”的要求，围绕率先实现全面建设小康社会、率先基本实现现代化的目标，推进改革开放，搞好统筹兼顾，站在新起点、增创新优势、攀登新高峰、实现新跨越，各方面努力走在全国前列，努力建设经济繁荣发达、人民生活富裕、社会文明昌盛、生态环境良好的新江苏。

——温家宝

一个民族的自反性或者自我更新的能力是通向新现代性之路。

——乌尔里希·贝克

【第五章】 中国新型现代化及苏州“第二个率先”的蓝图

苏州人站在率先全面实现小康社会的新地平线上，满怀信心地迈向率先基本实现现代化的新征程。现代化是现代性目标的获得过程，它起步于16、17世纪的西方，而一直延伸至今天，构成了我们的生活方式和制度体系。现代性有相对统一的内容与标准，但是世界各地实现现代化的道路却不尽相同。“现代性是可选择的”——《可选择的现代性》一书的作者芬伯格如是说。比起老牌的西方国家，中国的现代化运动起步较晚，但是我们已经通过自己的双脚走上了一条成功的新型现代化道路，“北京共识”就是对它最好的概括与赞誉。从“三步走”战略到“六个更加”，我们距现代化越来越近。我国地域辽阔、各地发展不平衡，中国的现代化必然率先于东部而完成于西部。然而，在一个新全球化“时空压缩”的时代，中国的现代性和现代化都发生了“时空偏转”，如何选择新的现代化模式和道路，就成为当代中国人面临的大问题。苏州市作为我国经济社会发展的排头兵，在率先基本实现现代化进程中需要率先探索中国的新型现代化的模式。我们既要分析现代化的一般理论和模式，更要探索中国新型现代化理论,建立衡量新型现代化的指标体系,比照苏州市经济社会发展进程,对苏州市率先基本实现现代化的前景进行预测。

一、中国新型现代化:新语境与新概念

——在差异化和可选择的含义中,我们如何理解现代化

——正如新民主主义理论充满创造性一样,中国新型现代化理论也富有挑战性

——中国新型现代化是全球后现代语境在中国"时空压缩"的产物

1. 我们如何理解现代化

(1) 现代化是一个历史进程

古希腊先哲亚里斯多德曾经说过:人们熟悉的东西,最经不起追问。你不问人们似乎还清楚;一问反而糊涂了。"现代化"一词就是如此。据《大不列颠百科全书》记载,属于"现代化"名目下的定义或者解释超过百种。几乎所有的人都有权利解释,而又几乎是百人百解,莫衷一是。如果综合考察经济、社会、环境等方面的需要而作宏观观察,那么现代化可以被指认为以科技革命和社会进步为推动力,以物质文明、精神文明和政治文明的不断提高为标志,人类社会从农业经济和农村社会向工业经济和城市社会,并进而向知识经济等更高经济和社会形态不断演变的历史进程。这一进程在每一阶段都有特定的内容与发展状态,但它却是一个永无止境的演变过程。现代化进程将对整个经济、社会、环境、政治、文化、思想等领域产生革命性的影响,并引起社会组织与社会行为的深刻革命,人类社会的物质财富和精神财富将极大丰富,共同富裕程度、文明程度和生活质量也会得到极大的提高。

（2）现代化理论的多元视野

"现代化的理论"有许多种，但归纳起来，以下三种理论颇具代表性：

① 经典现代化理论。这一理论是在20世纪50～90年代在发达国家形成的，它认为现代化是指产业革命以来从农业经济向工业经济、从农业文明向工业文明、从农村社会向城市社会转变的历史进程，即工业化和城市化过程。这一理论反映了早期现代化的重要内容与特征，可以用来解释发达国家在实现现代化之前的经济社会演变历程，也为发展中国家的现代化指明了发展方向。但是，它也有很大的局限性，注重发展的客体论而忽视人的现代化，主张线性发展观而漠视现代化的复杂性和多样性，将现代化等同于西方化，它既不能指出发达国家在实现现代化之后的发展方向，同时也不能反映新全球化或知识经济时代背景下现代化的新内容，因此需要修正。

② 后现代化理论。针对经典现代化理论的不足，西方学者提出了后现代化理论。这一理论是在后资本主义、后工业化社会、后现代主义、知识社会、信息社会、网络社会、数字社会等多种新理论的基础上形成的。它认为，复杂化的发展使得现代性的理性根基已经失去意义。经济社会的发展不是直线的，自从20世纪70年代以来，发达国家的发展方向已经发生了根本改变，从现代化阶段进入到后现代化阶段。后现代化视域反对"传统—现代"的线性二元结构，主张多元化、差异化发展格局；反对对传统文化的简单否定，主张有限度地回到传统；反对单纯工业化和"生产主义"社会，主张发展服务业和自我服务型社会；反对单纯市场化经济和科层制管理，主张新公共管理、服务型政府和治理型社会；反对人对自然的主宰，主张人与自然平等友好；反对城市对乡村的抛弃，主张逆城市化和大郊区化；反对社会发展的纯粹经济增长，主张增加人类幸福，提高生活质量；等等。这一理论确实可以用来解释和预测发达国家今后的发展方向，但是它同样也有局限性，这就是把现代化看做是一个有时间终点的阶段，而不是一个不断演变的进程。按照这种理论，近代以来人类社会的

发展就可以只区分为现代化与后现代化两个阶段,那么,当后现代化阶段的任务完成以后,人类社会该向何处发展呢?它无法给出科学的解释,而是已经预先关闭了未来的发展大门。

③ 反思现代性或第二次现代化理论。应对后现代理论的挑战,正视经典现代性存在的问题,德国的哈贝马斯认为"现代性是未竟的事业",需要重新思索新现代性的价值。英国学者吉登斯则强调:经典现代性是一种简单现代性,而新现代性是一种"反思的现代性",它在多方面自反地审视现代性的问题,从而推进现代性进入新阶段。我国学者何传启提出,第一次现代化是指从农业时代向工业时代、农业经济向工业经济、农业社会向工业社会、农业文明向工业文明的转变过程,第二次现代化则是指工业时代向知识时代、工业经济向知识经济、工业社会向知识社会、工业文明向知识文明的转变过程。这一理论具有鲜明的时代特色,及时和充分地反映了现阶段现代化的新内容与新特征,但是在表述上似有可商榷之处,如果我们把现代化看做是一个不断演变的过程,那么似乎不宜把它划分为第一次、第二次、第三次等,而把它作为整个大进程中的第二个阶段更妥。

(3)现代化的种种特征

从上述现代化理论的演变进程及其界定可以看出,现代化作为一场全面而深刻的经济社会结构变迁过程,可以从两个层次来看。

第一层次,现代化的两大根基:"大写"的人,以及"大写"的理性。启蒙现代性以"**人**"反对神,以"**理性**"反对蒙昧,成就了现代性的价值基础。人们的生活需要和理性的追求,成为推动现代化的主要动力。如果说,第一次现代性的"**人**"的基础是大写的,那么第二次现代性的主体基础就是多元的大众;如果第一次现代性的理性基础是工具理性,充满着对冷冰冰的经济和财富的追逐,那么第二次现代性的理性就不仅仅在于工具性,而且也是价值性的,价值理性的追求要求有一个以人为本的、和谐和全面发展的纲领。

第二层次,满足人们生活得更好的现代化现实维度,表现在一系列制度性和存在性方面:

① 工业化。工业化是现代化初级阶段的首要内容。没有工业化,就不可能有现代化。对于个别面积过小、资源较为特殊的国家和地区来讲,其产业结构的选择不一定要以工业为主,在国际分工的体系下,它们可以因地制宜,扬长避短,专门发展特色农业或者旅游业、贸易业等,但是对于整个世界经济和那些大的国家、地区而言,则必须经过工业化阶段。而且实践表明,在现有的国际分工与贸易体系下,农产品在与工业品的交换过程中,总是处于不利地位,比较利益较低。因此,一个国家或地区,只要有可能,都应该力争实现工业化。

② 城市化。城市化是指在经济、社会发展过程中,人口及其他生产要素不断地由农村向城市集中的过程。起初是工业化,而后是第三产业推动城市化的发展,进而使之成为现代化的重要方面。美国1870~1970年城市化率的变化与第二产业的相关系数为0.605,而与第三产业的相关系数为0.977。日本1920~1970年城市化率与第二产业的相关系数为0.861,与第三产业的相关系数为0.929。城市化表明整个社会结构由农村社会转变为城市社会,农民也相应转变为市民,对社会发展的影响是巨大而深远的。“后城市化”或“逆城市化”,反映了城市化的新动向。但这只是城市化的一种形态。很难想像,在一个分散的农村社会中,可以实现现代化。

③ 市场化。产业革命以来,生产方式发生了重大变化,由原先的自然经济演变为商品经济。大规模商品经济需要资源配置方式及经济体制的市场化过程,建立起了市场经济体制。1929~1933年的世界经济危机之后,罗斯福新政与凯恩斯主义应运而生,国家开始介入和干预经济运行,但它并没有否认和取代市场的功能。1973年以后,新自由主义思想重新回潮,要求国家尽可能地少干预经济,而应该多发挥市场的调节作用。对于社会主义国家来讲,由于多种原因,一度采用了计划经济体制,实践证明,它是低效率的,于是,从20世纪80年代左右开始,几乎所有社会主义国家都先后进行了经济体制改革,实行从计划经济体制出发的市场化进程,以便为整个现代化进程提供高效和可靠的体制保障。

④ 信息化。信息化在20世纪80年代发轫于美国，并迅速扩散到全球范围。它为现代化进程注入了新的内容与动力，这不仅表现在它赋予工业化以新的内容，一批高科技产业迅速崛起，从而推动了产业结构的升级换代，而且表现在它为经济社会的其他领域与部门提供了新的技术手段，推动了自动化与网络化的大发展。所以，可以认为，信息化代表着现阶段现代化的最新技术成果与内容，也标志着现代化进入到一个新阶段，是现代化的最新前沿地带。

⑤ 民主化。民主化是现代化在政治领域中的要求与表现。在商品经济、市场经济的基础上，就产生了资本主义民主政治体制。社会主义社会是比资本主义社会更高级的社会形态，人民群众当家作主，从马克思所讲的实现人的全面和自由的发展，到以人为本的理念，都体现了现代化的这一本质特征。2005年10月19日，中国政府公布了《中国的民主政治建设》白皮书，首次以政府文告的形式阐述了中国的民主政治建设方案，表明了中国政府坚定不移地推进民主化的立场。

（4）现代化的时代性

现代化是一个动态概念，它的本质是“先进化”，而先进与落后的比较，其标准又是不断演变与提高的。放在人类历史的长河中，用发展的观点来看待现代化进程，任何一项科技成果，任何一种社会文明，任何一种经济发展，都只能在一段时期内具有先进性，代表着当时的现代化水平。不应该用形而上学的、僵化的观点来看待现代化，而应该坚持与时俱进，用发展的眼光来看待现代化，及时吸收最新科技成果，引领现代化潮流。正是这种阶段的相对稳定性和整个过程的动态性，才构成了整个现代化进程的波澜壮阔的历史，而这正是现代化诱人的魅力所在。

2. 中国新型现代化：历史语境与创新观念

（1）中国现代化的坎坷历程：一个主题、三次浪潮

人口众多、满目疮痍的大国在走入现代化时必然会步履蹒跚。

启动慢、路程长、命运多舛几乎是通式。鸦片战争以后，由于帝国主义列强的侵略，打破了中国社会由封建社会向资本主义社会的自然而缓慢的演进历程，中国走上了半殖民地、半封建社会的畸形道路。从洋务运动到民族工业的发展，中国的一些仁人志士和封建官僚，自觉或被迫地开始了现代化探索，其间，历经坎坷，命运多舛，备尝艰辛，惨淡经营。

中国全面大规模的现代化建设运动，开始于新中国成立以后，1952 年，毛泽东提出了过渡时期总路线，即“一化三改”，计划用三个五年计划的时间，实现国家的工业化。1964 年，周恩来在三届人大会议上，提出到 20 世纪末，我国要实现农业、工业、国防和科学技术的现代化。1975 年在四届人大会议上，周恩来又再次重申了这一目标。粉碎“四人帮”后，当时的中央主要负责人提出要在 1980 年实现农业现代化。其后的现代化进程表明，事情并非如此简单。十一届三中全会后，恢复了党的实事求是的思想路线，根据我国的具体国情，党和国家审时度势，对我国的现代化建设战略作出了重大调整，重新加以部署。1982 年，胡耀邦在中共十二大报告中提出了“两步走”战略，即力争 1990 年工农业总产值比 1980 年翻一番，而 2000 年再比 1990 年翻一番。其后，邓小平同志又进一步提出了“三步走”战略，即在 2000 年实现小康社会的基础上，再经过半个世纪的奋斗，到 2050 年左右，达到中等发达国家水平，基本实现现代化。到 2000 年，我国已经如期完成了第二步战略目标。据此，江泽民同志在中共十六大报告中进一步提出，把第三步战略目标分为两步走，即到 2020 年，全面建成小康社会，再到 2050 年，基本实现现代化。

（2）“北京共识”与中国新型现代化道路的形成

最近几年，美国学者库珀·雷默等人提出“北京共识”概念。所谓“北京共识”，是相对于“华盛顿共识”而言的，是对改革开放以来中国所走过的现代化建设道路的一种高度概括、肯定和赞誉，中国经验对于发展中国家具有普遍的借鉴意义。

在 20 世纪 80 年代，针对玻利维亚等拉美国家曾经爆发的严重通货膨胀,国际货币基金组织和世界银行同美国财政部在华盛顿达成政策建议,即“华盛顿共识”。其主要内容是最大限度地自由化,最快地私有化,在财政金融方面采取强硬政策,即被称为“休克疗法”的治理方案。通过这一治理,拉美国家经济在较短时期内成功地解决了通货膨胀问题,缓解了债务危机,稳定了宏观经济形势,因而被称为“拉美奇迹”。但是,这一智力方案在对付20世纪90年代初期的俄罗斯等东欧国家经济转型问题时却遭遇挫折。以斯蒂格利茨为首的一批学者对“华盛顿共识”及“休克疗法”提出了激烈批评。他们认为,“华盛顿共识”和“休克疗法”是失败的,而中国的改革与发展道路则是成功的。而库珀·雷默等学者则更进一步将其概括为“北京共识”,与“华盛顿共识”抗衡。

十一届三中全会后,中国在邓小平理论指导下,开始了新一轮现代化建设高潮。在这一过程中,包含着改革与发展的双重使命,一方面,要实现从计划经济体制向市场经济体制的转变;另一方面,要加快发展经济,大力推进工业化与城市化,实现从农业经济向工业经济、农村社会向城市社会的转变。经过不断的探索与创新,中国走出了一条成功的改革、发展道路。第一,坚持把改革、发展与稳定相结合。强调发展是硬道理,是首要任务。第二,改革要坚持先易后难,从局部到整体。改革从农村始,然后再推进到城市,对外开放也是从个别地区到全国。经过这种由点到面的推进,最后实现整体改革。第三,改革分阶段进行,分步到位,逐步逼近市场经济体制。第四,坚持把自上而下的改革同自下而上的改革相结合。第五,坚持把体制内改革与体制外推进相结合。第六,坚持把经济上的市场化同政治上的多元化相分离。在经济改革中,要建立市场经济体制,而在政治体制上,既要推进社会主义民主政治体制的建设,又要坚持共产党领导,不搞西方式的政治多元化,整个改革与发展都要在共产党的领导下进行。

中国的新型现代化道路取得了巨大的成功。它避免了俄罗斯等国家所发生的短时期内大幅度的经济下降;它有效地化大痛为小痛,分散和缓解社会矛盾,避免引起大的社会动荡;它有效地避免了由于决策失误引起的大面积损失;它符合中国的基本国情。事实证明,中国新型现代化道路是符合中国国情的,因而获得了成功。

然而,中国新型现代化道路也存在着一些问题和缺点,例如,由于改革分步到位,整个时间过长,至今仍处于“攻坚”或“过大关”阶段;宏观调控体系还需要进一步完善,政府职能要彻底转变;收入分配差距过大,可能引发社会不稳定因素;资源与环境问题日见突出,传统的经济增长方式面临绝路;等等。

3. 中国新型现代化道路的全球背景与创新理念

中国新型现代化道路是在新全球化时代背景下“时空压缩”的必然选择,也是基于对现阶段国际、国内最新发展态势的综合分析作出的选择,既注意吸收发达国家的文明成果,又不完全照搬其现成道路与做法,体现了时代性与中国特色的完美结合。

(1) 新全球化时代与对外开放

我们进入了一个新全球化时代。分水岭在于新科技革命发生并在全球扩散的20世纪80年代,贝尔《后工业社会的来临》曾经部分地预测到了它的来临。新旧全球化具有重大差别,因而也发生着重大转变:在产业经济基础上,从工业文明转变为后工业文明,知识经济成为新全球化的基础。旧全球化时代是工业资本的全球化。如同马克思、恩格斯在《共产党宣言》中分析的那样:“资产阶级,由于开拓了世界市场,使一切国家的生产和消费都成为世界性的了。”它虽然造就了世界经济有机的整体,各个国家之间在原材料、能源、科学技术、劳动力、资本和市场等方面相互联系,相互依赖,但是,这一联系主要建立在工业基础之上。反之,新全球化从一开始就建立在知识经济基础之上。在全球结构上,从“工业文明—农业文明”向“知识文明—工业文明”的转变,发达国家用自主知识产权和技术掌控全球产业链条和经济结构,而发展中国家虽然进入制造业领域,但是处在制造业的末端,受知识产权的支配。只有在新全球化时代,大规模的制造业向发展中国家转移才成为现实。它的全球意义在于,在全球市场中,各个国家可以拥有更广阔的发展空间,可以突破由于本国市场规模及资源贫乏对经济发展造成的限制,在全世界范围内优化资源配置,从而提高各国和全世界的经济效益。在新全球化的大背景下,我国的现代化面临一个两难选择:究竟是超越工业化和经典现代化阶段,以迅速发展知识经济来直接进入后工业文明阶段、走后现代之路呢,还是老老实实走工业化、经典现代化之路?

争论发生在学界,但是影响却在各种战略和措施中弥漫。的确,"时空压缩"使原来在西方按照严格时序出现的前现代、现代和后现代,却在中国同时出场、甚至倒错出场。对中国大多数人和家庭来说,"网络时代"早于"汽车时代"。怪异的结构,不能不影响中国对发展模式的选择。历史总是惊人的相似。当年,全球化曾经将一个半封建、半殖民地的中国摆在革命者面前。究竟选择旧民主革命方式恰当,还是选择社会主义革命方式恰当?陈独秀选择了前者,而王明选择了后者。但是,这都不符合中国国情。毛泽东选择了"新民主主义革命"道路。坚持民主革命,但不是"旧"的,而是"新"的,即共产党领导的、人民大众的民族、民主革命。同样,今日的全球化造就的中国发展纲领,既不是建立在单纯工业化基础上的经典现代性,也不是奠基于后工业文明基础上的后现代性,甚至不是第二次现代性,而是建立在新型工业化基础上的新型现代性。

新全球化对我国现代化建设的影响在于:第一,我国的现代化建设离不开经济全球化。新全球化为我国利用国外的资金、技术、市场、人才提供了良好条件,可以弥补我国在这些资源上的不足。我国必须学会利用国内外两种资源、两个市场,来加快现代化进程。事实正是如此,到2004年底,我国已累计实现利用外资5 000多亿美元,有效缓解了国内资金的不足。目前我国经济的外向度已显著提高,出口成为与投资、消费并列的拉动经济增长的三驾马车之一,在每年8% ~9%的经济增长率中,来自出口的拉动占到2个百分点以上。第二,我国的现代化建设标准要与国际接轨。所谓现代,是指世界范围内的现代,要有一个统一标准,而不能自定一个标准。从对现代化内涵的理解,到不同时期现代化内容的演变,以及现代化指标体系的构建、指标量的确定,都要参照国际标准,而不可随意拔高或者降低现代化的标准。当然,这并不意味着我国要完全照搬西方发达国家的现代化道路,亦步亦趋。我国要从自己的基本国情出发,有所侧重,走出既同国际接轨,又有中国特色的现代化道路。第三,我国的现代化建设必须考虑国际分工体系,要根据我国的综合比较优势,有所为有所不为,扬长避短,建立高效的经济体系,而没有必要四面出击,建立“大而全、小而全”的国民经济体系。在国内市场与国际市场接轨的条件下,更要把国内分工同国际分工结合起来,把内循环体系同外循环体系结合起来。国内各个省市区之间的分工协作要同参与国际分工结合起来,避免重复建设,防止产业结构趋同。每个地区都应该在对外开放的背景下,准确定位,明确优势,找到发展的重点与突破口,通过建立国内合理高效的分工协作体系,提高全国的综合竞争优势,参与国际分工。第四,要高度关注信息化和新经济的发展态势,及时吸收其成果,充实和完善我国的现代化建设内容。信息化是当前美国等发达国家现代化进程的最新成果与动态,正是由于信息化,才产生了新经济现象,确立了美国在世界经济中的优势地位。我国作为一个大国,有必要,也有条件推进信息化,借此推进整个产业结构的升级换代,使我国在世界高新技术产业中占有一席之地。

(2)全面建设小康社会与构建和谐社会

在中共十六大会议上,提出到2020年全面建设小康社会的奋斗目标,在中共十六届四中全会上,根据我国经济社会发展中存在的问题,进一步提出了构建和谐社会的构想。而在十六届五中全会关于制定国民经济与社会发展“十一五”规划的建议中,进一步重申了构建和谐社会的目标。所有这些,都是我国现代化建设的重要指导思想与阶段性奋斗目标。小康社会是对中国式现代化阶段目标的一种表述,是指温饱有余、富裕不足的发展与生活状态,是整个现代化进程中的一个必须经过的特定阶段,只有达到了这个目标,才有可能进一步努力,逐步逼近现代化目标。而和谐社会是小康社会的题中应有之意,同时又具有很强的预见性与针对性。从国际经验来看,当一个国家的经济发展与现代化建设进入到人均1 000美元GDP水平时,就既面临着进入加快发展的黄金机遇,同时又面临着各种社会矛盾突发和加剧的挑战。如果处理得当,就有可能加速发展;反之,则会陷入社会动荡。到2003年,我国人均GDP已经超过1 000美元,而且过去一个时期在改革与发展过程中所累积起来的一些社会矛盾也开始显现和加剧,因此,有必要采取措施,化解矛盾,理顺各种社会关系,构建和谐社会,保证现代化建设顺利推进。

全面建设小康社会和构建和谐社会对我国现代化建设具有重要的指导意义。第一,我国的现代化建设是一个长期的艰巨过程,不可能一蹴而就,而应该分阶段推进,各个阶段相互衔接,最后达到现代化建设的总目标。到2000年,我国已建成小康社会,但只是一种低水平和不平衡的小康社会。在此基础上,要经过20年的努力,全面建成惠及十几亿人口的更高水平的小康社会,使经济更加发展、民主更加健全、科技更加进步、文化更加繁荣、社会更加和谐、人民生活更加殷实。这是实现现代化建设第三步战略目标必须经过的承上启下的发展阶段。作为小康社会来说,有自己特定的含义与指标体系。据此,必须确定好这一阶段经济社会发展的各项指标,妥善处理好各方面关系,为最终实现现代化奠定坚实基础。第二,必须正视我国目前所存在的各种社会矛盾,要借鉴国际经验,立足我国国情,采用各种手段,化解不利因素,扩大有利因素,把经济社会发展导入快车道。当前要特别注意由于收入分配差距过大所引起的社会矛盾,在公平与效率的关系上,向二者并重的方向迈进。要通过政府调节,扩大中等收入者比重,降低低收入者比重,形成一个有利于社会稳定的收入分配结构。

（3）经济与政治体制改革

新中国成立后,由于多种原因,我国建立了计划经济体制,主要依靠政府力量来推动现代化建设,取得了很大的成绩。但是实践也证明,计划经济体制不利于提高资源配置效率,不能更好地实现现代化。十一届三中全会以后,我国开始了全面的经济体制改革,几经探索,确立了建立社会主义市场经济体制的目标,到2000年,我国已经建立起了社会主义市场经济体制的基本框架。2003年,十六届三中全会通过了进一步完善社会主义市场经济体制的决定。2005年,十六届五中全会提出了到“十一五”期末,我国要建立起比较完善的社会主义市场经济体制。与经济体制改革相配套,我国也大力推进政治体制改革,发展社会主义民主政治,建设社会主义政治文明。

处在这样的改革背景下,第一,既要使我国的现代化建设内容更加全面,同时,也要为现代化建设提供坚实可靠的体制保证。通过提高资源配置效率,可加快推进全面建设小康社会和基本实现现代化的进程。因此,我国的现代化建设必须把经济市场化作为一个重要任务来完成,而且把经济体制市场化作为一个永恒的主题,贯穿在现代化建设的全过程,与时俱进,不断根据新情况,调整和完善经济体制。第二,在进行经济体制改革的同时,还必须启动和推进政治体制改革,加强社会主义政治文明建设。在坚持四项基本原则的前提下,积极稳妥地进行政治体制改革。政治体制改革的核心内容是民主化,要改变权力过分集中在少数人手中的情况。通过各种有效形式,使广大人民群众真正行使当家作主的权利。不能仅仅把民主化当做推进现代化的手段来看,更重要的是把它作为现代化建设的应有内容来看待。无论是从践行“三个代表”重要思想来看,还是从落实科学发展观中的“以人为本”理念来看,都应该重视人民群众在国家政治生活中的地位,落实《宪法》及其他法律赋予他们的神圣权利。只有这样,我国的现代化建设才能够更加全面、准确,也才能保持永不衰竭的活力。

（4）科学发展观

十一届三中全会后,我国拨乱反正,成功地实现了把全党和全国人民的工作重心从“以阶级斗争为纲”向“以经济建设为中心”的转变,确立了“发展才是硬道理”的重要理念,但是对于“如何发展”的问题，仍然在不断地探索和创新。在一段时期内，由于对经济发展和现代化建设含义的理解出现偏差，片面强调和夸大了 GDP 指标的作用，把经济增长与现代化建设简单化为 GDP 的增长，没有很好地突出以人为本，没有处理好经济发展与现代化建设中的一些重要比例关系，积累了不少矛盾和问题。例如，经济发展快而社会事业发展相对滞后；工业与城市发展快而农业与农村发展相对滞后；东部地区发展快而中西部地区发展相对滞后；人口增长快以及粗放型的经济增长方式造成了资源消耗过大及环境污染的加剧；在对外开放中，利用外资的急剧增加而民族经济发展的相对滞后；等等。所有这些问题，都严重制约着我国今后的经济发展与现代化建设进程。鉴于此，在2003 年 11 月召开的中共十六届三中全会上，提出了科学发展观的重要理念，即坚持以人为本，树立全面、协调、可持续的发展观，促进经济社会和人的全面发展。

科学发展观成为“十一五”乃至更长时期内我国经济社会发展和现代化建设的重要指导思想。据此，我们需要重新审察现代化的含义，对其作出全面和科学的解释，确立相应的指标体系，并制定正确的方针政策，引领我国现代化建设顺利进行。第一，现代化建设必须坚持以人为本，人既是现代化的主体，同时又是现代化的目的，现代化建设要以全面提高广大人民群众的物质文化生活为目标，只有这样，现代化建设才有意义。据此，在现代化建设中，要特别重视富民类指标，如城乡居民人均收入水平、消费水平等。在过去的一段时期内，我国的现代化建设没有很好地体现以人为本，仅仅把人作为一种手段，而不是作为一种目的来对待；不是把现代化作为提高人民群众物质文化生活水平的一种手段，而是把现代化自身作为一种目的，为现代化而现代化。其结果，经济增长了，但是人民群众的生活水平却没有相应提高，富民滞后于强国、强省和强市。今后，必须端正现代化建设的指导思想，牢固不移地坚持以人为本的理念，把它贯穿、落实到现代化建设的各个方面去，确保人民群众的生活水平随现代化建设进程相应提高。第二，现代化建设是经济、社会、政治、文化等各个方面的现代化，要全面推进，而不能片面突出和强调某几个指标，当前及今后一段时期内，要特别强调加快社会事业的发展，加强一些薄弱环节。例如要建立、健全城乡社会保障制度，确保居民在遇到自然灾害、失业、患病、生育、年老等困难时能够得到社会帮助，确保其基本生活水平；要完善和提高社会管理水平，及时化解各种社会矛盾，为居民提供一个祥和及有安全保障的生产与生活环境；等等。第三，在现代化建设中，必须处理好一些重要的比例关系，坚持统筹城乡发展，着力解决农村发展滞后于城市发展的不合理差距，把“三农”问题作为今后很长一段时期内一切工作的重中之重，努力建设社会主义新农村。通过工业反哺农业、城市支持农村，实现以工促农、以城带乡。按照“多予、少取、放活”方针，加大各级财政的支农力度，提高农业综合生产能力，最终达到提高农民收入、缩小乃至最终消灭城乡差距、实现城乡一体化发展和共同繁荣的目标。坚持统筹对外开放与国内发展。在对外开放初期，给予外商在税收、土地等方面的政策优惠是必要的，但是这些优惠应该是有期限和有限度的，否则，就会形成对国内企业不利的不平等竞争环境，危及国家经济安全，损害国家整体利益。因此，必须及时调整利用外资的政策，逐步实现给外商以国民待遇，使其与国内企业展开平等竞争。坚持统筹经济与社会发展，改变社会发展滞后的局面。坚持统筹区域发展，防止地区差距无限扩大的趋势。坚持统筹人与自然的和谐发展，防止对自然界的过度索取与破坏。第四，要实现可持续的现代化，不仅要保证在2050年基本实现现代化，还要保证在2050年以后现代化建设能够永续推进，所以，要严格控制人口数量、提高人口质量，节约资源，保护环境，建立循环型经济、环境友好型与资源节约型社会。

（5）新型工业化道路

在2002年召开的中共十六大会议上，提出了新型工业化的重要理念。新型工业化道路是在高度关注、吸收、顺应国际经济发展新态势及认真总结我国过去工业化道路的经验教训，并展望未来一个时期内全面建设小康社会和实现现代化过程中面临的一些重要约束条件基础上提出来的。在国际上,信息化和新经济为现代化建设注入了新的内容,在国内,我国面临严重的资源与环境制约问题,如果沿袭传统工业化与现代化道路,则很难支撑未来的需要,这就迫切需要我们对原有的工业化道路进行矫正,转变经济增长方式,走出一条资源消耗少、利用效率高、有利于可持续发展的新型工业化道路。新型工业化道路的特征在于:以信息化带动工业化,以工业化推动信息化;以科技进步为动力;工业化也要贯彻可持续发展战略;发挥人力资源优势。

按照新型工业化道路的要求,我国的现代化建设方针也必须相应调整与完善。第一,要确立新型现代化理念。要突破传统现代化道路的局限性。西方发达国家的现代化道路是随着科技革命的浪潮逐步推进的,在其工业化初期,一般从发展传统工业入手,然后随着科技革命,逐步拓展产业领域,推动产业结构升级换代,淘汰传统产业,着力发展高科技产业,而信息产业则是其当前阶段的最高级产业形态。这一过程延续了200多年。我国的现代化建设起步晚,如果完全照搬发达国家的道路,将永远处于后列,与发达国家的差距会越来越大。在此背景下,我国必须突破传统思维,发挥后发优势,实现跨越式发展,在不放弃传统产业的同时,重视发展以信息产业为核心的高新技术产业,建立起从传统产业到高新技术产业的梯度产业结构。第二,要大力发展科学技术事业。无论是传统产业,还是高新技术产业,都包含着对科学技术的应用。对于传统产业,要通过科技进步进行改造,提高其产品性能和劳动生产率,取得更好的经济效益,并更好地适应市场需要。而高新技术产业的发展,更是离不开科技进步。高科技产业的发展,要坚持引进和自主研发相结合,特别是对于那些核心技术,必须自主研制开发,拥有知识产权,这样才能不受制于人,并且能够提高产业化的经济效益。第三,发挥我国劳动力资源优势。我国人口众多,就业问题十分突出。资本密集型和技术密集型产业虽然有利于提高劳动生产率和经济效益,但是对解决就业问题的作用有限。如果过分强调其发展,势必会造成劳动力资源闲置，进一步加剧就业问题，不利于提高人民群众的收入水平，反而会造成严重的社会问题。因此，要妥善处理劳动与资本、技术三种要素之间的关系。做到三者并举，不可偏废，把经济发展、现代化建设与扩大就业结合起来。

（6）转变经济增长方式

早在改革开放初期，我国就提出要把提高经济效益作为一切经济工作的中心环节，中共十二大所提出的翻两番目标是以经济效益不断提高为前提的。1995年，在中共十四届五中全会关于“九五”计划的《建议》中，提出了要实现经济增长方式从粗放型向集约型转变。在科学发展观和新型工业化道路中，实际上也包含着转变经济增长方式的思想。在十六届五中全会关于制定“十一五”规划的《建议》中，再次重申了转变经济增长方式，把它作为“十一五”期间需要重点解决的问题之一。转变经济增长方式是在对过去我国现代化道路的反思及对未来现代化前景展望的基础上提出的。从20世纪50年代开始大规模现代化建设运动以来的很长一段时期内，我国采用的是一种粗放型经济增长方式，具体表现为“四重四轻”，即重速度，轻效益；重投入，轻产出；重数量，轻质量；重外延扩张，轻技术进步。产出的高增长主要是靠巨大的资源投入及耗费来支撑，结果一方面导致资源严重短缺，另一方面浪费惊人。根据测算，我国的能源、钢材、木材、水泥等重要资源的消耗标准都远高于国际标准。而且，在资源浪费的同时，还伴随着严重的环境污染与生态破坏，付出了巨大代价。按照我国的现代化进程，如果仍然沿用粗放型经济增长方式，则现有的资源与环境很难提供支撑。经过几十年的大规模开采，我国的石油、有色金属等重要资源储量锐减，在国际市场上，围绕这些资源的竞争也日趋激烈，价格猛涨。为此，必须走集约型增长道路，通过提高资源利用率，节约资源，来保证以现有资源实现未来的现代化建设目标。

转变经济增长方式对我国的现代化建设赋予新的使命，提出了更高的要求。第一，在现代化建设中，要优化与提升产业结构，在我国现有条件下，一方面要继续发展重化工业，另一方面要发展高新技术产业及服务业。重化工业具有产值大、利润高的优点，但同时对资源的消耗量也很大，粗放型经济增长方式与这种重型产业结构密不可分。相比而言，高新技术产业和服务业对资源的消耗要少得多，对环境的污染也要小得多。产业结构的演进是有规律的，一般而言，在实现工业化的基础上，才有可能大力发展服务业，但是这也不是绝对的。通过对发达国家产业结构演变的分析，表明在工业化后期乃至中期，服务业的发展就已经超过了第二产业。服务业发展滞后一直是困扰我国产业结构优化的老大难问题，今后必须加快发展。第二，对农业及传统工业，都必须加大技术改造力度。要通过采用新兴科学技术，降低这些产业对资源的消耗和污染水平，争取以更少资源生产出更多产品。第三，以体制改革保证经济增长方式转变。粗放型经济增长方式与计划经济体制息息相关，而集约型经济增长方式的建立必须以市场经济体制作保证。因此，必须以体制转变促进经济增长方式转变。从企业层面讲，要建立起有利于节约资源、保护环境的体制，使节约资源的企业从中受益，而浪费资源的企业则要受损，这样，才能调动企业节约资源的积极性。从政府层面讲，必须改革传统的管理体制，包括不再以 GDP 作为考核党政干部的主要指标；健全要素市场，按要素稀缺程度矫正其价格体系，提高稀缺要素的价格水平；从财税政策等方面鼓励发展服务业等资源低耗型企业。从社会层面讲，要教育全体居民转变消费观念，树立“节约光荣，浪费可耻”的消费观。要限制那些炫耀性的高消费，以最简单的消费方式和消费水平获取最高程度的物质与精神享受。

（7）科教兴国和人才强国

在 20 世纪 60 年代我国提出的农业、工业、国防、科技四个现代化中，就突出强调科技现代化是关键。80 年代，邓小平同志高瞻远瞩，提出了“科学技术是第一生产力”的论断。而科学技术的发展是建立在教育发展的基础之上的。此后，国家提出了“科教兴国”“人才强国”战略。各级地方政府也相应提出了“科教兴省”“人才强省”

战略。这一理念已经深入人心。改革开放以来,科技进步对于我国经济增长的贡献率在不断提高。“科教兴国”“人才强国”战略既反映了在现代化建设过程中科技与教育作为一种强大推动力的客观现实,同时也反映了提高人的素质本身也是现代化的目的这一以人为本的理念。翻开发达国家的现代化历史,可以看出,现代化过程中每一次质的飞跃,都是由科技进步引起的,而科技进步的发生,则又是建立在现代化教育所培养出的大批高素质创新人才的基础之上的。我们在前面所提到的新型工业化道路、转变经济增长方式等,无不与科技进步密切相关。让每一个社会成员接受教育,既是他们作为劳动者适应现代化生产的需要,同时也是他们实现全面发展、享受现代社会文明的需要。列宁有一句名言:“在一个文盲国度里,是无法建成共产主义社会的。”大家同样熟知的是,日本在二战以后奉行“教育立国”战略,在物资极度匮乏的情况下,再苦也不能苦教育,经过卧薪尝胆,终于成为经济大国。由于许多原因,与发达国家相比,我国科技与教育水平还比较低,这成为制约现代化建设的一个瓶颈因素,而为了推进现代化进程,就必须大力发展科技与教育事业。

按照“科技兴国”与“人才强国”战略的要求,在现代化建设中,必须做到:第一,在现代化的指标体系中,必须包含有科技与教育发展方面的指标,如科技进步对经济增长的贡献率、成人识字率、每万人大学生人数等。第二,各级财政必须加大对科技与教育的投入力度,为科技与教育事业的发展提供充足的物质保障。不宜提倡“教育产业化”口号,不宜把教育投入的责任推向受教育者本人与社会,而减轻政府的投入责任。要积极创造条件,早日实现义务教育阶段的免费教育。衡量科技投入力度的指标是R&D经费占GDP的比重,而衡量教育投入力度的指标是教育支出占财政支出的比重。这两个指标必须有所提高。第三,深化科技、教育与人才管理体制改革,提高资金使用效率。我国在计划经济体制下所形成的一套管理体制,造成了资金的极大浪费,不改革这些体制,投入再多的资金,也不会产生好的效果。第四,建立合理的科技、教育体系,突出重点,带动全局。在科技事业发展中,必须处理好基础研究与应用研究的关系,二者兼顾,不可偏废。而在教育事业发展中,不仅要处理好从小学、中学、大学到研究生教育各个层次之间的关系,建立一个合理的教育与人才结构,更要处理好城市教育与农村教育的关系,突出抓农村教育,扭转其落后局面。

（8）区域协调发展战略

中国是一个大国,由于主客观条件的差异,各地区之间的发展不可能齐头并进,而必然会有差距。如何处理这种差距？我国政府在改革开放以来采用了非均衡协调发展战略。在改革开放初期,邓小平同志就提出,让一部分有条件的地区先富起来。据此,国家在一系列政策上对条件好的东部沿海地区进行倾斜,鼓励其率先发展,提高全国资源的配置效率。正是由于国家的政策扶持,加上市场调节的引导,东部地区快速发展,与中西部地区的差距迅速拉大。鉴于此,邓小平同志在1992年年初的南方谈话中,提出了要在20世纪末调节地区差距的设想。1995年,在十四届五中全会的《建议》中,提出在“九五”期间,要把“坚持区域经济协调发展,逐步缩小地区差距”作为一条重要的指导方针。此后,国家采取了一系列政策,以鼓励中西部地区加快发展。在十六届五中全会的《建议》中,再次把“促进区域协调发展”作为“十五”期间我国经济社会发展的一个重要任务。

区域协调发展战略对我国的现代化建设增加了新的内容,提出了更高要求。第一,必须看到,我国作为一个大国,现代化建设在空间结构及时序上,必然有差异,有快有慢,有先有后。因此,在现代化建设初期,不宜全面推进,而必须选择条件好的地区重点突破,这样有利于从整体上提高资源配置效率,促进经济发展。因此,一段时期内的地区差距不仅是必要的,而且是允许的。第二,地区差距不能无限扩大,而必须有所控制,并最终趋向缩小。社会主义的本质是共同富裕,这同样体现在区域之间,没有中西部落后地区的发展与现代化,就不可能有全国的小康社会和现代化。中西部落后地区的发展,不仅具有重大的经济意义，而且具有重要的政治与社会意义。因此必须高度重视区域协调发展，积极促进从区域非均衡发展向协调发展的转变。第三，为了实施区域协调发展，当前在全国范围内，应该继续推进西部大开发、振兴东北地区等老工业基地、促进中部地区崛起、鼓励东部地区率先发展等战略。每个地区都要从实际出发，扬长避短，实施自己的发展战略，逐步形成各具特色的区域发展格局。第四，在一个省，甚至一个市县内，同样会存在地区发展差距，因此，也必须推进区域协调发展战略，以发达地区之力，帮助和带动落后地区，通过波浪式发展，最终实现现代化建设的目标。

（9）和平崛起战略

鸦片战争以后，我国屡遭帝国主义列强侵略，备受欺凌。新中国成立后，中国人民站起来了，终于扬眉吐气，傲立于世界，特别是改革开放以来，在经济快速增长的基础上，我国综合国力不断提高，一些重要指标在全世界的排名不断上升。所有这一切，在国际上都引起强烈反响。大多数人认为，中国的发展对全世界来说，是一个重要的机遇，中国众多的人口与良好的投资环境，为其他国家的商品与资本提供了巨大的市场以及合作机会，这种合作将导致多赢格局，推动世界经济的发展。但是也有少数人认为，中国的发展会对其他国家形成威胁，强调要遏制中国，于是，在贸易、人权、军费、台湾等问题上与中国的摩擦不断。对此，中国政府强调，中国奉行"和平崛起"战略，不搞霸权主义，不搞强权政治，不结盟，不搞军备竞赛。特别是在苏联解体之后，世界政治、军事格局发生剧变，美国成为唯一的超级大国，中国韬光养晦，不做出头鸟，聚精会神搞建设，一心一意谋发展。这些也是"北京共识"的重要组成部分。

和平崛起战略为我国的现代化建设提供了良好的国际环境。第一，我国不参加超级大国的军备大赛，坚持以经济建设为中心不动摇，要充分利用相对稳定的国际环境，加快经济发展。在国家财政支出安排上，要把大部分财力用于经济建设和提高人民生活水平，控制军费支出的过快增长。第二，我国的发展，国力的强大，不对任何国家构成威胁。我国坚持奉行“和平共处”五项原则，愿意同一切国家建立合作友好关系，包括在经济、文化、政治、军事等方面的全面合作。中国的现代化建设既需要借助其他国家的条件，同样，其他国家的现代化建设也需要中国的积极参与。我国是世界上最大的发展中国家，有巨大的市场与无限商机，这为与其他国家的合作提供了一个很好的平台。第三，和平崛起并不是不要国防，国防现代化同样是我国整个现代化的一个重要组成部分。我国的国防立足于防御，我国不搞霸权，不搞扩张，不会主动向其他国家发动侵略战争，但是，我国也反对侵略，反对一切形式的恐怖主义。当我国面临来自其他国家的战争威胁时，有权利进行自卫。因此，坚持国防建设与经济建设协调发展，在经济现代化的基础上，适当增加军费投入，实现国防现代化也是必不可少的。要积极推进中国特色的军事改革，努力提高军队信息化条件下的防卫作战能力。第四，台湾是中国领土不可分割的一部分，台湾同胞是我们的手足兄弟。我国坚持用“一国两制”方式解决台湾问题，推进祖国和平统一事业。但是，要坚决反对任何形式的“台独”活动，不惜一切代价维护国家的领土与主权完整。不承诺放弃使用武力。

二、中国新型现代化的指标体系构建

——中国新型现代化需要有自己独特的现代指标体系

——融会中外现代化指标体系，创造新的指标体系

——预测苏州未来实现新型现代化的进程

为了合理确定现代化建设的目标，并且测度现代化进程，必须要有一套可以量化的指标体系。在不同阶段，根据对现代化涵义与内容的不同理解，以及考虑到可操作性，专家学者曾经不断探索，提出过几种指标体系。

1. 国外相关指标体系的借鉴

（1）阿德尔曼和莫利斯的发展指标体系

经济发展与现代化是两个既有联系又有区别的概念。经济发展是指伴随着经济增长而出现的经济结构的变化以及一般经济条件、社会福利、教育卫生、生态环境等方面的改善或变化的社会全面进步过程，它贯穿于人类社会的始终。而现代化则是指工业革命以来经济发展的具体内容或者是经济发展的另一种表述。因此，衡量经济发展的指标体系在一定程度上也可以看做是现代化的指标体系。在这方面，美国经济学家阿德尔曼和莫利斯在 1967 年提出了一个庞大的指标体系，其中包括 40 个变量，涉及经济、文化、政治、社会、教育、军事、人口、种族、外贸等许多方面。据此，他们对当时世界上 74 个国家和地区的发展水平进行了评价。应该说，这一指标体系是非常全面的，具有一定的科学性，但是其缺陷在于，涉及面很广，很多指标无法进行量化，从而也就很难进行加权平均，因而可操作性较差，而且，在有关政治、种族等指标方面，用西方国家的价值观念来要求每个国家，不一定符合各国国情。

（2）莫利斯的物质生活质量指数

1977 年，莫利斯又提出了一套物质生活质量指数，包括识字率、预期寿命和婴儿死亡率三项指标，用来衡量一个国家或地区居民的生活水平和社会福利状况。其中的识字率用来反映与经济发展水平相适应的人民生活水平和受教育程度，预期寿命可以用来反映居民的营养、卫生和环境等方面的情况，而婴儿死亡率则用来反映母亲的健康状况、医疗卫生水平等情况。对于这三个指标，可以分别进行评价打分，然后加权平均，得出每一个国家和地区的得分，最后再排队比较。应该说，这三个指标具有一定的综合性，可以用来反映多方面的情况，因而比较科学。而且，它克服了指标体系的操作难度，具有可操作性。但当用这套指标对一些国家和地区进行测算时，却发现它与人均国民生产总值指标的水平并不吻合，有些国家人均国民生产总值高，而物质生活质量指数却较低，另一些国家的人均国民生产总值并不高，但物质生活质量指数却较高。例如，1984 年在对 16 个欠发达国家和地区的测算中，我国的人均国民生产总值排在第 13 位，但物质生活质量指数却排在第 6 位，二者相差较大。这就说明，传统的国民生产总值指标固然具有局限性，可用这一指标体系进行弥补，然而，这一指标体系也有它的局限性，它所反映的内容范围过窄，没有包括经济增长指标，特别是有些发展中国家在经济还十分落后的情况下，通过引进先进医疗设备及国际援助，其预期寿命和婴儿死亡率指标却有很大改善，使其物质生活质量指数得分迅速提高，因而并不能准确反映其经济发展和现代化水平。所以，也不能完全用这个指标体系代替上述指标体系。

（3） 联合国的人类发展指数

在莫利斯的物质生活质量指数基础上，联合国开发计划署提出了一个“人类发展指数”，包括识字率、预期寿命、婴儿死亡率和国家预算中军事和民用部分的比例。之所以加上第四个指标，主要是考虑到有些国家和地区的军费开支过大，这就势必影响其经济发展和人民生活水平。一般来说，国家预算中军事部分所占比例越小，越有利于经济发展和提高人民生活水平，否则则相反。以后该指标体系中又加进了环境污染、贫困状况等指标。从 1990 年开始，该署每年都要发布该年度的全世界《人类发展报告》，其所涉及的国家和地区数量不断调整，总的是不断增加。据此报告，1990 年，在所评价的 130 个国家和地区中，我国为第 65 位，恰居中位。到 1997 年，在 175 个国家和地区中，我国居第 108 位，为中下位。1998 年，在 174 个国家和地区中，我国为第 106 位，与上年大致相当。但是，在其中有些单项指标上，我国则较靠前，例如在人均寿命指标上，世界平均为 67 岁，而我国为 70 岁。

（4） 英克尔斯的指标体系

20 世纪 70 年代初，美国学者英克尔斯设计发展中国家现代化指标时，曾提出了现代化 10 项指标。这 10 项指标是：① 人均 GDP 达到3 000 美元以上;② 第一产业增加值在国民生产总值中所占比重至少达到 12% ~15%;③ 第三产业增加值在国民生产总值中所占比重至少达到 45%;④ 非农业人口在总就业人口中所占比重超过70%;⑤ 成人识字率超过 80%;⑥ 大学普及率 10% ~15%;⑦ 城市化率 50% 以上;⑧ 每千人口拥有的医生数为 2 人以上;⑨ 出生时预期寿命 70 岁;⑩ 人口自然增长率 1% 以下。[①] 这一指标体系比较简单,但又抓住了现代化的核心内容,且资料易得,便于比较,因此曾产生了很大影响,被广泛采用。

（5） 世界银行的分类标准

按照我国的表述,当我国达到中等发达国家水平时,就认为基本实现了现代化。但是,何谓“中等发达国家”? 对此并没有一个确切的标准。为此,我们可以参照世界银行在《世界发展报告》中对不同国家的分类标准来进行把握。一般认为,不同国家与地区发展水平与世界银行《世界发展报告》中的国家分类标准的对应关系是:以1997 年美元为准,发达国家即高收入国家的人均 GNP 为 9 656 美元以上;中等发达国家即上中等收入国家的人均 GNP 为 3 125 ~9 655 美元;发展中国家即下中等国家的人均 GNP 为 786 ~3 125 美元;而低收入国家的人均 GNP 为 785 美元以下。而各类国家都是不断发展的,因此其标准也是动态的、不断提高的。据世界银行的《世界发展报告》统计,上中等收入国家的人均 GNP 增长率 1990 年为2.8%,1980 ~1993 年为 0.9%,1985 ~1994 年为 1.4%,1996 ~1997年为 3.2%。如果我们取其年均增长 2% ~2.5% 计算,则到 2020年,其人均 GNP 将达到 7 000 美元左右。以此作为基本实现现代化的标准似较合适。

---

① 引自邹东涛主编:《社会主义市场经济学》,人民出版社 2004 年版,第 393 页。

2. 中国新型现代化的指标体系

（1）江苏省社科院现代化指标体系

2002年，江苏省社会科学院在其完成的《区域现代化的探索》一书中，提出了基本实现现代化的指标体系，赋予各个指标相应的权重，并确定了各指标的目标值，最后计算出全部指标的综合指数，用来测度某个区域基本实现现代化的进程。这一指标体系分经济水平、经济社会结构、国民素质、生活质量、社会协调5大类，下含20个具体指标。其中经济水平现代化类含了4个指标，分别为人均GDP、第三产业增加值占GDP比重、城市化水平和非农劳动者占社会劳动者比重；国民素质优良化类含4个指标，分别为人均预期寿命、6岁及以上人口的识字率、万人拥有大专以上文化者和每千人拥有医生数；生活质量现代化类含4个指标，分别为恩格尔系数、人均摄入蛋白质、人均居住面积和电话普及率；社会发展协调化类含5个指标，分别为人口自然增长率、社会保障覆盖率、失业率、贫富差距和"三废"综合利用率。①

（2）江苏省全面建设小康社会指标体系

如前所述，小康社会是现代化进程中的阶段性目标与成就，小康社会指标体系可以被发展和延伸为中国新型现代化的指标体系。目前，江苏省按照本省实际情况，提出了全面建设小康社会的指标体系及其目标值。整个指标体系包括4大类，共18项25个指标，其中，经济发展类指标包括4项：人均GDP、二三产业增加值占GDP比重、城市化水平和城镇登记失业率；生活水平类指标包括6项：居民收入、居民住房、居民出行、居民信息化普及程度、居民文教娱乐服务支出占家庭消费支出比重和恩格尔系数；社会发展类指标包括6项：R&D经费支出占GDP比重、高中阶段教育毛入学率、卫生服务体系健全率、社会保障、人民群众对社会治安的满意率和城乡居民依法自

① 宋林飞主编：《区域现代化的探索》，河海大学出版社2002年版，第72—74页。

治达标率;生态环境类指标包括2项:绿化水平和环境质量综合指数。

(3) 中国新型现代化指标体系的创新与突破

编制一个中国新型现代化的指标体系,需要考虑现代化空间的差异性,因而需要本土化的新思想、新要求。构建和谐社会、贯彻落实科学发展观、实施可持续发展战略等,都是中国新型现代化的重要指导思想与内容。据此,中国新型现代化的指标体系也应该有进一步的创新与突破,要修改和增加新的指标内容,以落实这些重要理念。

编制一个新型现代化指标体系,还需要充分吸取全球新观念、新成果。近年来,国外学术界关于现代化建设的一些重要理论,也具有重要的借鉴价值。这些理论有:

① 生态足迹与生态赤字理论。这是由加拿大著名学者威廉·瑞斯(Rees)和威克耐格尔(Wackernagel)近年提出的理论,其基本观点是:

生态足迹是通过测定现今人类为了维持自身生存而利用自然的量来评估人类对生态系统的影响。该指标的提出为核算某地区、国家和全球自然资本利用状况提供了简明框架,通过测量人类对自然生态服务的需求与自然所能提供的生态服务之间的差距,就可以知道人类对生态系统的利用状况,可以在地区、国家和全球尺度上比较人类对自然的消费量与自然资本的承载量。威克耐格尔等对世界上52个国家和地区1997年生态足迹进行的实证计算研究表明,全球平均人均生态足迹为2.8hm^2,而可利用的生物生产面积仅为2hm^2,全球人均生态赤字为0.8hm^2。在计算的52个国家和地区中,35个国家和地区存在生态赤字,只有12个国家和地区的人均生态足迹低于全球人均生态承载力。中国1997年的人均生态足迹为1.2 hm^2,而其人均生态承载力仅为0.8 hm^2,人均生态赤字为0.4 hm^2。因此,从全球范围而言,人类的生态足迹已超过了全球生态承载力的35%,人类现今的消费量已超出自然系统的再生产能力,即人类正在耗尽全球的自然资产存量。

区域生态足迹如果超过了区域所能提供的生态承载力，就出现生态赤字；如果小于区域的生态承载力，则表现为生态盈余。区域的生态赤字或生态盈余，反映了区域人口对自然资源的利用状况。

② 社会资本理论。这一理论最初由社会学家迪尔凯姆提出，后由美国著名学者福山在《信任》一书中加以阐发，著名经济学家阿罗、斯蒂格利茨等人都对此作出过许多分析。其基本观点是：市场经济和一切制度体系都建立在信任的基础上。一个成功的社会必定具有丰厚的共识资源，如人人讲求信用，一诺千金，相互的信任，良好的社会关系，和谐的人际关系等，它们构成一个良性运行的社会的社会资本，如同经济的物质资本一样，是不可或缺的资源。它可以起减少社会交易成本、增进发展、发生乘数的效应。如果一个社会市场经济出现衰退或者崩溃，那么大多是因为社会资本的稀缺。因此，吉登斯认为："信任在本质上与现代性制度相联。"①

③ 社会公平理论。在西方国家，社会公平理论源远流长，从英国空想社会主义者托马斯·莫尔，到威廉·配第、庇古、凯恩斯，直至贝弗里奇、艾哈德等人，都对市场经济体制下的社会公平问题作了精辟分析。社会公平理论的精髓在于，在市场经济的发展过程中，在人均物质财富飞速增加的同时，必须高度关注和解决收入分配差距问题。社会财富不能仅仅掌握在少数人手中，供他们享用，而要让尽可能多的人分享这些成果。按照这一理论，瑞典、瑞士、丹麦、挪威、德国等国家建立了"社会市场经济"体制，成为全世界富有代表性和强大生命力的一种市场经济体制模式。

上述理论有很大的科学与合理成分，是全人类的共同财富，也应该成为中国新型现代化的重要内容。根据这些理论，在中国新型现代化指标体系中，应该增加以下几个方面的指标：① 收入差距指标。这一问题也是苏州富民工程中的突出矛盾之一。2004 年，苏州统计

① 吉登斯：《现代性的后果》，田禾译，[南京]译林出版社 2000 年版，第 23 页。

局公布,城市居民可支配收入达到14 451元,但是近60%的苏州市民收入却低于这一标准。"平均数"和"大多数"之间存在着明显的不对称性。经过近30年的演变,我国的GDP、人均GDP以及城乡居民人均收入等指标已经有了很大提高,但是这些指标的背后,却存在着社会成员之间收入差距不断扩大的事实。收入差距包括城乡居民之间、不同地区居民之间、城镇居民内部、农村居民内部、不同行业之间和不同阶层之间等的差距。一般用基尼系数来衡量收入分配差距,不同区间的基尼系数有不同的含义,0.4被认为是收入分配差距的警戒线。目前,我国的基尼系数已经达到0.46,这成为影响构建和谐社会的一个重大隐患。因此,在基本实现现代化的过程中,应该努力控制基尼系数进一步扩大的趋势,并使其降低到合理的区间之内。② 社会满意度指标。人民群众是现代化的主体,也是现代化的受益者,他们最有资格评判现代化的成败得失。他们会从全面的角度,以自己的切身体会来评价现代化,这样就可以矫正和弥补国家机关和专家学者对现代化理解与评价上的偏差。社会满意度指标可通过抽样调查来获得,具体内容可分为满意、基本满意和不满意等几种,调查样本应该有尽可能宽的社会覆盖面与代表性。③ 社会和谐程度指标。这一指标用来测度社会成员之间的信任度与和谐程度,其结果可以通过社会调查获得,例如社会成员之间交往时是否信任对方,也可以通过其他一些社会统计指标来体现,例如合同履约率、欺诈类案件的发生率等。④ 生态平衡指标。这一指标用来测度环境承载限度。例如,某一地区甚至全国的资源、环境所能承载的人口最佳限度、最高限度与现有人口之间的比较,还有资源的调入量、污染的输出量等。⑤ 资源循环利用指标。这一指标用来测度资源的利用程度以及循环经济的水平。例如,农业经济中对人畜粪便、农作物秸秆等资源的循环利用次数与比重,工业经济中对原材料、废弃物的循环利用次数与比重,还有城乡居民生活所产生的垃圾的循环利用程度等。可以设置不同的数值,作为初级循环经济、中级循环经济和高级循环经济的标准。⑥ 自主创新指标。在新全球化时代,经济和社会的开放程度与国际依存度表明一个国家和地区的全球地位；自主创新程度，如自主知识产权的生产能力、转化能力、运营能力和保障能力，研发人员和研发经费占比，风险投资能力，公共技术创新平台建设状况，都表明一个国家和地区的核心竞争力。如果说，苏州率先完成全面小康社会建设还主要是通过“引进来”，表明一个地区借鉴学习高水平的能力，那么，在基本实现现代化阶段，只有自主创新水平的不断提高，才能为“走出去”创造坚实的基础。

以上各种综合指数体系分别是在不同的发展理念与现代化理念指导下提出来的，相互之间有一定的继承与发展关系，根据苏州市目前的实际情况，应该在江苏省所确定的全面建设小康社会指标体系的基础上，再适当吸收其他一些指标体系的长处，予以完善，以使率先全面建设小康社会与率先基本实现现代化能够实现顺利对接。

三、苏州实现“第二个率先”的蓝图与进程
——苏州正处于率先基本实现现代化的起跑线上
——新的五年，新的发力，新的冲刺

改革开放以来，苏州市经济社会快速发展，在全国处于排头兵位置，2003 年 9 月，中共苏州市委九届五次全会作出了《关于学习贯彻“三个代表”重要思想，争当全省“两个率先”先行军的决定》，确定了《苏州市率先全面建成高水平小康社会和率先基本实现现代化主要指标》。按照这一部署，到“十五”期末，即 2005 年年底，苏州市完成“第一个率先”目标，到 2010 年，完成“第二个率先”的目标任务。

1. 苏州现代化建设现状

根据苏州市统计局 2005 年年底对全市率先全面建设小康社会情况的监测与分析，表明到 2005 年年底，4 大类 18 项 25 个指标，已经全面完成时序进度，达标率超过 95%。

根据苏州市统计局对2005年年末经济社会发展情况的监测分析,有20项指标提前达标,取得了新成效。有5项指标离目标值基本接近,分别为:卫生服务体系健全率、城镇居民人均住房建筑面积、居民文教娱乐服务支出占家庭消费支出比重、农村村委会依法自治达标率和森林覆盖率。

从以上数据可以看出,虽然个别指标还有些许差距,有待在基本实现现代化过程中加以解决,但从总体上看,苏州已经达到江苏省全面建设小康社会的要求。这就为“第二个率先”打下了坚实基础。

2. 苏州市率先基本实现现代化进程预测①

(1) “十一五”期间苏州市现代化建设的环境分析

“十一五”期间,苏州市经济社会发展面临的外部环境仍将是机遇大于挑战。经济全球化进入信息、资本全球化的新阶段,国际生产要素流动和产业转移加速;我国社会主义市场经济体制不断完善,国家宏观调控更加成熟,中央鼓励东部地区率先发展,以上海为“龙头”的长三角区域经济更趋融合;苏州市经济总量较大,产业基础较好,市场化程度较高,法制环境比较完善,已成为国内经济最具发展活力的地区之一。这些都为苏州市“十一五”发展提供了有利环境和条件。同时也要看到,全球化背景下各国对资源、市场、技术、人才的争夺进一步加剧,世界经济不稳定、不确定因素增多;国内区域竞争更趋激烈,区域发展格局正在发生重大而深刻的变化;苏州市经济社会发展中还存在着经济结构不完善、城市综合实力不够强、社会事业相对滞后、城乡居民收入水平不高等矛盾和问题,尤其是经济增长方式尚未根本转变,自主创新能力不强,人口环境资源压力增大。我们在前进道路上还面临不少困难和矛盾。

“十一五”是苏州在巩固小康建设成果的基础上逐步向基本实现

① 本部分内容来自《苏州市国民经济和社会发展“十一五”总体规划纲要及2020年远景目标》。

现代化迈进的关键时期。经过“十五”的发展,苏州市已经站在新的历史起点上,进入了工业化转型、城市化加速、经济国际化提升的新阶段。这一时期,既是提升综合竞争力的黄金发展期,又是深层次问题日益显现的矛盾凸现期。我们必须充分认识苏州经济社会发展的阶段性特征,牢牢把握重要战略机遇期,坚持立足于快、服从于好、着眼于新、致力于本,增强率先发展、科学发展、和谐发展的紧迫感和责任感,按照科学发展观要求,转变发展理念,创新发展思路,提高发展质量,抓紧解决发展中的突出矛盾和问题,积极应对各种挑战,努力开创改革开放和现代化建设的新局面,推动苏州在更高平台上实现新的更大跨越。

（2） “十一五”期间苏州市现代化进程预测

在综合考虑上述各种相关因素后,根据预测,到2010年,苏州现代化建设的各项重要指标的预期目标是:

经济发展目标。在优化结构、提高效益、降低消耗的基础上,地区生产总值年均增长12%左右,人均地区生产总值比2000年翻两番,服务业增加值占GDP比重每年上升1个百分点,高新技术产业产值占规模以上工业总量的比重达35%以上,城市化水平达到70%左右,城镇人口登记失业率保持较低水平。经济持续快速健康发展,运行质量和效益明显提高。

经济体制改革目标。创新行政管理体制,深化事业单位和社团改革,着力推进社会管理体制改革,完善现代市场体系建设,建立比较健全的社会主义市场经济体制。

社会发展目标。R&D支出占GDP比重达到2%,高等教育毛入学率达55%,城镇劳动保障三大保险覆盖率达99%,卫生服务体系健全率达到99%,常住人口总规模控制在1 000万人左右。社会事业全面进步,社会保障体系更加完善,公共服务体系更加健全。民主法制、精神文明建设全面加强,构建和谐社会走在全国前列。

人民生活目标。城镇居民人均可支配收入和农村居民家庭人均纯收入分别达到24 000元和13 000元,恩格尔系数小于0.35,人民生活整体比较富裕，收入差距逐步缩小，价格总水平基本稳定，生活环境、生活质量和社会文明程度显著提高，基本实现城乡一体化。

资源利用和生态环境目标。单位生产总值能耗比“十五”期末降低20%左右，万元GDP水耗低于150立方米，万元GDP建设用地年均下降5%以上，基本农田保护面积不少于21万公顷；城市生活污水集中处理率达85%以上，市区建成区绿化覆盖率达到42%，环境质量综合指数达到90。主要污染物排放总量明显下降，生态环境持续改善，资源利用效率显著提高，可持续发展能力进一步增强。

到2010年，全市经济社会发展总体达到省基本现代化目标要求。

到2020年，苏州市主要经济指标达到当时世界上中等收入国家和地区的较高发展水平，高新技术产业和现代服务业得到进一步发展，科教能力得到进一步提高，R&D支出占GDP比重达3%左右，城乡居民收入比“十一五”期末增长1倍以上，人口总规模控制在1 200万以内，全面实现高等教育普及化。资源消费水平进一步下降，生态环境质量进一步改善，建设新的水乡生态园林城市和政治民主、公平正义、诚信友爱、充满活力、安定有序、人与自然和谐相处的“和谐苏州”。

现代性的核心是为改善和提高生活水平而奋斗：过得更好，做得更好，得到的更好。

——鲍曼

现代性趋向稳定，而现代化导致不稳定。

——亨廷顿

【第六章】苏州率先基本实现现代化宏观问题分析

苏州已经站在了历史新的高位起点上。在经历了气势恢弘的全面小康社会建设洗礼、艰难的经济转型与辉煌建设之后，苏州人终于再一次实现了历史的跨越。孕育着新的品格、新的素质、新的观念和新的语言的苏州人，满怀着希望与欢欣，带着创新奋斗的冲动，疾步走向率先实现现代化的明天。然而，在苏州的“两个率先”之间并没有平坦大道相接。在全球化和区域化竞争日益尖锐化的今天，在资源和环境供给约束日益趋紧、富民呼声日益强势的苏州，利用外资借以发展、成为国际制造业加工基地的“第二波模式”几乎已走到尽头。吉登斯说过：简单现代性是一条直线，而反思现代性却具有“自反性”，它可以不断地因时、因地转换现代性的策略与模式。以科学发展观统领“两个率先”的要求，使我们在冲刺现代化过程中不再是原有发展轨道的加速，而是面临一种断裂，一种转轨，一种经济与社会发展模式的重新创造。制造业需要自主创新和现代服务业的支撑，强市需要富民的先导，提高生活质量呼唤碧水蓝天。科学发展要求“第三波模式”，苏州正处在这两波的交替和转型中，因此，一系列突显的矛盾需要苏州人去面对,一个个制约“瓶颈”等待苏州人去克服,一条条鸿沟需要苏州人去跨越。率先,首先意味着率先遇到矛盾、遇到问题,意味着比别人率先付出更高的代价。

一、苏州发展水平的国际比较

——苏州如果是一个跨国公司,其经济总量勉强可以排进世界500强的前列

——苏州需要进一步提高人口素质、优化人口结构和扩大对外开放程度,成为新全球化时代的高端成员

——公共物品供给能力持续走高,城市管理成本却大幅上扬

它山之石可以攻玉。

2004年苏州GDP为3 450亿元。同年,排名世界第一的沃尔玛公司的营业额,折算成人民币为苏州全市GDP的6.9倍。如果把苏州经济实力虚拟成一个公司,勉强可以排进世界500强的前列。我们不禁要问:苏州在国际比较中究竟会有什么样的地位呢?离上中等收入国家水平还有多远?

1. 经济实力和经济结构比较

尽快提升综合实力,提高人们的生活水平,是各级政府的愿望和目标。GDP是宏观经济中最受关注的经济统计数字,因为它被认为是衡量国民经济发展情况最重要的一个指标。按照2004年苏州市统计局公布的数据,2004年苏州按当年汇率折算的人均GDP为7 007美元,超过墨西哥886美元(以下国际数据未特别说明均为2003年数据)。从这个数据看,苏州似乎已经超过了上中等收入国家平均水平。但是如果算上暂住人口,苏州人均GDP大约为4 600美元,仅为发达国家平均水平的15.5%,比马来西亚多502美元;为韩国的37.1%,新加坡的21.8%,美国的12.5%。如果苏州国内生产总值减去生产税和进口税净额,减去支付给国外的雇员报酬和财产收入,加来自国外的雇员报酬和财产收入,虽然已经超过下中等收入国家人均国民总收入1 490美元,但是离上中等收入国家人均国民总收入5 440美元尚有较大的距离,显然这更接近实际情况。见表6-1,表6-2。

表6-1　　　　人均国民总收入(美元)

国家和地区	1990年	2000年	2001年	2002年	2003年	2004年
苏州(人均GDP,按户籍人口计算)	800	3 224	3 671	4 317	5 762	7 007
苏州(人均GDP,按含暂住人口估算)						4 689
世界平均	4 060	5 220	5 180	5 130	5 510	
低收入国家	360	380	390	400	440	480
最不发达国家	300	280	280	290	310	
重债穷国	350	280	280	280	300	
中等收入国家	1 210	1 750	1 750	1 770	1 930	2 290
下中等收入国家	1 010	1 320	1 300	1 350	1 490	1 770
上中等收入国家	2 830	5 220	5 370	5 160	5 440	
中、低收入国家	870	1 160	1 170	1 180	1 280	1 470
东亚和太平洋	420	840	890	950	1 070	1 250
欧洲和中亚		2 030	1 990	2 180	2 580	3 300
拉丁美洲和加勒比	2 260	3 710	3 570	3 320	3 280	3 530
中东和北非	1 770	2 130	2 200	2 210	2 390	
南亚	380	440	450	460	510	560
撒哈拉以南非洲	550	480	470	450	500	600
高收入国家	19 760	26 920	26 760	26 570	28 600	
非经合组织成员国	20 300	27 520	27 390	27 220	29 360	
经合组织成员国	9 910	16 990	16 440	16 060	16 330	
中国(世界银行统计数据)	320	840	900	970	1 100	1 230

注:国民总收入指国内生产总值减去生产税和进口税净额,减去支付给国外的雇员报酬和财产收入,加来自国外的雇员报酬和财产收入。

表 6-2　　人均 GDP(美元)

国家和地区	1990 年	2000 年	2002 年	2003 年	1991 至 2003 年年平均名义增长率(%)
世界平均	4 128	5 215	5 241	5 813	2.7
低收入国家	348	392	417	477	2.4
中等收入国家	1 305	1 806	1 814	2 015	3.4
高收入国家	19 942	26 673	27 074	30 184	3.2
爱尔兰	13 492	24 848	30 973	38 487	8.4
美　国	23 064	34 599	36 165	37 648	3.8
日　本	24 606	37 409	31 181	33 713	2.5
英　国	17 191	24 445	26 401	30 253	4.4
德　国	21 041	22 750	24 071	29 115	2.5
新加坡	12 111	22 767	21 200	21 492	4.5
以色列	11 264	18 358	15 871	16 481	3.0
墨西哥	3 157	5 934	6 432	6 121	5.2
南　非	3 182	2 910	2 345	3 489	0.7
俄罗斯联邦	3 485	1 784	2 399	3 018	-1.1
巴　西	3 122	3 538	2 641	2 788	-0.9
罗马尼亚	1 650	1 651	2 098	2 619	3.6
泰　国	1 535	2 021	2 058	2 305	3.2
中　国	310	856	989	1 097	10.2
菲律宾	726	991	975	989	2.4
印度尼西亚	642	728	817	970	3.2
印　度	373	450	487	564	3.2
苏　州	800	3 224	4 317	5 762	16.4

注:人均 GDP 和增长率根据有关资料计算,中国数据为世界银行数据,苏州按户籍人口计算。

购买力平价法是国际组织用于国际比较的一个重要方法,简而言之,就是在国家之间相互比较时,由于各国所使用的货币单位不同，要通过一个价格折算因子将这种差异剔除，而对实物量进行比较。按照世界银行世界发展指标数据库，中国按购买力平价法计算的国内生产总值已经达到了 5 003 国际元，比低收入国家平均水平高 1.3 倍，接近下中等收入国家 5 580 国际元的水平；以类似价格同比例推算，苏州 2004 年的人均 GDP 为 21 456 国际元，超过 2003 年上中等收入国家平均水平的一半，但是与高收入国家平均 29 570 国际元还有 27.4% 的差距。

从以上分析可以判断，无论是直接比较还是通过购买力平价法进行比较，苏州的发展水平均相当于中等国家的水平。但是客观地说，由于外源性经济对苏州经济总量的贡献份额在 40% 左右，苏州离上中等收入水平还有一定的差距。

世界平均 GDP 三次产业结构是 3.8：28.3：67.9（2001 年），苏州 2004 年三次产业结构是 2.2：65.7：32.1。从第一产业比重来看，苏州为 2.2%，已经接近了高收入国家 1.8% 的水平；但是从第三产业看，中等收入以上国家的第三产业比重均超过 50%，苏州第三产业比重仅为 32.1%，低于各种不同收入国家的平均水平，甚至低于全国平均水平。苏州是世界城市中一个个案，由于抓住了国际制造业转移的重要机遇，顺应了工业化进程演进规律的现实选择，对最近阶段苏州经济高速发展起到了重要作用，服务业增加值从绝对值来看虽然也有较大增长，但是增长幅度远低于制造业扩量增长幅度，因此，比重始终较为落后。从较大的服务业总量和比较劳动生产率分析，苏州服务业与制造业处于低水平协调状态。服务业发展与制造业发展相互依存，较低水平的制造业发展为服务业进一步发展既提供了巨大需求和发展空间（与制造业配套的工业服务业），同时也不同程度制造了障碍。苏州正处于工业化中期向后期迈进的关键时期，离后工业化、知识经济时代还有较长路程，提高制造业水平才能为服务业发展创造有利条件。见表 6-3。

表 6-3　　2003 年 GDP 产业构成(%)

国家和地区	第一产业	第二产业	第三产业
世界平均(2001 年)	3.8	28.3	67.9
低收入国家	24.1	27.4	48.5
中等收入国家	9.6	36.2	54.2
下中等收入国家	11.3	36.9	51.8
上中等收入国家	6.1	34.6	59.3
中、低收入国家	11.6	35.0	53.4
东亚和太平洋	14.4	49.3	36.3
欧洲和中亚	8.3	30.8	60.9
拉丁美洲和加勒比	7.1	26.7	66.2
中东和北非	10.5	42.8	46.7
南亚	22.4	26.2	51.4
高收入国家(2001 年)	1.8	26.9	71.3
非经合组织成员国(2001 年)	1.1	27.4	71.5
经合组织成员国(2001 年)	1.9	26.9	71.2
中　国	14.4	52.2	33.4
苏州(2004 年)	2.2	65.7	32.1

作为正在快速发展的城市,苏州具有相当大的速度优势,1990 年至 2004 年,苏州 GDP 的年平均增长速度为 15%;世界、发达国家和发展中国家 GDP 的年平均增长速度分别为 3.2%、2.4%、4.2%。2004 年苏州 GDP 增速高达 17.6%,分别比发达国家和发展中国家的速度高出 14.3 个百分点和 10.3 个百分点。从这个发展速度来看,苏州的经济实力将在不远的将来有希望追赶上中等收入国家的水平。

2. 人口资源及开放性比较

苏州人口结构的二元化倾向比较明显，户籍人口数据类似于发达国家，而外来人口则呈现典型的发展中国家特点。苏州人口的自然增长率控制得比较好，仅为1.12‰，虽然不像欧洲很多国家那样出现负增长，但远低于2003年世界11.7‰的水平。苏州2004年平均人口预期寿命达到了78.08岁，比世界平均水平高11.3岁，超过美国0.6岁，在世界银行数据库44个国家和地区中可以排到第13位，类似于发达国家。由于低出生率和预期寿命的延长，在户籍人口中，苏州也像发达国家那样出现了人口老龄化问题。另一方面来看，近几年，苏州外来人口的大量涌入，造成惊人的人口机械增长，据公安部门统计，2004年当年暂住人口就增加了27%。外来人口大多比较年轻，为苏州带来了新的发展活力，但是，大多是低教育水准，高生育率，难以纳入全面的保障，是苏州进一步发展必须重视的大问题。目前，户籍人口与暂住人口的比例已经达到了1.8∶1。

2004年苏州的人口密度为705人/平方公里，是世界人口密度的14.7倍，分别是美国和日本的22.1倍和2倍。苏州国土面积为8 488平方公里，2004年人均耕地面积仅为0.64亩，仅为世界平均的五分之一左右，分别为发达国家和发展中国家的6.8%和27.8%，说明苏州的土地资源非常珍贵。

世界银行数据显示：2002年，美国单位能源生产的GDP为4.35国际元/千克标准油（国际元的购买力等于美国1美元购买力），能源效率最高的香港地区单位能源生产的GDP则可达10.58国际元/千克标准油。如果不考虑以购买力平价法计算，苏州的单位能源生产的GDP大约为1.8美元/千克标准油左右，与处于排名倒数第二、第三的乌克兰和俄罗斯大致相仿。考虑以购买力平价法计算，则苏州单位能源生产的GDP超过绝大多数发达国家和地区，接近意大利的水平，但与香港地区有四分之一左右差距。苏州作为一个城市，与功能齐全的国家或地区在能源效率上具有一定的不可比性，但是，按照苏州“十一五”规划纲要，五年下降 20% 的预期也是需要不懈努力的。

苏州经济开放程度非常之高，开放型经济指标占 GDP 的比重已经大大超过了世界上绝大多数国家和地区。外来直接投资占 GDP 的比重达到 12.1%，分别超过发达国家和发展中国家 10.8 个百分点和 9.7 个百分点，在参加比较的十多个国家中，唯一超过苏州的是新加坡，达 12.5%。与发达国家对外直接投资占 GDP 比重达到 1.94% 相反的是，苏州对外投资极少。苏州货物进出口贸易的总额占全市 GDP 的比重高达 247.6%，而发达国家仅为 29.5%，苏州的情况与东南亚国家联盟地区类似，后者的比重高达 123.6%，而北美自由贸易区也仅占 22.9%，货物出口也有类似情况，苏州的占比为 121.8%，说明苏州已经加入全球经济循环之中，但是，相对于庞大的经济来说，内需相对较弱，进料来料加工特征明显。

2004 年苏州接待境外游客人数为 130.16 万人，与户籍人数之比达到了 21.9%，超过了世界 10.9% 的平均水平，也超过了中等收入国家 7.4% 的平均水平，但是与发达国家 44.5% 还有很大的差距。相反，苏州出境的游客比较少，而发达国家的出国旅游人数与国外到达的游客人数的比例为 0.9∶1，反映了苏州居民的生活水平还不高。从以上比较可以看出，苏州的开放倾向于单向依赖境外，很容易失去经济发展的主动权。

3. 社会发展比较

2005 年 11 月 8 日，目前国内建成的最长的绕城高速公路在苏州全线通车，188 公里的一个环，圈进了 1 150 平方公里核心区，重绘了苏州的经济版图，改写了苏州的城市生活，也划出了一个大苏州的都市圈。

绕城高速公路的完工，标志着苏州“十五”期间的交通设施建设基本结束。“十五”期间，苏州全面加快交通基础设施建设步伐，先后投资 216 亿元建起了“一纵”，即全长 100 公里的苏嘉杭高速公路；

“二横”,即总长147公里的沪宁高速和沿江高速苏州段公路;“一环”,即全长188公里的绕城高速公路;“二射”,即苏沪高速和苏昆太高速公路。到2005年年底,苏州进入上海市的高速公路车道达到了26个,到南京有14个,到杭州有4个,到苏北有4个。苏州古城区通往东西南北方向的四大交通“瓶颈”基本打通。

5年间,苏州还投入近100亿元资金,建成了总长200多公里的苏虞张一级公路、苏震桃一级公路(一期)、锡太一级公路和沿江高等级公路。这些公路与高速公路互相沟通,形成了完整、快速的棋盘状交通网络格局,使全市的公路密度进一步提高。农村交通基础设施全面提升,投资100多亿元改造和新建了2 000多公里通往乡镇和行政村的农村公路,区域内从市到县级市、到镇和行政村,全部实现了二级以上公路的连接,农村公路的通达率和灰黑化率全部达到100%。其中全市二级以上公路里程达到3 266公里,占全市总公路里程7 132公里的比重达到了46%。县乡村公路网的建成,使全市1 249个行政村中目前已有1 180个村通上了公交车。

超前的交通基础设施,为千百年来以小桥流水而著称的苏州带来了前所未有的发展机遇,外商投资纷至沓来。特别是在沪宁、苏嘉杭和绕城等高速公路的沿线,聚集起了苏州工业园区、苏州高新区、昆山经济开发区、吴中经济开发区、吴江经济开发区和昆山国际商贸中心等15个国家级、省级经济开发区,截至2005年10月底,已经有101家世界500强企业落户苏州。

苏州交通建设取得了骄人的业绩,作为一个平原城市,苏州的公路交通网络超过了几乎所有国家和地区,每平方公里的公路长度达到7.32公里,比发达国家平均水平高出许多倍,比日本高出1.36倍,甚至比新加坡还要高出58.9%。

电话通信在苏州已经完全普及,按照户籍人口计算的每千人拥有移动电话达到821部,超过了发达国家708部的水平,加上暂住人口,苏州每千人拥有移动电话达到530部,与美国543部非常接近。2004年苏州国际互联网用户达到了57.2万户,每千人95.5个,而高收入国家和中等收入国家分别为376.8个和115.9个，苏州离中等收入国家还有一定差距，与高收入国家差距更大。2002年高收入国家的计算机普及率达到了466.5台/千人，中等收入国家为42.9台/千人，苏州城乡家庭的计算机普及率为每百户32.4台，低于中等收入国家的平均水平，而且，苏州人上网的比例并不高。

2004年苏州研究与发展（R&D）经费支出占GDP的比重为1.35%，与2002年世界2.4%的平均水平有较大差距。西方主要发达国家均保持很高的比例，从2002年的情况来看，R&D占GDP的比重超过2%的国家主要有：以色列和日本分别高达5.1%、3.1%，美国为2.7%，德国和韩国为2.5%，法国为2.3%，新加坡为2.2%。苏州要打造自主创新型城市，必须提高R&D占GDP的比重。

2004年苏州专利申请数为4 687项，每万人为7.8项，低于2002年高收入国家本地居民申请数1项左右，但是，苏州的专利并非完全是本地户籍居民申请的，如果算上非本地户籍居民，则世界平均每万人申请数比苏州高出1.8倍。另外，值得注意的是在苏州专利申请量中，仅有12.4%为发明专利，而外观和实用新型专利则分别占了37.5%和50.1%，自主科技创新的成分严重不足。

2004年苏州每千人拥有医生数为2.01人，已经超过中等收入国家2001年1.9人的水平，但是离2000年高收入国家3.8人的水平相距甚远，与日本2002年2人的水平比较接近。2004年苏州千人拥有医院床位数为2.48张，仅略高于全国2002年的2.3张，与高收入国家2000年的7.4张和中等收入国家1997年的3.7张差距很大。

2001年全世界大学生粗入学率为25.6%，苏州2004年达到了50.1%，介于2001年中等收入国家22.4%和高收入国家65.8%之间，如果不算上外来人口，苏州的基础教育已经达到了高收入国家的水平，高等教育开始进入了普及化阶段。

二、“十一五”基本实现现代化“瓶颈”因素分析

——从苏州组装到苏州制造再到苏州创造，提高自主创新能力的道路修远而漫长

——经济总量持续跃迁，并没有带来老百姓收入的同比增长，原因是复杂的

——各种物质资源供给的硬约束，逼迫苏州率先实现经济增长方式的转换

1. 自主创新能力不强

“世界工厂”里正发生着什么？

近年注册外资雄居全国第一的苏州已成为著名的“世界工厂”，但仔细审视这间“工厂”，似乎又少了些什么：即便是全球高技术产品，但具有高技术含量的高端处理环节并不在苏州完成，本地提供的仅仅是低端技术和加工劳动，没有自主知识产权，没有自主知名品牌，连做衣服都是贴的人家的牌子，赚的是极其低廉的加工费，扮演的是挣钱最少的打工者角色。号称聚集了无数电脑生产企业，名义上是高科技产业，实际上与研发、设计无缘，装配女工长时间坐着一动不动，从事的是简单重复的装配工作，只能说是高科技产业链条末端的劳动密集型产业环节部分。

如此悬殊的差异性分配意味着：自主创新是实现经济跨越发展的必由之路。就拿制造业来说，如果苏州人每向上跃进一个环节，那么苏州人的收入就呈现几何级数的增长。如果苏州人能够在总产品类别中原创性自主知识产权占有1%，在再创新中占5%，在新品研发中占10%，那么苏州人的经济收入将会翻10倍。

新型现代化的产业经济基础在于新型工业化；而新型工业化的基础在于科技，以信息化带动工业化、改造工业化、提升工业化，科学技术是第一生产力；而科技的灵魂又在于创新。苏州市第九次党代

会明确提出了建设国际新兴科技城市的目标。但凡国际新兴科技城市,必然是一个科技创新尤其是自主创新持续活跃,不断为经济发展提供有力支撑的城市;也只有通过自主创新能力的显著跃升,一个城市才可能经常地产生具有重要价值的研发成果,为经济发展提供用之不竭的动力。

发达国家和地区的经验表明,科技创新是推动经济腾飞的决定因素。纵观历史,社会生产力的每一次飞跃无不源自科技的重大创新与突破,科学技术水平决定着经济社会发展水平。产业结构调整升级的过程,同样也是科技创新及其产业化的过程,从农业、制造业到现代服务业的发展和知识经济的兴起,都是科技创新的结果。事实上,正是由于走了创新发展的道路,原来的"欠发达国家"才得以实现赶超。借助以科技创新为标志的工业革命,以前发展水平不如我们的西欧国家步入世界经济的前列。美国在吸收全世界科技精华、实施自主创新的基础上,发展成为超级大国。"硅谷"的出现说明,科技创新依然是美国最重要的经济源泉和综合竞争力的基础。韩国是在学习世界先进技术和经验基础上推动经济腾飞的典型。其汽车工业10年内发生了从引进技术到自成品牌的质变,移动通信产业4年内完成了引进技术基础上的消化吸收再创新直至产业化,在半导体、钢铁、造船和高速铁路等领域,它的技术水平也跻身世界前列。目前,韩国的综合科技创新能力已跃居世界第五位。我国台湾地区,也因为把握住了电子信息等高新技术产业发展的机遇,不断增强自主创新能力,从而实现了经济的持续高速增长。

凡是国内经济发达的城市,都将科技创新摆上重要位置并在自主创新上抢先取得了突破。上海把科技创新作为城市发展的"华山一条路",制定了以持续提高创新能力为核心内容的中长期规划,近年来又实施"聚焦张江"等策略,进一步集聚科技资源。它在国家创新基金中的立项数已从1999年的全国第九位上升到2004年的第二位,张江、紫竹、漕河泾、闵行等高技术开发区成为世界500强在中国最集中的地区,跨国公司设立的研发中心达到172家,在物理学、生命科学、材料科学、信息技术等领域涌现出一大批原创性科技成果。深圳立足建设创新型城市，已发展成为国内自主创新活力最旺盛、自主创新企业最多、拥有自主知识产权的高新技术产品产值最高的城市。目前，深圳建立了80个工程中心和实验室，国际专利申请量居全国第一，同时它还是全国最大的高新技术成果交易中心。近年来，华为、中兴、比亚迪等自主创新企业迅速成长为“航空母舰”，高新技术产品产值占到规模以上工业总产值的一半，经济效益居全国领先水平。可见，只有增强自主创新能力，才能在激烈的竞争中赢得主动，城市的发展才会保持持久的活力。

目前，苏州经济总量大、增长快，但是效益并不理想，说明经济总体上还处在数量型、粗放型的发展阶段，没有实现经济增长方式的根本性转变。与一些先进城市相比，产出水平有差距。2004年，苏州市单位土地面积产出的GDP为4 064万元/平方公里，低于上海的11 749万元/平方公里，更低于深圳的17 526万元/平方公里；单位GDP电耗为1 317千瓦时/万元，是上海的3倍多，电力消耗总量甚至超过香港。相对粗放的经济增长方式必然带来土地资源紧张、能源供给短缺、环境压力加大、外来劳动力急剧扩张等问题。转变经济增长方式，根本之举在于科技进步；而自主创新又是源源不断增加科技要素供给的主要途径。所以，唯有依靠自主创新，加快形成全新的经济组合和经济形态，才能适应经济既快又好发展的要求。

苏州实施自主创新存在着许多有利条件：

经济基础较好。经过改革开放20多年来的发展，苏州经济总体水平处在全国前列，并积累了巨大的物质财富，既为创新成果的应用开辟了广阔的空间，更为实施自主创新奠定了扎实的基础。制造业已建立起较为完善的体系，基本形成以企业集群为特征，以产业功能区为增长极，沿“两轴三带”展开的新格局，为自主创新提供了有力的支撑。尤其是高技术产业迅速成长，不仅积聚了自主创新的内在需求，而且成为自主创新的摇篮和重点领域。

开放优势明显。苏州开放型经济起步早、发展快，企业身处国际市场竞争之中，直接了解国外科技、产业发展动态和市场变化，便于选择自主创新的方向和重点。通过大规模引进国际资本、先进技术和管理经验，显著提升了制造业的层次，使苏州能够在更高的平台上实施消化、吸收和再创新。目前，已有多家著名跨国公司在苏州设立研发机构，推动研发活动的本土化，获得具有自主知识产权的创新成果。

民营企业迅速崛起。占全市规模以上工业企业半数的民营企业，经过多年“跌爬滚打”，开始进入以质取胜、增量升级的新阶段，它们既为自主创新提供了基本需求，又正在成为自主创新的承担者。民营企业市场敏感度高，自主创新的重点明确，更有利于科技成果转化为现实生产力。一批具备资金、人才等研发条件的优势企业，科技带头作用越来越显著，具有自主知识产权的产品也越来越多。随着经济发展动力由资本驱动向技术驱动转变，民营科技企业将是实施自主创新最具活力的群体。

科技服务初具体系。近年来，苏州各级政府大力构筑创新、创业和产业化平台，全市已初步形成涵盖技术研发、技术贸易、技术融资、创新孵化等领域的综合服务体系。如先后设立的20多家省、市工程技术研究中心，中科集成电路设计中心，软件测试中心，新药创制中心等，不仅带动了关键领域的技术研发，而且为中小企业提供示范、支持和服务，改善了自主创新的技术手段。20多家科技企业孵化器、创业园，促进了成果孵化，成为自主创新企业的密集区。

创新源不断增多。企业是自主创新的主要源头，并取得了一批技术含量高、市场前景好、产业关联度大的创新成果。近5年来，苏州获市级以上科技进步奖的成果有831个，实施国家火炬项目262个，获得授权的发明专利达422项，其中不少项目有可能通过进一步的集成创新实现产业化。苏州企业已与全国100多家高等院校、科研院所建立了250多个产学研联合体，并在技术转化、成果推广、人才培养以及研发中心、产业基地建设等方面实施了1 000多个合作项目，促进了科技成果的转化。

但是,苏州实施自主创新也存在不少制约因素。

科技投入不足。首先看反映科技创新经费投入总量水平的指标“全社会研究开发经费占地区生产总值的比重”,2004 年苏州为1.35%,低于全省平均水平(1.38%),也低于南京(3.57%)、常州(1.67%)、无锡(1.54%),以及上海(2%)、深圳(3.67%)等城市。其次看反映政府投入的指标“政府科技拨款总额”,2004 年苏州市级科技三项经费为5 938 万元,低于无锡(1.53 亿元)、南京(1.02 亿元)、常州(5 996 万元),与深圳(7 亿元)、东莞(3 亿元)相比差距更大。再次看反映金融对科技直接支持的指标“科技与技改贷款占银行贷款余额的比重”,2004 年苏州为1.26%,列全省各省辖市第12 位。

创新人才缺乏。2004 年江苏省科技统计监测情况表明,苏州每万人中科学家、工程师人数为347 人,低于南京(427 人)和无锡(381 人),与上海、深圳差距更为明显;研究开发人员占全部科技人员的比重为3.8%,不如南京(6.3%)、常州(6.3%)、无锡(4.9%)。高层次、高技能人才特别是研发一线人才紧缺,制约着苏州创新能力的增强。

企业创新能力较弱。2004 年苏州大中型工业企业科技活动经费总额为82.4 亿元,仅占销售产值的1.15%,其中用于研发的经费为30.7 亿元,只占销售产值的0.43%。苏州大中型工业企业中建有技术中心、研发中心等科技机构的共163 家,仅占15.2%,从事科技活动的人员也只占到职工总数的3.4%,其中拥有中高级职称的人员所占比例为2.1%。

科技服务功能不强。主要表现为资源尚未得到有效整合、队伍整体素质偏低、骨干型科技服务机构缺乏。2004 年,苏州科技服务业营业收入为11.7 亿元,约占GDP 的0.3%;中介服务营业收入占科技服务业收入的比重仅为14%;技术市场合同交易额为3.5 亿元,低于无锡(36.2 亿元)、南京(23.9 亿元),与深圳(142 亿元)、上海(125 亿元)相距甚远。在苏州的高校、科研院所对企业自主创新提供的服务和支撑相对不足。科技服务平台建设主要依靠政府推动，市场化程度不高。

2. 老百姓收入还不高

如何评价苏州人收入水平的正常值？

2004 年苏州人均 GDP 达到 57 992 元，在全国各大城市中居前列。但是，大多数苏州人觉得生活质量的提高没有经济发展得快。

通常，人均 GDP 与人均可支配收入的关系大致是后者为前者的 75%。而苏州 2004 年城市居民人均可支配收入只有 14 451 元，只占人均 GDP 的 25%。这个悬殊的差距表明：居民可支配收入增长远低于经济增长。同时，对人均可支配收入与人均消费性支出之间进行比较也可发现，居民的大部分收入都用于消费性支出了。2004 年苏州市区人均消费支出为 9 783.07 元，占人均可支配收入的 68%。再加上近年苏州房价、水电气等价格快速上升，导致生活成本激增。因此，尽管居民的可支配收入在增加，生活成本的快速增加部分地抵消了可支配收入的增长，因而没有显著地改善或提高他们的生活质量。

苏州人的收入到底高不高？

通过对国内 31 个大中城市 1999 年到 2003 年部分统计指标的跟踪，苏州人均 GDP 年增幅高达 19.24%，远高于 31 个城市 10.08% 的平均水平。1999 年，苏州城市居民的人均可支配收入排在第 10 位，2003 年后退了一位，同深圳的差距由 11 834 元扩大到了 13 575 元。农民人均纯收入指标从第 4 位上升到第 2 位，但同深圳的差距由 2 823 元扩大到了 4 665 元。而且农民纯收入 5.92% 的年增幅低于 31 个城市 6.32% 的平均增幅。苏州两项居民收入同人均 GDP 增幅之差都是 31 个城市中最高的，可以说经济高速增长带来的实惠，老百姓并没有全部享受到。

同几个直辖市相比，苏州农民的收入相对而言是最高的，但来自一产的收入却是最低的，从某种程度上反映出苏州农民的收入与土地的增值出现背离。和上海相比，在收入差不多的情况下，农民人均生活消费支出却低了1 000多元,反映了苏州农民的消费水平较低以及对未来收入预期的不确定性。

长江三角洲地区作为中国经济最发达的地区,各城市之间具有一定的可比性。苏州城市居民的收入在这一地区并不突出,工资性收入、财产性收入、转移性收入的差距并不太大,主要的差距体现在经营性收入中。从经营净收入水平看,2003 年长三角地区 15 个城市人均达到 564 元,其中,列入前八位的依次是:嘉兴市 972 元,常州市 955 元,两者均已迫近千元大关,舟山市 903 元,无锡市 889 元,宁波市 628 元,扬州市 553 元,绍兴市 525 元,南通市 478 元。通过排序可以发现,15 个城市中经营净收入水平在 800 元以上的有 4 个市,500 元~800 元的有 3 个市,400 元~500 元的有 4 个市,苏南五市中除常州、无锡较高外,镇江、南京、苏州三市均不足 300 元,排名最后三位。江苏 8 市平均水平为 521 元,浙江 6 市平均水平则达到 653 元,高出江苏 25.3%;而前八位城市中,江苏、浙江各据一半,江苏 4 市平均水平为 719 元,浙江 4 市平均水平为 757 元,高出江苏 5.3%。差距是实实在在的。

苏州人要富起来难在哪里?

政策和观念存在误区。长期以来,我们在经济发展中过分突出 GDP、财政收入、利用外资等经济指标的地位,而相对忽略了城乡居民收入、社会保障、环境保护等社会指标的地位,二者出现脱节现象。就业岗位和从业人员增加的速度低于经济增长的速度,造成隐性失业逐渐显性化,城镇新增劳动力、失业下岗人员再就业、农村劳动力转移、各类大中专毕业生等形成了巨大的就业压力。苏州经济高速增长并未带来就业岗位的同步增加,而对于苏州市城乡居民来说,工资性收入是收入的主要来源。

社会财富分配比例不尽合理。自 20 世纪 90 年代初起,在国民经济的初次分配中,居民收入增长与经济总量增长之间是不同步、不平衡的,苏州居民收入所占比重偏低。从横向比较看,苏州的分配比例也是较低的。如 2002 年,在创造的每 1 元地区生产总值中,广东居民可得42.4%、浙江居民可得39.1%，而苏州居民仅得36.7%。2002年广东最终消费占GDP比重达56.9%，高出苏州29.1个百分点。苏州GDP分配中，总体格局是，财政收入和投资者利润部分所占比例过大，工资等要素所占比例过小。在财政收入中，贡献给中央及省级财政部分多，留给地方财政部分小；投资者利润所占比例过大，且大多为外商，流出本市；工资等要素部分所占比例过小，且很大一部分来自外地打工者，同样将部分流出。这种分配格局决定了苏州所创造的巨额GDP在分配中，真正留给本市居民及财政用于调节居民收入分配的部分过小，出现GDP等指标与人均收入指标背离的现象。

个私经济发展滞后。发展个私经济，对于提高城乡居民收入水平有着极为重要的意义。发展外向型经济虽有利于扩大就业和提高当地财政收入，但外向型经济依靠的是当地的廉价劳动力，虽然它为当地贡献了GDP，但其产生的利润属于资方，对提高当地大众居民的收入水平作用有限。与发展外向型经济相比，发展个私经济对富民工程更有促进作用。

在发展个私经济方面，苏州起步较晚，明显落后于浙江。浙江从改革开放之初就坚定不移地发展个私经济，而江苏直到2000年才首次将个私经济列入全省发展战略，由此带来个私经济发展相对滞后。从经济规模看，在2002年，浙江全省个体私营经济增加值达2 935亿元，加上其他混合经济成分，占全省GDP的比重为51.4%，个私经济已占浙江经济的半壁江山，成为浙江最具特色的经济成分。而苏州尽管近两年个私经济发展迅猛，但其占经济总量的比重还不到25%。从企业规模和效益来看，与浙江、广东比有不小的差距。

由于发展滞后，因而形成了苏州"打工的多、当老板的少，小老板多、大老板少"的状况。苏州每68个就业者中只有一个老板，而广东一个县级市每16个就业者中就有一个老板。在外闯荡的100万温州小老板每年春节一次性汇回温州超过100亿元，而在温州打工的100万外地人一次性仅从温州汇出4.5亿元，"老板经济"明显强于

"打工经济"。

3. 经济社会发展还没有实现可持续

谁动了苏州人的"奶酪"?

苏州开放型的经济形态、社会格局,新增大量就业岗位,但未必让苏州人拥有。

从土地到空气,一个城市的公共资源对人口的承载力是有限的。400 万甚至将来会更多的外来人口是否动了苏州人的"奶酪"?

一座城市到底有多少承载能力?

尽管外来人口为苏州创造了大量社会财富,但并不代表外来人口多多益善。面对每年以 25% 的速度增长的外来人口数量,苏州城市规划师的心里有了忧患。目前苏州人口密度每平方公里已超过 1 100 多人,而 1995 年年末,全市人口密度每平方公里还只有 675 人。

激增的人口不仅对环境造成巨大压力,同样也对资源形成挑战。土地是最宝贵的资源,也是最基本的资源,而苏州恰恰是人多地少,而且随着人口的增加,摊到每个人头上的土地会更少。没有了土地,再谈发展无疑是空中楼阁。目前苏州人均规划用地已大大超过省政府确定的人均指标。

制约苏州可持续发展的重要问题:

人口问题。1992 年苏州外来暂住人员不足 10 万,2003 年年底登记在册的外来暂住人员已达 259 万,相当于户籍人口的 43.8%;目前已近 400 万,与户籍近 600 万人口之比约为 2/3。就是说,每 5 个在苏州工作生活的人当中大约就有 2 个是外来人口。据有关研究机构预测,如不加以控制,还将有大量人口迁入。人口的过度聚集必然对基础设施、公益设施以及劳动就业、社会保障、公共管理、产业结构调整、土地结构优化形成较大压力。同时,人口整体素质不高。2003 年年底,苏州实有各类人才 62.7 万人,其中传统的中专及初级职称以上人才 58.2 万人,经考核发证的高级技工 2.7 万人,在苏州的外籍人员和来苏州创业留学人员1.8万人。第一产业人才总量严重不足,仅3 743人,难以适应现代农业的发展。第二产业人才层次不高。主要是新技术、新产品开发人才少,知识面广、适应性强、既懂专业技术又懂经营管理的复合型人才严重不足,特别是通晓国际贸易规则的战略决策型、智囊策划型人才更为稀缺。从事低端劳动的人口大量涌入,还带来城市管理成本的急剧上升。犯罪案件主体的80%和被侵害主体的80%都是外来人口。打造平安苏州、和谐苏州,任务艰巨、压力很大。

土地问题。人均耕地少。1997~2003年,各项建设新占用土地29.75万亩。2003年人均耕地仅0.71亩,低于全国(1.35亩)和全省(1.02亩)平均水平,处于联合国粮农组织确定的人均耕地0.8亩的警戒线以下。基本农田难以保护,1996~1997年修编土地利用总体规划时,综合考虑粮食等因素,经省同意确定全市基本农田保护面积为380万亩。至2003年年底,全市耕地总面积已由1996年的462.84万亩下降为420.8万亩,与380万亩相比,仅余40.8万亩。土壤质量下降。苏州这一地区是浅海海湾经长江冲积变为泻湖,再由泻湖演化为陆地的,土壤发育程度高,质地呈胶壤或粘壤,属中性或微酸性,无石灰反应,农业生态堪称一流。但由于土地开发强度大,农业垦殖系数接近100%,复种指数超过1.5,再加上无机肥和农药的使用,许多地方的土地胶体已大量流失,有机质及肥力下降,土壤板结,杂草群落发生变异,耕作层明显变浅,土壤中无机物残留增加,致使土壤退化,局部地区甚至出现酸化和盐渍化倾向。地面出现沉降。目前,明显沉降面积超过270平方公里,并已形成多个沉降漏斗。在相城区黄埭、蠡口、黄桥等地,一条4万年前的古河道也逐渐"沉陷"出来。地面的沉降,对生产生活都产生了不利的影响。

生态问题。水污染状况仍比较严重。苏州是著名的江南水乡,水,孕育了灿烂的文化,也带来了无尽的烦恼。近年来,尽管加大了治理力度,并取得了一定成绩,但是由于生活污染、工业污染、船舶交通污染、农业面源污染等带来的水环境恶化的趋势还没有得到根本遏制。空气环境质量仍不容乐观。近年来，苏州的空气环境总体好转，污染综合指数有所下降，但两个问题还相当突出。一是市区空气污染指数平均值上升，全年环境空气质量良好以上天数达标率下降。二是酸雨污染比较严重。2003 年，单位工业增加值二氧化硫排放量位居全国城市第 4 位。能源消费规模大、环节浪费现象也较突出。电力是苏州市终端能源消费的第一能源，大约占总量的 55% 以上。苏州市 2003 年人均电力消费量（按常住人口计算）已经达到 4 699 千瓦时，是全国 1 463 千瓦时的 3.2 倍。当然与发达国家相比仍有差距，英国、德国、法国和日本人均电力消费量在6 000 ~ 8 000千瓦时，美国、加拿大高达 12 900 千瓦时和 16 700 千瓦时。2003 年，全市规模以上工业能源总消费量达到 2 615 万吨标煤。其中，原煤消费 1 605 万吨，折合 1 147 万吨标煤，占能源总消费量的 43.9%；电力消费 206 亿千瓦时，折合 830 万吨标煤，占能源总消费量的 31.8%。发达国家的能源综合利用率达到 60% 左右，而苏州为30% ~ 40%，仅此一项相当于每年多耗用 16.5 万吨标煤。大量分散燃煤锅炉房的燃烧效率仅为 55% 左右，建筑耗能热指标平均为 $55kcal/m^2-h$，而按照二部节能法，需要达到 $35\sim40kcal/m^2-h$，差距显而易见。同时，苏州煤炭、石油自供率为零，经济社会发展所需一次常规能源全部靠从区外调入，由于存在市场和价格风险，以及运力保障等问题，导致能源的安全性差，尤其是在我国石油进口依赖度越来越高的情况下更是如此。污染物排放总量增加。2003 年与 1996 年相比，工业废水、废气、粉尘排放量和固体废弃物产生量增加较快。尽管绝大部分已加以处理或回收利用，但是处理和利用也需支付大量成本。以煤电为主的能源结构，与苏州对大气环境质量的要求也不相符合。据测算，每消耗 100 吨标准煤将排放烟尘 3.5 吨、二氧化硫 3 吨、废渣 15 吨，而排入大气的二氧化硫、烟尘总量分别约有 90% 和 70% 来自燃煤。

三、打通基本实现现代化的障碍节点

——苏州转变经济增长方式、实施科学发展的关键在于要完成从“苏州制造”到“苏州创造”的转变

——“苏州之路”实施“富民优先”的创新发展战略，关键在于要从“共同体低位”走向“共同体高位”

——以古典园林的生态文化改造工业文明的版图，打造苏州人自己的可持续发展模式

——全面、均衡发展的秘密，在于加速积累公共财富，加大供给公共物品，改善公共平台和增加社会资本

2004 年的夏天，一家颇有影响力的媒体，语出惊人——《不再看好苏州》。苏州不再被看好？苏州怎么啦？一时舆论哗然，网上论坛挤满发言者，各抒己见，沸沸扬扬。

然而，风暴的中心——苏州，平静如初。

苏州本地媒体圈的评论，出乎外人意料的一致——“除了一些惊人语句以外，其他‘有价值’的论据，我们早已知道了，没什么特别的。”

无疑，一系列的诸如新兴科技城市、活力城市的桂冠，让苏州已经站在一个高平台上，开始眺望和憧憬着现代化城市的霞光。然而，苏州早就有了一种“高处不胜寒”的警觉。

苏州碰到的发展中的问题，越来越复杂与深刻，并且几乎是“无援”的。道理很简单，发展得快。

从 20 世纪开始的现代化梦想，在今天，开始变换成一道道思考题——

问题是十分现实的。苏州已经成为了中国的第二大工业城市，现在可以自豪地说，全球的笔记本电脑十之四五出自苏州。但是在标上国际名牌的笔记本电脑高昂的市场价格中，我们又究竟占据了怎样的利润份额呢?

问题是有些苛刻的。苏州已经是公认的中国高科技产业集聚的前沿科技城市、IT 产业重镇,但在高科技产业的链条中,苏州尚处于低端,我们很难把劳动密集型的科技企业与梦想中的现代化高端企业划上等号,人头攒动的流水线似乎与我们的蓝图还有一段距离。

问题甚至是尖锐的。苏州人说起苏州的 GDP、进出口总额,语气高昂;但一摸自己的钱包,似乎还不那么丰满。在长江三角洲的收入排名榜上,苏州的名次并不算太靠前。

基本实现现代化,对苏州而言,应该是一道必答题。城市竞争与科学发展,是一个金字塔。越往高端,路越窄,坡越陡。改革开放以来,到本届市委书记,已经九任。几乎任任领导都不约而同地有一句"口头禅"——"不进则退,慢进也是退。"

决策者的警觉和清醒是十分重要的。苏州,已经开始攀登城市发展的金顶,在实现了"第一个率先"之后,"第二个率先"面临着更大的挑战,更大的风险,当然,也孕育了更大的希望和成功。

党和国家领导人对苏州寄予厚望,省委、省政府更是热切关注着苏州——

我们发现一个很有意思的共同点,几乎每一位中央领导到苏州,都要求深化和发展"苏州经验"。而省委书记李源潮更是对苏州了如指掌,仅太仓港,他就曾连着视察了 6 次!

苏州,在"苏南模式"的怀抱中成长,又必然要在"苏州之路"的历程中冲刺!

冲刺,意味着突破。在基本实现现代化的路途中,苏州需要寻找突破发展"瓶颈"的战略节点。

1. 从"苏州制造"到"苏州创造"

在地区经济总量的构成中,我们知道,可以形象地分为三块:投资经济、管理经济和打工经济。

不能小看打工经济,当世界产业浪潮席卷而来的时候,并不是任何一个地区、一个城市都能获得机会和青睐。苏州,得到了为世界打工的机会,是值得自豪的。杏花春雨的水城,今朝有了“世界工厂”的美誉,不同寻常。

然而,苏州不应该满足于现在的立点。从世界产业链的一个节点上,我们看到了更高同时也是比较可行的新标尺。当现有的土地、劳动力价格等优势在国际化、区域一体化的进程中逐渐消减的时候,苏州的优势又在哪里?

周庄,中国第一水乡,从一个侧面给出了一个注解。

——走出 U 型曲线的低端。

苏州的昆山,全国闻名,200 亿美元的国际资本风云际会,IT 产业高度集聚。小小昆山,已经聚集了 800 多家 IT 企业,总投资超过 60 亿美元,台湾十大知名电脑生产商已经有 8 家落户昆山。有业内人士开玩笑说:“沪宁高速公路一堵车,全球笔记本电脑要紧张。”极言昆山的笔记本电脑产量之高、市场覆盖之广。

好话不少,但也有不那么顺耳的评价——昆山,乃至整个苏州的高科技产业只是处于低端装配的阶段,缺乏核心技术。而没有核心技术和研发能力的企业,正如无根浮萍,随时可能随风漂走。学术界称这种现象叫“空壳化”。或者说,没有“头脑工业”的“躯体工业”,只是一个脆弱的躯壳。全球自主技术、知识产业和头脑工业,就是一个个在世界游荡的“幽灵”,它因需要躯壳而出场,它也随时可能抛弃躯壳而退场。

不过,很快,苏州各地就做出了让人们再次惊叹的努力。

水乡名镇周庄,居然建起了一个全国瞩目的传感器生产基地。周庄旅游的名头很大,但这个外人不太知晓的传感器基地来头同样不小。如今,陪伴着“小桥流水人家”的,是国家级火炬计划的成员,世界最重要的传感器基地之一。

中国传感器的专家没有人不知道周庄。不仅因为这里的红外传感器的销量已经占世界同类产品市场份额的 60%,更因为这里已经引进了以研发生产传感器为主体的高新技术产业 18 家,还引进了一批高级专业人才,由一大批国内顶级的教授学者在这里担当企业主要领导,他们正由研究者变为创业者。

如果把高新技术产业的利润曲线,简化成U型,那么必须承认,中国第二大工业城市苏州的相当部分产业,还分布在这个U型的低端。

而从国际化的角度就会俯瞰式地看到更大的空间区域和更宏观的空间位置。苏州,正处在中国新型工业化的浪潮之巅——在迎接国际化的过程中,苏州一方面还没有完成从工业化到后工业化的转换,但同时又已经开始了信息化、知识化与工业化互动推进的新阶段。

苏州,可以说是中国新型工业化的最典型的范本,所以,我们的探索和实践所具有的意义是不言而喻的。

在这个关键而敏感的时段,苏州应该以数量庞大的高新技术企业为基础,寻找利润曲线的高端位置——新产品研发和产业化。

我们当然知道基础性核心技术研究的意义,然而苏州还缺乏如此庞大的资金和人才支持力,循序渐进的基本科学原理告诉我们,不能站在原点,也不能一步登天。

如果,国际新产品研发机构能够在产业链的牵引下,在苏州充分聚集和扩容,那么我们的新兴工业化格局会发生重大的变化。

苏州,将在现代化道路上,形成更独特、更有竞争力的优势。

当苏州完成从"苏州制造"到"苏州创造"转变的时候,就可以轻松地卸下资源制约、人力资本提升带来的负担,因为,新的优势已经形成——在苏州,获取智力的成本最低,新产品产业化的成本最低。

要实现这样的发展前景,除了有物化的载体,最重要的还是人才的力量。下一步,苏州必当以人才立市。

——人才,第一竞争力。

苏州人有句老话——"书包翻身",说明了苏州人对智慧、对人才培养的一以贯之的理念。这是苏州传统文化中,最能与现代化进程接轨的一条。

2005年9月30日,在国庆56周年的前夕,苏州没有大张旗鼓地搞大型庆祝活动,却极其隆重地召开了一个全市人才工作会议。这次会议非比寻常,出台的一系列政策后来被媒体归纳为"苏州引才三策":(1)两院院士落户苏州,安家费100万元;(2)省级以上专家享受生活医疗补助;(3)2010年人才总量要达到84万人,突破人才"瓶颈"。

苏州,已经充分意识到,人才,已经成为跨越发展的最高门槛。市委领导在会上这样大声疾呼:"全市上下必须形成一个共识,现在的苏州比以往任何一个时期都更加需要人才、注重人才!"市委进一步提出要树立"大人才观",做到一切以发展为重,坚持重学历而不唯学历,重职称而不唯职称,重资历而不唯资历;既要重视有高学历和较高理论水平的人才,又要重视实践丰富、有真才实学的"土专家"和实用技能人才;既要重视培养各类紧缺人才,也要舍得花本钱培养"长线人才"。

总而言之,这次会议传出了这样的强音——苏州,不拘一格选人才;苏州,不惜代价聚集人才!

高科技产业链条的特点便是如此:越是低端的节点,对物化资源的占用和依赖越大,对物化成本的要求越苛刻,而利润份额越小;越是高端的节点,对智力资源的占用和依赖越大,而利润的占有份额越大。

要实现由"苏州制造"到"苏州创造"的历史性突破,必须树立人才是第一竞争力的理念。

为此,苏州在所有的国家和省级开发区,在高新技术发展最集中、土地最金贵的地方,让出了最宽敞、最核心的位置,建设各类创业园、科技园、研究生院和孵化器。在苏州决策者的眼中,也许这是一笔最富有创见的"投资":在最金贵的土地上,撒播最金贵的种子;等到开花结果的时候,一定会是未来苏州的节日。

苏州工业园区的国际科技园,可谓占据了风水宝地。它南靠碧波荡漾的独墅湖,北临园区要道机场路,建筑面积31万平方米,建设总投入15亿元。特别值得一提的是:区内绿化和景观占地达到了45%以上;3年来已经投资上千万元,确立了“百兆交换到桌面,千兆光纤到主干”的技术要求,为入驻人才构筑了国内一流的网络平台。

有人把国际科技园称为“苏州的硅谷”,有点道理。

目前科技园入驻企业近300家,已经引进的科技人员有近5 000名,IT、IC、生物科技等高科技领域的产品研发和设计集群开始起步,并已经设立了IC设计、软件测试、知识产权保护等三大公共服务平台。

国际科技园一次次拉住了党和国家领导人关注苏州的目光。就在2004年,3月27日,国务院总理温家宝来了;5月3日,中共中央总书记、国家主席胡锦涛来了;6月10日,国务院副总理吴仪又来了……

共和国最高层决策者的频频来访,不是偶然的。“苏州经验”,作为当今中国发展最快地区的发展模式,必然会得到高度关注。

苏州在充当和谐发展、科学发展先行军的过程中遇到的问题、获得的经验、形成的思路,可以说,事关江苏大局乃至国内全局。

苏州发展的一条重要经验,抽象地说,就只有四个字——“抢抓机遇”。机遇稍纵即逝,错失一次,全局受累。

客观地说,苏州在新型工业化的路途中积累了优势,但立足全球产业发展,国际制造业的转移带分布甚广,苏州,是在与全球城市较劲!

当今之势,对于所有接受国际化浪潮的制造业城市而言,最大的问题和最大的机遇都是相同或类似的。怎样留住产业的根?怎样塑造新的成本低地?

因此,争抢人才、特别是从事新产品研发和产业化的高端人才,必将在全球引爆新的热战。同时,充分利用全国乃至世界的教育科研资源,形成集约培育高端人才的新平台、新系统,也将成为人才大战的一极。

苏州要在这场没有硝烟的“世界大战”中吸引人才、培育人才,就要抓住稍纵即逝的机遇。

通过激活人才引进机制，提升人才教育培养机制，创建人才第一的决策机制，苏州在基本实现现代化的竞争路上，率先举起“人才立市”的大旗，必将率先获得新的阶梯。

2. 从“共同体低位”到“共同体高位”

回首备受关注的“苏南模式”，我们不禁感慨万千。在那些火红的日子里，苏州城乡发生的变化可以说是翻天覆地。

任何事物都有其发生、发展、消亡的客观规律。当苏州正在“苏南模式”的庞大台基上塑造“苏州之路”的时候，客观分析和回顾必不可少。事实上，吸收和创新“苏南模式”的积极成分，意义非常。

有学者提出，“苏南模式”的显著特征之一是“发展的共同体主义”。也就是说，在中国由计划经济向市场经济转型的关键时段，抢先一步，通过基层政府的组织和动员，将农村分散的经济和社会资源加以集中，以集体、集约的形式争夺市场，并迅速获得了成功，实现了当时条件下的共同富裕。

随着市场经济的条件在完善中发生变化，“苏南模式”的影响逐步消解，市场配置资源的“看不见”的手，开始“指挥”经济运行。“苏南模式”面临变身大关。

在这个时候，我们发现了问题。一方面是城乡居民平均收入水平不断提高；一方面是显示贫富差距的“基尼系数”越来越大，社会财富的拥有呈现出越来越大的差距。尽管从生活水平和生活质量的双维标尺而言，我们的富裕程度已经不可同日而语，但人们已经不满足于纵向比较，而在横向比较中感到不满足。转型时期特有的阵痛，不时发作。

这就是“苏州之路”所应解决的重要问题。

如果我们把在“苏南模式”中获取的共同富裕成果，看做和谐发展的初级阶段，比做“共同体的低端”，那么我们将从“苏州之路”的实践中，通过经济组织方式和管理方式的转换，实现和谐发展的高级阶段，走向“共同体的高端”，实现更高层次的共同富裕和社会进步。

在“第一个率先”实现的过程中，我们已经看到了全面小康社会的“和谐之美”。此间有专家认为，苏州率先全面建成小康社会内在融合着诸多“统筹”与“和谐”的要素。比如，苏州从乡镇企业起家，从一开始就走城乡一体化的道路，城乡差别小；苏州不仅在城市，而且普遍在农村实现低保，农村住房面积普遍高于城市；城乡在经济发展、就业机会、社会保障、交通、通信和教育资源培植的均衡化、公平化方面，成为城乡共同发展的典范；等等。

在基本实现现代化的路途中，苏州谋求的应该是更高层次的科学发展理念和更优界面上的和谐局面。更广层面、更深意义上的“富民工程”，将让苏州赢得新的喝彩。

——走进“民营时代”。

当所有制的束缚不再的时候，苏州的经济活力同样得到释放。长期蛰伏在外向型经济光辉之下的民营经济，开始展现出旺盛的生命力和发展前景。

常熟，成为苏州走进“民营时代”的突出范例。

2005 年的 11 月，应该记入常熟和苏州的经济编年史。在这不寻常的一个月里，常熟民营经济注册资本在全省县(市)率先突破 300 亿大关。民营大户风起云涌，2005 年 1 到 10 月的短短 10 个月，常熟新增注册资本超 1 000 万元以上的私营企业有 132 户，超 3 000 万元的有 11 户，超5 000万元的有 4 户。

从常熟招商城到国际服装城，“十里青山半入城”的古城常熟，在不动声色中打造了一张民营王牌。在外向型经济如火如荼之时，常熟的民营之光展现得依旧绚丽夺目。回首一下最近的历史——2004 年 5 月常熟民营经济注册资本在全省县(市)率先突破 200 亿元之后，仅用 17 个月，就实现了净增注册资本超百亿元，突破了 300 亿元。

这日进斗金的 17 个月，正是苏州实施“民营经济腾飞计划”的精彩缩影。

2004年1月9日，苏州市委、市政府出台了《关于促进民营经济腾飞的决定》，提出到2006年年底，全市民营经济的主要指标实现比2003年翻一番。我们注意到，2006年，是苏州实现“第一个率先”后的第一年，这时序的排定，无疑表现出了苏州构建更高社会富裕水平的强烈愿望。

苏州在决策者强烈的“富民”意愿推动下，在优越的产业发展和社会发展平台上，不可阻挡地要走进民营时代，在全社会形成“全民创业”的强音。

民营经济在推动社会整体富裕方面有诸多优势。一方面，民营经济就业量大，以本地劳动力为主，可以有效解决当前在经济转型中出现的失业群体的就业问题；另一方面，民营经济直接表现为富民经济，个体工商户的收入较一般工人为高，而苏州现有的8万私营企业主的收入就更高。

民营经济提供了更富有市场经济精神的社会资源组织方式，同样是集约化的寻找市场手段，由于明确了资本的主体和资本、管理的收益分配等问题，因而寻找市场的内在推动力更大，行动方向更精确，整体收益更明显。

特别是在实现高水平全面小康之后的五年，随着民间资本的有效积累和创业意识的整体激发，加上苏州在经济国际化和新型工业化过程中形成的国际分工优势和产业基地、研发基地优势，苏州，将迈入民营经济的黄金季节。

——强势政府的“另一只手”。

2005年年初，苏州市委机关报《苏州日报》传出一条喜讯，该报的一篇题为《昆山31万农民刷卡看病》的消息，一举获得了2004年度中国新闻奖的一等奖。这对一张地市级的党报来说，几乎是不可想像的殊荣；而对一个城市而言，同样是一份值得骄傲的赞许。

这篇不足千字的消息，透露出的是苏州各级政府推动社会进步方面的卓越努力——

从2004年3月3日起，昆山31万多农民也可以和城里人一样

“刷卡”看病了!

在首批发放仪式上,昆山市7个行政村发放点的上千名老百姓都领到了一本墨绿色的《昆山市农村居民基本医疗保险证》和一张IC卡。凭着这张IC卡,昆山的农村居民在该市的任何一个医保定点医疗单位都可以自由刷卡就医。根据该市的具体实施办法,农村居民每人每年只要缴纳50元,如果不幸遭遇大病,最高可以得到近1 100倍的补偿,也就是说,最高可以报销到接近55 000元!苏州农民基本医疗保险加上较为完善的城乡一体化的社区卫生服务体系,使多年来农民害怕的因病致贫、因病返贫的问题,得到了有效遏制。

政府在推进“共同体高位”的过程中,要转变的职能,要做的实事,不是比过去少了,而是更多元、更系统化了。

费孝通先生当年写“温州模式”的时候,曾经预言,今后大家都要学“温州模式”。这个“学”字,也许更多地说明了一种趋势:经济发展的根本目的是富民,经济发展到一定的阶段就必须解决百姓生活富裕的问题。

殊途可以同归。不同的经济结构和经济组织形式,决定了苏州不可能照搬任何既定的模式,“苏州之路”是一条创新的路,将在强势政府的推动力转换上再出新文章。

所谓强势政府,应该是在市场经济条件下,发挥政府强大的“另一只手”的力量,一面推动科学发展的“效率”,一面发展和谐发展的“公平”。

如此,我们至少可从三个角度预想政府的推动力方向。

一是对外开放的推动力。苏州外资的基础非常强大,苏州拥有的优越的投资环境是与政府的强势推动紧紧相连的,因此,政府这只推动对外开放、推动经济国际化的“手”绝对不能松。

二是民营经济的推动力。与此同时,苏州的强势政府一旦意识到发展民营经济的重要性,就有能力一下子把它推上去,近年来苏州民营经济的超常规发展就是实证。苏州过去一直注重发展集体经济,乡镇企业是集体企业为主、中小企业为主,一旦把政策放开,这些集体企业迅速实施产权转换,就能在优胜劣汰、兼并组合中转变为生机勃勃的民营企业。

小生产者的意识是根植于心的,没有政府推动,虽也能逐步发展,但如果有政府推动,那就会发展得更快。这就是苏州的现实。

三是社会和谐的推动力。昆山市这两年在提供农民社会保障方面投了巨资,这与它前不久获得的"中国百强县之首"的地位是相称的。

地方政府不只是提供公共产品,还要为社区民众提供福利,同时要为市场化改革提供必要的保障。一个地区的经济越发达,这个地区政府需要提供的公共产品就越多,需要提供的社会福利就越广,这已经成为一条规律。在此规律的引导下,政府的职能将发生重大的转变与重组。

社会保障、社会安全、公共卫生、公众教育等属于社会福利函数的内容,难以靠市场调节有效获得。从苏州的实际情况看,社会发展滞后于经济发展的现象还比较突出,我们常说的"发展中遇到的矛盾",诸如环境问题、农民进城问题、就业问题、社会治安问题、养老医疗失业保险问题,等等,其实质就是发展不均衡的问题,也就是政府职能有待转变的重要指向。

和谐发展,对新时期迈向"共同体高端"的苏州,提出了关于政府职能转型的新课题。最终,政府将改变重经济建设、轻社会管理和公共服务职能的现象,从而实现由经济建设型政府向公共服务型政府的转型。

3. 从工业时代到生态时代

苏州成为中国第二大工业城市的消息传来,"老苏州"们多少有点惊讶甚至怀疑。也难怪,山温水软的江南小城,什么时候成了工业重镇,而且还是第二?

确认和惊喜之后,人们开始习惯了企业密集的高新技术产业区,也开始习惯看到电视里常常出现的超长的流水线和港口繁忙起落的集装箱。

但这仅仅是苏州发展的一个新侧面。

对一个城市而言，除了计算它的经济成就外，还应该计算它的发展成本。对资源的过度消耗和对环境的恶性破坏，是科学发展的最大障碍。苏州要在现代化的路上走得更远，必须对城市的整体生态环境进行有效的维护和提升。

苏州要挤入世界城市的第一方阵，必须在新型工业化进程的同时，设计生态城市和节能城市的整体方案。否则，当我们获得纯粹的经济收益的时候，会痛惜已经打破了自然与社会的平衡。

20 世纪 80 年代以来，国际社会开展了对“未来城市”的研究，寻求节能、高效、低污染的持续发展的人类聚居形式；其中关于“生态城市”的研究占有重要地位，西方不少先进国家已相继付诸行动。

当代城市观念，已经由单纯静止的自然优美环境取向趋向于更新的全面生态化，包括生态自然、社会经济生态和历史文化生态的综合动态发展。人类的价值取向发生了根本的变化，城市正走向“生态自觉”，迈入“生态时代”。

在苏州的环太湖大道，如今有了一条湿地公园带，成为苏州人最时尚的出游首选。

紧临太湖的地带，苏州没有让位给价值昂贵的房地产，也没有布置过多的水上游乐项目，而是从保护和发展湿地资源的角度，建设了开放式的保护带，原生态式的木屋、木桥、绿地、芦苇塘、苔藓地，将太湖温柔地挽起，并在保护自然生态的同时，为苏州的城市观作了一个绿色的注解。

——塑造园林生态城市“样本”。

相对于“园林”，“生态”这个词离苏州人似乎要远一些。如今，“生态”与“园林”连在一起，从更高层次上提出了苏州城市今后的发展方向。

要成为一个生态园林城市，不仅仅是多种几棵树，多铺几块绿地便能实现，最新出台的《苏州市创建国家生态园林城市实施方案》提出，在加快进行园林绿化建设的同时，还要积极改善城市生态环境，提升生活环境质量，完善城市基础设施系统。

2008年，苏州市区要达到国家生态园林城市标准，“十一五”期间全市要创建成为国家生态园林城市，这是苏州市的目标任务。苏州市政府批准了根据有关标准制定的实施方案，将该项系统工程分解细化，使“国家生态园林城市”这一概念有了实践的落脚点。

尽管苏州的城市桂冠并不少，但无论如何，建成生态园林城市将是一个值得珍视和骄傲的里程碑。

苏州园林甲天下，这是历史的骄傲，是园林和吴文化让苏州获得了城市的知名度和发展基石。苏州高科技产业闻名于全国，这是现实的骄傲，在小桥流水的另一面，苏州塑造了雄视海内的制造业基地。而未来，苏州将塑造怎样的城市形象，确立怎样的城市定位？这绝对是一个值得思考的问题。

生态园林城市，无疑是一种选择，并且充满了现实感和创意感。

现实的问题是，在新型工业化的过程中，怎样实现可持续发展，科学发展的目标是和谐，而和谐的目标需要我们重新思考人与自然、人与历史、人与资源、人与文化的多重关系。生态园林城市，将过去、现在和未来进行了城市风格和城市基本特色的整合与提炼。

未来苏州，不应该仍只有园林城市的名号，或是制造业重镇的华冠，而是应当在螺旋式的历史行进中，实现生态自然的全新回归与社会经济的互动发展。

若干的基础节点不容回避。

比如水资源以及以此为主体的生态环境。

苏州因水而灵，因水而秀。但现代化发展的各个阶段，成也在水，败也在水，水的问题将可能在相当长的时间内困扰着我们。

翻开园林生态城市的《实施方案》，我们发现了苏州对生态“敏感部位”的高度关注：有效保护市域内的自然地貌、植被、水系、湿地等生态敏感区域，丰富生物多样性，确保综合物种指数≥0.5；城市热岛效应程度≤2.5℃……数字指标固然专业，却是精确而诚实的。

苏州人正在体验到一系列清淤、引水工程带来的生活享受和环境愉悦。纵横交错的河网正在变得流动而渐渐清澈，局部的太湖水质让人无可挑剔，曾经的一些臭河浜正在改变面容。但仍应十分清醒地意识到水城的“双刃剑效应”。

围绕水资源，必须在工业化的长篇巨制中，写好环保产业的重头文章，否则，也许会满盘皆输。这并不是危言耸听，专家早已经告诫：在工业化发展中，只要“一不小心”就会陷入不可逆的环境恶化，我们付出的代价会大到不可想像的地步。

比如绿化与空气。

清新的空气，似乎“天然”与传统工业、与传统的发展观“有仇”。我们和其他城市都曾经把烟囱与浓烟当做“发展”的标志，直到有一天发现，“蓝蓝的天、白白的云”已经成了“旧城故事”。

而当在地球温室效应和城市热岛效应的作用下，你顶着骄阳烈日“暴走”的时候，也许会忍不住抱怨：每年种了那么多的树，为什么林荫道还是那么少？

苏州的园林生态目标这样确定：市区建成区绿化覆盖率要达到45%，绿地率要达到38%，人均公共绿地达到12平方米，本地植物指数达到0.7。每年要有300天，城市空气污染指数≤100。

今天，当试图将绿化和空气当做一个系统工程来考虑的时候，我们已经逼近了城市发展的丁字路口。工业时代的成果和遗憾，都将同样强烈地影响着新型工业化时代的方方面面。

城市的绿肺和城市的空气，是一张进入一流投资城市的入场券。我们分明已经感受到这张入场券的价值。一个最简单的例子，没有一流的空气和水环境质量，就无法开展一流的研发工作；没有一流的生活质量基础，即便花再多的钱，也无法吸引一流的领军人才。

再比如城市的基础设施水平，再比如……

我们可能需要做这样的准备，在后工业化时代，一个对未来有责任感的城市以及他的子民，将把公共投资“放”在更多“看不见”的地方，可能是在都市地下，可能是在水系深处。这，就是我们留给未来的“政绩”。

——营造“新资源优势”。

在流行读物《我的诺曼底》里，有这样一句广为流传的话：“灰尘掉进人眼变成眼屎，赐给蚌壳就变成珍珠。”同样的道理，资源是什么？废物是什么？废物，就是放错了地方的资源。

正是由于在工业化的前阶段，我们不懂这个道理，所以既耗费了大量的资源，也不同程度污染了环境、破坏了生态。正是工业化进入了新阶段，我们在一次性资源出现匮乏的时候，蓦然回首，发现了资源再生利用的巨大空间，从而使“循环经济”成为了一个时尚而实用的名词。

感谢“能量守恒定律”，让我们把废物变成资源，推动循环经济有了最经典的注解。但仅有概念是不够的，让我们先关注这样一个重要的“创造”。

2004年的11月，苏州高新区被国家发改委、环保总局等6部委确定为全国第一批开展循环经济试点单位。这个试点单位的获得，得益于苏州高新区的一项“补链行动”，即加快实现“工业链”向“生态链”转变，完善循环经济产业体系，为打造全国最大的环保产业群提供新的契机。

作为全国第一家通过ISO14000环境管理体系认证的国家级示范区，苏州高新区从2002年起就把循环经济理念推广到区内的每一家企业。在招商引资中，高新区全面推行“补链”战略，有意识地引进垃圾回收再利用项目，延长和拓宽生产“技术链”，使各项废弃物通过利用，最大限度地减少生产过程中污染物的排放。“绿色招商”“生态招商”“补链招商”的理念，使区域内的循环经济产业体系不断得到完善。

举个例子。区内的华硕公司用冷却结晶回收工艺，每天可从产生的含铜废水中回收硫酸铜数十公斤。高新区内IT企业生产的电子废弃物，已经可以通过有色金属冶炼及环保型企业的提炼、分解使其再生。重金属遗留物，不再是区域的污染大害，而是成了下游厂家使用的原始材料。高新区成立了以苏州新区环保服务中心为主体的工业固体废弃物循环利用中心，2004年为200多家企业处理各类固体液体废弃物3 900吨，并投资400万元兴建了生产再生塑料的工厂。

高新区负责人最近表示：在未来6年内苏州高新区将投资100亿元，完成四大类别产业的“补链”工程，形成多产品、多链条的生态工业“网状结构”，全面促进区域产业结构优化升级，构筑一个社会、经济、生态效益“三位一体”的环保型生态园区。

循环经济，不是普通的“废物利用”的过程，而是从科学分解物质的角度，提出的革命性的效益获得方式。资源，在某种意义上是不可能枯竭的，只要我们掌握了足够的科学利用和再生利用的方法。

在常熟，有这样一家汽车内饰厂，它利用“服装之都”最廉价、最丰富的“废物”——面料的边角废料和废弃的丙纶丝，经过撕松、混合、成网、制毡、压制成型和复合等工艺，制作出品牌汽车如奥迪、大众、奔驰、宝马等的汽车内饰。

同样在常熟，有了著名的生态农村蒋巷村。这里有1 000多亩的水稻田和500多亩的果园、鱼塘，饲养了大量的鸡、鸭、鹅和猪等。他们通过对这些牲畜的有机粪进行分类处理，使有的畜粪作为鱼饲料，有的畜粪作为肥料，发酵后的粪水则灌溉出了“江苏第一方”的超高产水稻田，还能用其产生的沼气作为能源烧饭煮菜。

高污染、高消耗，是发展中国家与发达国家产业发展的最大差别之一。我们甚至还可以说，新型工业化与传统工业化的一个显著不同，就是对资源的粗放型消耗和可持续利用的重大落差。

与其坐等耗尽人力资源的价格优势和自然资源的有限储存，不如抽出有限的资源进行永续利用的努力。循环经济，甚至很可能成为未来城市竞争的“杀手锏”，拥有者，会继续以“新资源优势”获胜。

4. 从偏斜结构到趋向均衡结构

经济学家认为，产业结构的不均衡状态是常态，而均衡结构是理想状态。不断追求或接近均衡,推进了产业结构的提升和经济的发展。

在实现全面小康这“第一个率先”之后,在经济社会都发展到一个高平台的时候,单纯的重点突破必须与全面和谐的均衡努力齐头并进,才能最终将“火箭”推到“九天外”。

从产业结构的角度,我们应该进一步考虑一、二、三次产业的均衡与互补。

而一种普遍的倾向也许会让产业结构发生持续的偏斜——苏州是“制造业中心”,所以苏州的强势是二产,追求的是制造业的不断强大和提升。对于这样的理解,苏州的决策者们给予了清醒的回驳——

市委领导说:“我们不能过多地强调制造业快速发展而造成服务业比重下降的合理性,而应更多看到苏州服务业发展的不足,否则很难解释欧美国家服务业比例达到60% ~70% 这一现象。”

苏州在赞扬声中的不安,是那样珍贵和重要。

国际经验告诉我们,人均国内生产总值 3 000 美元是一道坎,在经济处于加速成长的阶段,服务业就应当占据领军地位,大部分发达国家的服务业占比基本上均在这一阶段从 45% ~55% 上升到 65% ~75%。相对这个比例,苏州还有很大的距离。

生物专家告诉我们,尽管苏州的一产占经济总量的比例已经很小,但“鱼米之乡”的苏州不能忽视农业、农田和优良农作物,基因的保护、生物多样性的保护,事关未来人类生存与发展的重大问题。

苏州的发展,一个重要的特征和经验就是“和谐”,在和谐中寻求突破点,在突破中寻求更高层次的“和谐”。对“和谐”的不懈追求,就是寻求均衡发展的过程。

——产业融通,走上新均衡点。

从某种角度来看,产业之间的划分,随着产业发展的不断变化与成熟,已经越来越成为一种“统计概念”。它只是指示着产业的分布状态和均衡方向。

在现代发展理念中,产业的融通与互动应该成为我们关注的问题。如果不在自己框定的产业界限内故步自封,那么我们会在产业的自然延伸中,发现产业互通存在的巨大发展空间。

最生动的例子莫过于生产性服务业和“总部经济”。这两个部分,都与二产发展紧密相关,但又都有各自极大的发展空间,并能产生强大的互推力。

2004 年 7 月 12 日,一个普通的星期二。下午两点,日本“近铁物流”入驻苏州工业园区保税物流中心的签约仪式在中心 3 楼会场举行。

就在此时,从会议室的窗口望去,等候在中心通关点的货柜车排成了长队,而这样的情形几乎天天出现。由于 IT 产业的迅速崛起,苏州开始面临生产性物流的“瓶颈”:一方面是高新技术企业越来越突出的“定单网络化、物流全球化、生产零库存”的特征;另一方面由于没有海港、没有空港,发展现代第三方物流的空间很大、任务很急。

早在 1964 年,英特尔公司的创始人摩尔先生就曾经预言,芯片上能够容纳的晶体管数量每隔 18 个月便会增加一倍。这条“摩尔定律”说明,IT 产品的生命周期越来越短,所以 IT 产品的市场就像“鱼市”一样,越“新鲜”、越快,越好卖。

摩尔先生可能没有预测到,在大洋彼岸的中国,有一个叫苏州的新兴科技城市正在致力实现他的预言。的确,物流作为生产性服务业的一个重要部分,可以实现产业的融通和联体发展。

同样的道理,与生产性企业相配套的生活性服务业也会成为掘金的亮点。

必须看到的是,我们在实现产业互动发展的同时,避免了因产业割裂而产生的互相限制。比如:由于物流的限制,就限制了生产性企业的发展;而生产性企业的凋敝,让本来可以大力发展的相关服务业成为“无米之炊”。

走上新的产业平台,我们会发现平台之间的最佳距离是——0 公里!

——新亮点，新均衡。

在产业结构的调整中，追求协调，也要追求亮点。因为，塑造产业的亮点，可以形成示范和母本，推动相对弱势的产业迅速提升档次和水平。

2004年的中秋节，苏州工业园区的“左岸商业街”请来了台湾巨星周杰伦，为这条苏州最新、最时尚的商业街B区敲响“中华世纪锣”，鸣锣开街。这个中秋节的夜晚，成为苏州工业园区餐饮业的盛大节日，从此宾客云集，生意兴隆，成为苏州的首选商区之一。

有人说，2004年是园区三产的转折年，转折点就是“左岸商业街”这个园区新亮点。在园区人气渐旺、楼市火热的时候，以餐饮为龙头的商贸业的兴起，无疑是一个值得兴奋的“利好”。

这个亮点的建设，还会带来对金鸡湖西地块整体的环境好评。

从最初满足“住在园区”的邻里中心设计，到如今的“吃在园区、玩在园区、消费在园区”，亮点对整体产业的带动作用已经初见成效。

亮点的构建，说明了产业发展的机遇，也反映出了产业的未来前途。亮点的成功推出，就是为产业均衡发展打亮了信号灯，也就是预示了一种新的突破。

而更重要的是，亮点还能演变成引力点。

苏州昆山紧邻上海的一个镇——花桥，如今名声着实不小。2005年的8月、9月，江苏省委书记李源潮连续考察了这个地方，省委、省政府高度关注设在上海沿线的前沿“哨所”——江苏花桥国际商务城。作为江苏省服务业的重点项目，目标已经确定：建成全省发展服务业的示范区。

国际著名咨询策划公司——麦肯锡公司将应邀为商务城做区域功能规划。省委、省政府已经赋予商务城指标单列、重大项目审批等“特别权限”。不仅如此，江苏和苏州还将抓紧出台一系列专门针对企业落户的优惠政策，提供如企业总部进入或重要人才引进、重大功能性项目进入等各种支持和服务。

作为总部经济的重要亮点，花桥国际商务城区位设计、政策设计，无疑是十分精当的；抓住了上海作为国际大都市在商务领域的超常规发展的机遇，寻找到了商务溢出的巨大产业机遇。

事实令人兴奋。2005年11月，在江苏花桥国际商务城的项目推介会上，万汇基业、巴布豆等6个总投资规模近11亿元的项目当场签约。目前，在商务城规划的50平方公里区域内，已经有总投资规模达100亿元的系列项目建成或启动。

亮点的设计和培育，是寻求产业突破性发展的有效手段，而产业“短腿”拉长，将能有力促进产业协调发展，达到新的平衡点。

坚持走可持续发展能力不断增强，生态环境得到改善，资源利用效率显著提高，促进人与自然的和谐，推动整个社会走上生产发展、生活富裕、生态良好的文明发展道路。

——江泽民

关键是要坚持以科学发展观统领经济社会发展全局，进一步转变发展观念、明确发展思路、创新发展模式、提高发展质量，切实把经济社会发展转入以人为本、全面协调可持续发展的轨道。

——胡锦涛

第七章 苏州率先基本实现现代化的路径选择

一、新起点上的新视角

——"新型现代化"的内涵解析，目标明确的"第二个率先"

——经济创新需要新的创新理念和思路，提高经济质量和经济结构战略转型是关键

1. 苏州新型现代化的步伐

2005年11月8日，从规划到施工横跨"十五"的苏州绕城高速公路全线竣工通车。这条投资132亿元的巨型城市"腰带"，是苏州有史以来最大的单项基础设施工程。从总格局上看，无论怎样评价这条路的意义，都不会过分。

这条总长186公里、环抱中心城市1 100平方公里面积的黄金通道的通车，标志着从"九五"到"十五"，一直困扰苏州规划、制约苏州发展的交通"瓶颈"彻底被打破，标志着苏州城市化建设跨入一个新阶段;它的建成,使苏州高速公路网密度达到了德国现有水平,形成了接轨大上海、辐射长江以北、沟通甬杭的完善框架格局;它的通车,为苏州在“十一五”大踏步迈进,为实现“第二个率先”,提供了广阔空间。

“十一五”,苏州发展走到新的关口。大交通格局的形成,基础设施的完善,搭起了实现新发展所需的硬件支架,但这显然不够。率先基本实现现代化,建设“和谐苏州”“效益苏州”,还需要围绕既定战略目标,制定一整套“战术”层面的相应政策、措施、手段,以保障5年乃至10年目标的最终实现。在以科学发展观为指导的战略架构上、在国家经济社会发展的宏观背景下、在过去持续快速发展的基石上,苏州找到了自己下一步的发展路径。

美国经济学家斯蒂格利茨有一个著名论断: 21世纪影响世界进程和改变世界面貌的有两件事:一是美国高科技产业的发展,二是中国的城市化进程。

斯蒂格利茨对中国城市化进程意义的高度评价得到了实际印证。在苏州制定的“十一五”规划中,城市化作为四大发展战略之一,被提到了前所未有的高度。在今后5年乃至10年里,它将与新型工业化一起,两轮齐驱,推动苏州率先基本实现现代化这列快车加速前行。

工业化和城市化是现代化的两个侧面。工业化过程是现代制造业和现代服务业的发育过程,而制造业和服务业的聚集就形成了城市。工业化必然推动城市化,而城市化反过来将加速现代产业的培育和层次提升。工业化和城市化这种相互促进、互为表里的关系使得城市化水平在某种程度上成为人们公认的现代化衡量标准之一。

苏州的工业化和城市化道路,是中国经济社会发展的一个缩影。今后5到10年,将是苏州全面落实科学发展观,依据中国新型现代化指标体系而展开的新型工业化和新城市化进程的关键时期,它有别于由“一次现代化”向“二次现代化”转变的经典路径表述,而是有着鲜明的中国特色、打着时代烙印和苏州特征的“苏州之路”全面创新时期。

何传启研究员领导的中国现代化研究中心已连续5年发布中国现代化年度报告,最新的主题是“中国经济现代化”。这个年度报告认为,21世纪,依然是中国在现代化道路上拼却全力追赶和缩小差距的百年,没有任何理由松懈和自满。以在2050年达到当时世界中等水平为目标,中国现代化研究中心认为,在21世纪前50年,中国经济现代化至少要打通三大“瓶颈”:经济质量、经济结构和国际经济竞争力。

他们认为,中国有条件选择综合经济现代化的道路:其一,从20世纪80年代以来,中国已经引进了第二次现代化的许多要素,如信息化、高技术产业、知识经济和全球化等。其二,中国经济不平衡为选择综合经济现代化提供了条件,沿海发达地区和大城市地区可以推进第二次现代化,西部欠发达地区可以推进经典现代化,其他地区可以两次现代化协调发展。其三,中国政府已经提出了新型工业化战略,用信息化带动工业化,用工业化促进信息化。从这些方面看,中国已经是两次现代化并存。

苏州大学任平教授主持的“现代性与发展哲学”课题组认为:经典现代性或者“一次现代化”是西方学者对自启蒙现代性以来、特别是马克斯·韦伯倡言的现代性理论的一种概括和表述。这一理论以追求利益最大化的“理性人”为根基,以工业化、市场化、城市化、民主化和自由化为表征,以西方现代性为蓝本构造线性发展模式,是旧全球化时代的产物,显然具有很大的局限性和谬误性。吉登斯等人的“反思的现代性”或者国内学者的“二次现代化”概念是建立在超越第一次现代性基础上的,主要主张知识化、政府与市场共管、公共管理和社区化等。如果说“第一次现代性”以工业化为产业经济基础,而“第二次现代性”以知识化为基础,那么对于当代中国来说,纯粹的、以工业化为基础的经典现代性和以知识化为基础的“第二次现代性”都不可能实现。在新全球化时代,我们既不可能不顾知识化浪潮冲击而按部就班地走传统工业化老路,也不可能不顾工业化没有完成的国情现实而空想地跳跃至知识化为基础的第二次现代性。来自新全球化时代对中国发展的“时空压缩”导致我们的选择必须是后现代或者第二次现代性与第一次现代性的叠加和结合，是后现代引导的现代性，是以新型工业化为基础的“新型现代化”，这正像当年中国革命既不是经典民主革命、也不是社会主义革命，而是新民主主义革命一样。

我国的新型现代化目标是，既要全面完成以工业化、城市化和经济建设为主要特征的第一次现代化，也要在2050年达到世界中等发达国家以知识化、信息化和提高生活质量为主要特征的第二次现代化水平。

为了率先基本实现现代化，“十一五”期间苏州的“抓手”很明确。深入贯彻党的十六届五中全会和省委十届九次全会精神，全面落实科学发展观，推动苏州“十一五”期间经济社会持续快速协调健康发展，集中到一点，就是在巩固全面小康建设成果的基础上逐步向基本实现现代化迈进，而“抓手”就是根据市委《关于制定苏州市国民经济和社会发展第十一个五年规划的建议》，制定的“提高自主创新能力行动计划”“推进经济结构调整和转变增长方式行动计划”“建设社会主义新农村行动计划”和“塑造当代苏州人新形象行动计划”（以下简称“四大行动计划”）。四大行动计划集中反映了苏州市委、市政府以科学发展观统领“第二个率先”的总思路和总战略意图。四大行动计划体系体现了时代性。按照党的十六大、十六届五中全会精神和中央、省对苏州工作的最新要求，紧紧围绕实现富民强市、“两个率先”和建设“和谐苏州”的目标，着重反映了建设自主创新型城市、现代制造业基地以及加强精神文明建设和统筹城乡发展等内涵。四大行动计划体现特色性。立足苏州现有发展阶段、城市定位、产业基础和人文特征，认真分析了实施“四大行动计划”的有利条件和不利因素，提出了符合苏州发展特色、工作特点的总体目标、重点任务和关键举措。四大行动计划体现指导性。在时间上，重点明确了“十一五”期间“四大行动计划”的实施步骤，同时确定年度工作重点和中长期发展方向；在空间上，立足“大苏州”一体化发展格局，涵盖了全市各个区域、各个方面。四大行动计划具有很强的可操作性。“四大行动计划”既与苏州“十一五”规划纲要配套、衔接，又借鉴吸收了国内外相关研究成果和成功经验，既提出了目标任务，又明确了时间进度和保障措施，既确定了责任主体，又制定了考核标准，形成了实施“四大行动计划”的整体合力。

2. 重中之重：提升经济质量

中国现代化研究中心提出，过去“以经济建设为中心”的经济战略创造了中国经济高速增长20多年的经济奇迹，但由于实质上是以“经济增长为中心”，掩盖了一些社会问题。由于长期的经济增长导向，社会资源高度向经济领域集中，社会进步和经济增长不协调的问题浮出水面，所引发的社会矛盾和冲突，既危及新的经济增长，也危及经济质量的提高和经济现代化进程。任何发展中国家的第一个发展观念模式都是“发展客体论”和“数量扩张模式”。而在经济转型期中期，才有可能发生从以“物”为中心的发展观向以人为本的质量经济和生活经济模式转变。

中国现代化研究中心提出，未来50年，中国的经济政策需要完成两次转变：第一次是从规模增长型向质量进步型转变，依靠技术进步、投资和消费的增长，推动经济质量的提高，包括人均GNP和劳动生产率的增长、新工业化和绿色化的推进、经济结构和公平的改善。第二次是从质量进步型向创新福利型转变，依靠创新和经济福利的增长，推动经济质量和经济福利的进步，包括人均国民收入、劳动生产率、知识化和绿色化、经济结构、经济福利和公平等的全面提升，逐步建立创新型经济和福利型社会。

经济结构战略转型任重道远。

根据实现经济现代化的目标要求，未来50年，中国经济结构的战略调整有两大任务：

第一大任务是三次产业的战略调整。需要把农业劳动力比重从

50%降到4%,农业增加值比重从15%降到2%;服务业比重从27%提高到70%,服务业增加值的比重从34%提高到71%。据此计算,农业劳动力转移的任务将超过3.5亿人,平均每年需转移700万人左右。

第二大任务是十大产业的战略调整。从走综合经济现代化道路的设计看,中国经济的产业结构为基础产业(现代农业、建筑业、交通运输业、商业等)、支柱产业(普通制造业、金融服务业、知识性服务业等)和战略产业(高技术产业、信息产业、文化产业等)。这三组十大产业是中国经济现代化的关键产业,特别应重视战略产业。

强化国际竞争力任务紧迫。

中国的市场经济发育有20多年的时间,而西方发达国家已走过大约300年的历程,但中国又必须与发达国家在世界市场上同台竞技,尤其是随着世贸组织规定的"过渡期"的结束,中国将直接面对全方位的国际经济竞争。这就决定了提升国际经济竞争力,是中国经济现代化的关键所在。

何传启认为,国际经济竞争,不仅取决于经济质量和经济结构,更取决于经济制度和经济观念,而市场经济制度和观念的建立与完善需要几代人的努力。用50年的时间完成发达市场经济国家300年走过的路,是中国经济现代化必须面对的挑战。

关于两次现代化的划分理论有一定的局限性,但对于中国混合型现代化模式的论述、对于三大"瓶颈"的提示,有一定的借鉴意义,对苏州下一步的发展有一定的启发。我们主张新型现代化,就是以新型工业化和科学发展观为基础创造的新的现代化发展模式。

苏州在"十一五"规划中提出的,工业发展要遵从"工业信息化、产业高新化、经济国际化、布局合理化、人才集聚化和资源节约化"六原则,要通过5年左右时间,逐步走出一条具有时代特征、苏州特色的新型工业化道路的目标,正是立足苏州发展实际作出的现实选择。

二、富民优先的苏州思考

——“苏州之路”让老百姓的钱袋子再鼓些

——完善社会保障让老百姓不再有后顾之忧

——富民的关键在于如何促进农民增收

展望新的5年，60多岁的退休工人黄士蓉说，希望电线不再跳闸，夏天空调能开起来。

黄士蓉老人住在人民桥南堍、原苏纶纺织厂旁边的小巷里，宽不足1米的小巷两侧，电线拉得密密麻麻，像蜘蛛网一样。因为电线老化、电压过低，有时开着电视机和电风扇也会突然跳闸，至今家里还无法装上空调机。2005年10月25日，看到前来更换电线的供电师傅，老人高兴地说，改造一结束，她就去买空调。

10月25日，涉及老城区48个街巷区域、惠及2 800户居民的低电压改造工程着手实施，计划到2006年6月底前全部结束。届时，环城河内区域居民供电电压不足问题将得到解决，古城区内的居民将彻底告别经常跳闸停电、不能正常用电的历史。

到2010年，苏州城镇居民可支配收入和农村居民家庭人均收入将分别达到24 000元和13 000元，收入差距逐渐缩小，恩格尔系数小于0.35，人民生活水平整体迈向比较富裕阶段，生活环境、生活质量和社会文明程度显著提高，基本实现城乡一体化。到2020年，城乡居民收入比“十一五”期末增长1倍以上。

2005年，苏州充满自信，也充满焦灼。

这一年，全市农村居民家庭人均纯收入超过8 000元，城镇居民人均可支配收入超过16 000元。

这一年，经济社会发展稳步推进，建成高水平小康社会的“第一个率先”的各项指标逐一被跨过。这一年，“十一五”规划的制定紧锣密鼓，在新的五年实现“第二个率先”，实现基本现代化新目标的征途任重道远。

富民,前所未有地摆到了规划制定者的面前。如何实现富民优先,如何在“强市”的同时“富民”,以“富民”促进“强市”,依旧是前进中的苏州需要认真对待的课题。

发展的内外环境决定了苏州“十一五”期间的主要任务是提高综合实力和国际竞争力,适当平衡各种利益关系,最大限度地创造就业机会,降低经济增长对自然资源的依赖程度,建设和谐稳定的社会。有关方面的预测显示,到2010年,苏州市人均国内生产总值将超过9.6万元,城镇居民人均可支配收入将达到2.4万元,农民人均纯收入将达到1.3万元,基本实现现代化。达到这些目标涉及如何确保增加低收入者的收入、如何扩大中收入者队伍、如何进一步提高高收入者的收入水平等方方面面,有针对性的政策支持、良好的就业环境、有力的社会保障等成为指向目标蓝图的基本路径。

1. 让城市居民的钱袋子再鼓些

对于城市居民来说,城市经济的持续稳定增长是提高收入必要的外部条件。一方面,企业的不断落户带来就业岗位增加的直观效果,而苏州市城市居民的收入有六成多来自工资及与工作相关的收入,就业直接决定市民的收入;另一方面,企业质量的提高带来就业质量的提高。园区开发建设之初,大批外企落户,给苏州市民最直接的感受就是园区就业收入的增长,也是通过园区、高新区等开发区的建设,职业经理人、研发人员等新角色走进了我们的视野。

“十一五”期间,苏州的经济增长方式将逐步从外延式增长转向内涵式增长,注意力将放在经济增长的质量和效益上,要走的是科技含量高、经济效益好、资源消耗低、环境污染少、人力资源优势得到充分发挥的新型工业化道路,调整所有制结构,发展科技含量高的制造业和现代服务业,提升产业结构。这就要求做到一方面通过扩大就业,为市民创造或提供就业机会;另一方面,不能停留在对就业岗位的量的追求上,而是要实现质的提升,确保科技人才、管理人才、经营人才的高薪待遇。两者结合，市民的收入才能形成经济增长——扩大就业——岗位质量提高——收入增长——消费增长——经济增长的良性循环。

2. 老有所养、病有所医的完善社保

有专家指出，提高企事业单位职工的工资，调整收入结构，完善社会保障制度也是提升城市居民收入的主要做法。有人做过这样的测算，苏州市企事业单位职工人均月工资每增加100元，将使居民每月人均可支配收入上升2个百分点。在提升企事业单位职工收入的过程中，要适度提高最低工资标准，加强对企业最低工资标准执行状况的监督力度，并帮助职工争取自己在收入分配上的民主权益。值得一提的是，目前苏州市居民的经营性、投资性收入偏低，而这些也是增收的潜力所在，对于"闯"劲相对不足、有了钱喜欢存起来的苏州人来说，改变观念，在储蓄、房产、实业经营等多元化投资上进行尝试可以大大改善收入的来源结构；对于政府来说，应建立健全由政府监控的投资引导机构以及投资理财机制，努力扩大投资渠道和消费信贷，鼓励市民获得更多合法的非劳务收入，改变一味"存银行吃利息"的保守做法，扶持一部分人通过合法经营、守法经商先富起来。在完善社会保障制度方面，苏州市应继续拓宽社会保障的覆盖面，多方面强化社会保障资金的筹措，并根据社会经济发展实际能力尽可能加大社会保障支出，提高社会保障水平。

3. 农民增收致富实打实

对于农民来说，随着城市化进程的不断推进，加快剩余劳动力转移、实施科技富民、加大基础设施投入、深化农村改革、抓好义务教育，是提高农民收入、改变农民靠天吃饭境遇的5大"抓手"。

农民致富的话题谈了很多年，从乡镇企业建设到城市化推进，很多农民开始洗掉腿上的泥土、穿鞋进城，农民就业使他们有了固定的工资收入，有了过去没有的社会保障。园区的很多失地农民都通过

专业的上岗培训,走上了外企生产线,在工资收入之外,他们可以和城里人一样享受住房公积金,享受医保。处理好工业化、城市化与农民合法权益的关系是苏州市今后保障农民收入的关键,在严格控制土地征用、提高非农土地利用率的基础上,要保障失地农民的利益,制定实施统一的用地补偿标准,建立完善的失地农民保障制度,并帮助失地农民开拓就业渠道,为他们创造稳定的收入。

此外,苏州市还应该实施科技富民工程,增强农民依靠科技增收致富的能力;应该加大农村的固定资产投入,一方面加大对以种植、养殖为主的农业领域的投入,另一方面加大对乡村公路、农村企业及小城镇建设的投入,增加农民劳务收入,改变农村面貌;应该继续通过推进社区股份合作制改革和引导农民组建土地股份合作社等,深化农村改革,解决"三农"问题;应该抓好农村义务教育,提高农村劳动力素质,从根本上提升农民在获取就业岗位上的竞争力。

三、城乡统筹的新目标
——以城市化打造苏州社会主义新农村
——保障农民权益、造福农民的根本出路在于创新
——农村公共物品供给保障的基本要求

1. 率先的思考:以城市化促进社会主义新农村建设

"如果不是动迁,如果不是有了新的保障政策,我们将来的生活来源真的会有问题。"2003年搬入园区唯亭镇古娄动迁小区的吴启文老人说。吴启文老人老年丧子,儿子的过世让这个60多岁的老农民不得不面对残酷的现实:谁来赡养一双老人和抚养一个才十几岁的孙子?光靠儿媳一个人的力量显然是不够的。让老吴感到幸运的是,因为动迁,他不仅自己住进了新房,还有了多余的房子可以每月收取租金。而作为动迁农民,包括他在内,村里的老年人还有了原来

不可能有的生活保障。就是从2005年1月起,园区乡镇达到养老年龄段(男满60周岁、女满55周岁)的保养人员,按月领取的保养金调整至每月220元。所有被征地农民中处于就业安置年龄段人员(除已在各类用人单位就业的之外)尚未就业或自主就业、创业的,均可参加园区城乡社区基本养老保险(农村基本养老保险);所有被征地农民还将统一纳入园区城乡社区合作医疗保险(农村合作医疗保险)。如今,园区全体具有镇、村户籍的居民基本上都享有基本养老保险和合作医疗保险,从而进一步提高了他们的生活水平。“动迁农民分享开发区建设成果”得到了实实在在的体现。

创出“苏南模式”的苏州在20世纪80年代因乡镇企业和小城镇的发展,以及自下而上的城市化进程,在客观上缩小了城乡差别,城乡一体化程度较高。曾有学者对此做过中肯的评价:“经过几年开拓、创新,苏州在农村全面小康社会建设中已经取得了很大的成功,为江苏乃至全国积累了宝贵的经验。”

苏州在城乡统筹方面的实践经验可以概括为以下四点:一是加快工业化、城市化的进程;二是加快制度创新,引导生产要素在城乡自由流动,发挥市场机制配置城乡资源的基础作用;三是及时有效地通过政府职能的转变和公共财政体制的改革,向农村居民提供更多的公共物品和服务;四是坚持以人为本,结合当地的实际情况,实现理论、模式和制度的创新。

因为先行,所以先出成果。也因为先行,所以会先遭遇发展难题。如果从工业化、城市化、生态化和社会发展这个多维坐标来考察苏州的话,那么,苏州在工业化、城市化方面已经走在全国前列,生态化建设正在积极推进,最为薄弱的是社会发展。其中,失地农民和城乡统筹就业等难题让我们看到的是苏州农村小康建设面临的新挑战。苏州是一个有边界、无限界的地区,全市的居民不可能享受全部经济社会发展的成果。由于经济发达地区发展成果的溢出效益和宏观经济制度问题,苏州农村居民还没能达到与区域经济发展水平相应的经济收入,且地区之间还不均衡;城乡居民收入比例有拉大的趋势。

在对“十一五”蓝图的勾画中，坚持城乡统筹，创造农村经济发展的新优势成为苏州的新目标。实现这个目标，就要求苏州继续加快农村富民工程的建设步伐，探索农村居民分享更多工业化和城市化成果的途径，使农民既要成为企业家、打工者，也要成为“房东”，成为收租者；要加大公共财政对农业技术进步的支持，建立起技术密集、高附加值的苏州农业产业化体系；要重视农业领域服务业发展，开拓农村居民收入的新来源；要通过扶持和引导农村合作经济组织的健康发展，探索农民组织的现代化形式，增强农民的利益谈判能力，形成新型的苏南城乡经济关系。

2. 以城统乡、以工哺农：社会主义新农村建设的对策

苏州市委《建设社会主义新农村行动计划》是总体行动纲领。按照“生产发展、生活宽裕、乡风文明、村容整洁、管理民主”的要求，根据苏州市区域内“城中村”“有农无村区”“有乡无农区”及传统农村地区的不同特点，行动计划要求坚持科学规划、分类指导、综合配套、有序推进，加快建设具有苏州特色的社会主义新农村。统筹城乡规划，完善农村产业布局、居住区分布、基础设施体系和水系，加强农村基础设施体系和公共事业建设，整治农村环境，改善农村生产生活生态环境。以建设现代都市农业为目标，扶持壮大一批农业龙头企业，推进农业规模经营，大力发展生态、旅游、观光、休闲农业。创新农村集体土地使用制度，改革农村集体经济管理体制，重视发展农村集体经济和民营经济，完善农村社会保障体制，促进农民持续增收。推进现代农民教育工程，提高农民文化素质、文明素质和健康素质。抓好新农村建设的组织体系，加强农村基层党组织和村民自治组织建设，切实保障农民的民主权利和经济权益。力争到“十一五”期末，建成一批具有苏州特色的社会主义新农村样板。

具体来说，有以下对策措施：

对策一：拆除农村劳动力就业藩篱，形成合理的城乡生产力空间布局。

包括加强农业的基础地位，实现工业与农业的良性循环、协调发展；统筹城市工业与农村工业的发展，加强城乡工业的分工协作和交流，使农村工业化与城市工业化同步并进、一体发展；大力发展农村商业服务业，推动城乡产业结构的优化升级；加快农业劳动力和农村人口向大中城市与小城镇转移的步伐，走具有苏州特色的城市化道路。

对策二：保障农民权益，完善农村社会保障体系。

要加快"农保"转"城保"的步伐，让农民与城镇居民一样享受到医疗、养老、就业等各方面的权利。要通过完善立法来保障农民权益，形成以《农村基本养老保险管理暂行办法》《苏州市农村合作医疗保险管理办法》和《苏州市农村最低生活保障制度实施办法》等为中心的社会保障法律体系，并细化到社会保险、社会福利、社会救济、优抚安置、公积金制度、社区服务等更广泛的领域；要拓宽筹资渠道，提高国家和集体在农村社会保障中的责任，扩大农村社会保障支出在财政总支出中的比重，缩小城乡居民收入差距，并建设社会统筹账户，接受公众、公益机构及企业的捐助；要科学运用并严格监管农村社会保障基金。

对策三：建立公共财政制度，提高完善农村公共服务体系。

要加大对农村公共产品的投入力度，必须按照科学发展观的理念和"五个统筹"发展的要求，将农村公共产品，包括农村公共文化设施的建设纳入社会发展规划，加大对农村基础设施、文化教育、卫生保健的投入；要加快推进农村新兴社区的建设，制定出适应农村发展的村落社区建设规划，硬件上，每个社区都要有一套相对完备、可以满足社区成员基本物质需要和精神需要的生活服务设施及相互配套的、适合社区生活的制度与相应的管理机构，软件上，要通过开展精神文明建设活动和各种有效的社区服务来丰富人民的精神生活；要优化资源，统筹城乡教育，逐步实现农村义务教育的责任从主要由农民承担到主要由政府承担的转变，要调整学校布局，分流城区的部分优质教育资源，适度向小城镇集中，吸引农村学生进城，以学生进城带动农民进城，要有条件、有步骤地将城市教育资源对农村开放，推进城市学校对口支援，还可通过城乡教育机构挂靠、设立分校等方式来提高农村教育水平，积极实施旨在保障流动少年儿童接受良好教育的“蓝天计划”，创办更多流动儿童专门学校，并开展帮困助学、推进农民素质培训等活动；要加大投入，提高农村医疗水平，在确立目标和任务的基础上，要加快农村卫生服务体系建设，建立以公有制为主导，多种所有制共同发展的农村医疗卫生服务网络，要完善农村合作医疗保险制度，建立农村特困人群医疗救助制度，并切实抓好农村公共卫生工作。

对策四：维护失地农民利益，使其在身份转化为城镇居民后能真正融入城镇。

在解决就业问题方面，要克服失地农民自身文化和技能素质较低、信息服务渠道不畅、就业激励机制不健全等障碍；要处理好保障失地农民利益与优化投资环境的关系；要进一步健全失地农民社会保障制度；要解决新老政策的衔接问题等，要做到在控制农用土地征用的基础上，不断提高土地征用安置补偿金，改进征用土地补偿方式，建立失地农民基本养老保障制度，加强就业技能培训，多种途径扩大就业，并抓紧、抓好农村社区股份合作制改革，落实农民“持股进城、按股分红”的决策。

四、让工业更“轻”一些
——在产业布局优化中推动新型工业化
——新型工业化的四大策略

1. 推进新型工业化进程

“由于我们采用了企业信息化管理系统，从原料到成品全程由计算机监控，能源原料大量节约，炼1吨钢耗水只有3吨，达到全球先进水平，每年循环利用‘三废’产生的效益达10亿元。”作为苏州最大的工业企业，又是物耗能耗最大的行业，沙钢人正在用实践改变人们对工业的传统印象。

从20世纪70年代起，人们渐渐对工业产生了畏惧，因为它越来越多地开始和污水、废气、噪声这些影响人类生存的名词相联系。渐渐地，苏州人发现，与工厂相邻也不那么恐惧了。这种现象出现在园区和高新区。这里的企业在创造数十倍于过去传统企业GDP的同时，却没有同比增加数十倍的污水、废气和噪声，而且这些区域里“厂边、路边、水边”的住宅同样热卖。究其原因，是这些企业的产业结构、技术水平、环保措施都非传统工业可同日而语。这就是新型工业化的功劳。新型工业化融洽了工业与人类的关系，成为构建和谐社会的重要基因。

工业化的中期，无疑是处在所谓的“重化工阶段”，而苏州这一文化古城已经难以承受其“重”。展望全球，发达国家的工业化正在因信息化、知识化而变得越来越“轻”。

在“十一五”规划中，苏州为自己的工业发展之路树立了新的标尺：坚持走新型工业化道路，以特色产业基地为依托，培育壮大产业集群，加快形成各具特色又具有比较优势的“六大板块”经济和开发区经济发展形态，加快推进技术创新和技术进步，进一步实施名牌带动战略，努力使苏州成为产业集群度高、自主知识产权和名牌产品多、能源资源消耗少、经济效益好的先进制造业基地，逐步实现生产中心向研发和销售中心延伸。

苏州市委曾经这样分析：我们过去的工业化主要是量的扩张，或者叫无选择发展。我们要冷静分析近1万亿元的工业总量，有多少是我们自己的，有多少是有很强竞争力的，有多少是已经形成基地化的，有多少是和环境没有矛盾的，有多少是长期的生根的产业。逐步从粗放工业解放出来，逐步从传统制造业中发展起来的苏州要在"十一五"的蓝图里绘就工业的"轻柔"与"细腻"。

推进苏州新型工业化的进程，需要站在"长三角"乃至全国发展的高度，找准重点，发挥优势，错位发展，以科技进步和信息化推动工业结构优化，促进经济增长，实现速度、效益、结构和环境协调发展。未来5年，苏州应着力把握好六条原则，即工业信息化、产业高新化、经济国际化、布局合理化、人才集聚化和资源节约化，走出一条具有时代特征、苏州特色、产业特点的新型工业化道路，努力形成特色鲜明、优势突出、布局合理的工业发展新格局，实现速度、效益、结构和环境协调发展。为此，苏州市委在制定的《推进经济结构调整和转变增长方式行动计划》中强调：大力发展高新技术产业，优先发展高技术、高效益，低污染、低能耗的先进产业，积极运用高新技术和先进适用技术改造提升传统产业，建设现代制造业基地。

2. 推进新型工业化的策略

（1）要全力打造先进制造业基地

在2005年提前两年完成"IT产业双倍增"计划的同时，实施IT产业三年翻番计划，推动电子信息产业最终形成计算机整体及配套件生产链、通信终端及AV产品生产链、集成电路芯片生产链和电子元器件产业链等完整的产业链，成为全国乃至全球IT制造业基地之一。实施培育大企业的"220"计划，三年内形成220个年销售收入超10亿元的大企业。完善中小企业管理和服务体系，促进民营经济向集聚型、规模型、科技型、外向型腾飞。

（2）要着力培育技术创新基地

围绕高新技术产业化、传统产业高新化改造，重点实施一批有明显带动作用的重点项目、骨干项目，带动产业的优化升级。加快以自主创新为主的创新载体建设，重点建设一批国家高新技术产业基地，包括苏州软件园、吴中医药产业基地、张家港精细化工产业基地等。

加快重大技术创新项目产业化步伐，重点建设生物医药、数字电子、环保等一批高层次的技术中心，以及航空地面设备、程控通信设备等一批高新技术中试基地。研发电子数字化技术、计算机制造和软件技术、环保技术、激光技术等100项高新技术领域中的关键技术和核心技术，逐步形成自主知识产权。加快创新成果的商品化、产业化。力争技术创新投入占企业销售收入比重年均提高1个百分点，3～5年内，主要工业产品采用国际标准率达到80%，科技进步对工业贡献率超过55%。

（3）加快产业结构升级，推进资源综合利用

重点建设电子信息和沿江常规制造业两个产业带，突出工业园区、高新区、昆山开发区和吴江开发区等四个增长极，形成各具特色的“六大板块”经济和开发区经济发展形态。加快培育环保产业，引入环保设施建设运营社会化、市场化和专业化的发展模式，改造提升传统产业，培育一批适应污染控制和生态保护需求、竞争力强的骨干企业和优质产品。建立促进循环经济发展的政策体系，抓好重点技术的开发、应用和推广，运用工业生态学的观念改造现行的工业系统。在具有条件的企业中，推行清洁生产，促进能源、原材料循环利用。

（4）四大战略全面提升新型工业化水平

一是信息化带动工业化战略。重点在制造自动化、管理信息化、产品数字化、系统集成化四个领域培育一批示范企业，要用高新技术和先进适用技术改造提升传统产业，拓展新的发展空间，使人力资源的比较优势真正得到发挥。

二是名牌带动战略。建立名牌战略联席会议制度，争取3年内拥有中国名牌产品和驰名商标达到40个。努力培养一批扎根本土、拥有自主知识产权和知名品牌、具有国际竞争力的大型企业。通过进一步实施名牌战略提高苏州制造业产品的市场知名度和市场竞争力，扩大市场占有率和市场份额。

三是人才强市战略。要紧紧抓住人才培养、吸引、使用三大环

节,尽快形成与经济发展相适应的人才培育架构,加强人才资源能力建设,创新人才工作机制,优化人才结构队伍,强化人才激励机制,努力营造优秀人才脱颖而出和人尽其才、才尽其用的良好环境,要在3年内新增500名留学生和博士,6 000名硕士和高级职称人才。

四是经济国际化战略。要积极参与国际合作,争创外向型经济新优势,坚持以质取胜和市场多元化,增加高新技术产品和机电产品的出口比重。提高利用外资水平,注重引进跨国公司及其研发机构、采购中心,引进资金和技术密集型项目。要逐步从大量接纳劳动密集型产业转向重点接纳技术密集型和资本密集型产业,争取与国外企业在资本、技术、信息和人才等方面实现双向流动,由目前的"垂直型分工"转变为"水平型合作"。

在突出高新技术、注重环保和资源集约、推进新型工业化内涵提升的同时,苏州还将着手产业布局调整,促进新型工业化外延的扩大与优化。开发区的集聚功能将得到进一步凸现。"十一五"期间,"两轴三带"产业布局的思路已经明晰。

以沪宁高速公路、沪宁铁路、312国道和规划中的沪宁高速铁路等骨干道路组成的交通走廊为横向发展轴,以连接苏通长江大桥的苏嘉杭高速公路为主体的纵向发展轴,是苏州未来经济集聚成长、快速提升的东西、南北发展主轴线和中枢系统。沿江、沿沪浙和沿湖三条产业带是承接国际重化工产业转移、接轨上海、对接浙江以及提升农业、服务业发展水平的主要区域。

沪宁东西发展轴:

包括苏州中心城区和昆山市。积极推进苏州工业园区、苏州高新区、昆山经济技术开发区的产业提升和空间整合,建设成我国引进、消化、吸收国外先进技术的重要基地。优化城市空间和职能,规划建设中心城市的中央商务区,加快完善花桥国际商务中心的服务功能,构建现代服务业基地。

苏嘉杭南北发展轴:

包括苏州中心城区、吴江市和常熟市。加强轴线内区域之间的社会经济联系，北部辐射苏中、苏北，南部联系浙北。利用苏嘉杭高速，加快发展物流业和轻纺产业，建成苏州南北向重要物流轴线以及连接沿江基础原材料与腹地制成品加工产业链通道。

沿江基础产业带：

以岸线资源开发为重点，以苏州港为支撑，以张家港、太仓、常熟三个城市为依托，以钢铁、化工、电力、造纸为特色，促进沿江港口、产业和城市建设的统筹协调、资源共享，打造江苏第一大外贸港、临江基础产业集聚带。

沿沪浙现代加工产业带：

全面接轨上海，以太仓、昆山、吴江三个城市为重点，加快推进沿沪产业空间整合，大力发展汽车配件、精密机械和电缆光缆产业。以淀山湖周边乡镇为依托，在旅游度假、文化会展方面与上海紧密合作，引导建设技术含量和附加值高的农业基地。以适宜的生态容量为约束前提，强化开发管制，积极吸引浙江民营资本，开展沿浙产业发展与协作，重点发展丝绸纺织和环保产业。发挥苏浙沪结合部的区位优势，加快发展物流产业，加强与南部环太湖地区的联系。

沿湖休闲度假旅游带：

以严格的生态容量为约束前提，近期进行生态休闲旅游和现代农业开发，中远期作为高层次服务业发展的预留区。充分体现江南水乡和生态特色，高起点开发休闲度假旅游，力争山水相依、人与自然和谐共处；利用沿太湖地区南北向高速通道，带动沿湖—沿浙结合部的旅游等产业发展。在发展现代农业的同时，加大生态环境修复力度，重点治理和保护好水环境。

五、服务业不等于“端盘子”
——长三角现代物流中心的“苏州梦想”
——现代服务业的几大支撑点

1. 现代服务业的地平线

2004年11月29日,一个不同寻常的大会,让苏州人再一次血脉贲张。这是苏州在全省率先召开的服务业促进大会。大会公布了市委、市政府制定的先进制造业和现代服务业“双轮驱动”发展战略,出台了促进服务业跨越发展的决定。服务业跨越计划提出,今后3~5年,服务业增加值占地区生产总值的比重力争每年提高1~2个百分点,其中市区服务业增加值在全市的比重超过40%,在全国、全省同类城市市区中的位次前移。2005年1月,市政府又把“一号文件”给了促进服务业跨越发展的56条政策。“56条”涵盖了从放宽市场准入直至税收、就业、融资、用地、投资的种种优惠政策。同时,为了切实落实“56”条,市政府建立了服务业发展指标体系,并对5市7区17个部门实施考核。一个大会,一个决定,一个政策,再次鼓起全市创业热潮。

在“十一五”规划中,服务业发展被提到一个新的高度:以生产性服务业为重点,加快发展现代服务业,繁荣传统服务业,进一步扩大服务业发展领域、提升服务业发展水平,努力增强服务业对全市经济社会发展的推动作用。

规划明确了5大关键发展领域:优先发展以现代物流业为重点的生产性服务业;加快发展以休闲度假为重点的旅游、会展、商贸业;积极稳妥发展以商务用房为重点的房地产业;培育发展以文化旅游业为重点的文化产业;鼓励发展以便民为主的社区服务业。

在外人看来,苏州这些年的发展如日中天。其实,苏州人内心极度不安。这个不安,缘于一个百分比——服务业增加值在地区生产总值中的占比。

2004年,苏州经济总量在全国20个大中城市中位列第五,而服务业占比却排在后列;苏州服务业在地区经济中的比重是32.1%。国际经验告诉我们,当人均国内生产总值达到3 000美元,即经济处于加速成长阶段的初期时,服务业就应当占据领军地位。苏州已处在工业化中后期,在发达国家和地区,服务业一般占经济总量的60%以上,苏州服务业的比重远远低于国际上同等时期的国家。苏州全面提升服务业的一个重要内容,就是提高服务业的比重,苏州的目标是力争今后3~5年内,全市服务业总量实现翻番,占GDP的比重每年提高1个百分点。这1个百分点正是"十一五"的目标指向。

如今,兴旺的服务业已成为现代世界经济发展的潮流,在发达国家,服务业比重已由100多年前的20%多增长到60%~70%。从苏州自身发展的情况来看,强大的制造业一方面拉动了经济的快速发展,同时也意味着服务业发展具有巨大潜力。

早在2004年11月,苏州就制定并开始实施"服务业跨越计划"。构筑以生产性服务业为主导的现代服务业体系,力争"十一五"期间服务业占比平均每年提高1个百分点,服务业总量实现翻番。完善鼓励消费的政策措施,拓展新的消费领域,推动消费结构升级,着力提高消费对经济增长的拉动力。"跨越"的重点是生产性服务业。苏州的制造业已形成一定的规模优势,大力发展生产性服务业,可以促进制造业更好地适应市场的变化,提升现代制造业的产业能级,有效化解市场风险,促进区域经济的稳定协调发展。因此,苏州应大力发展与制造业相配套的生产性服务业,并以此为突破口,推动整个服务业的发展上规模、上水平。生产性服务业中,一是现代物流业。围绕把苏州建成区域物流中心,搞好工业园区保税物流中心和张家港保税区"区港联动"物流园区试点,加快建设各类专业物流园区和专业市场,增强物流业的集聚辐射能力。二是信息服务业。大力发展电子商务、数字通信、自动控制软件开发、系统集成、数据服务、企业管理信息化,全面推进金融、分销、旅游、证券、房地产等行业企业的信息化进程。三是技术服务业。建立健全技术创新体系,着力建设企业研发中心、产品设计中心、技术中心、检验检测中心和科技创业园区。此外,工业工程装备服务业、金融保险服务业、商务服务业、会展业等,也都是生产性服务业发展的重要方面。在发展生产性服务业的同时,苏州应进一步加大现代商贸服务业和文化休闲旅游业的发展力度，争取成为名符其实的商务之都、旅游胜地和消费天堂。

为推动“服务业跨越计划”的实施，苏州出台了一系列优惠政策，涉及市场准入、财政税费、就业再就业、融资担保、土地供应、项目投资等各个方面。

加快发展服务业，这是现代化对中国的急切呼唤，也是当今中国发达城市集体发出的最强音。在“十一五”的新蓝图中，苏州提出的服务业发展总目标是成为“长三角国际都市圈传统和现代融合、自然与人文和谐的服务经济副中心城市”。

2. 服务业跨越发展的战略

对策一：改变服务业的传统面貌。

不管是“梦里水乡”，还是“后花园”，这种种称谓都印证着苏州曾是一座消费城市，而老苏州钟情的“上午泡茶馆、下午浮澡堂”的生活方式，更证明了苏州服务业曾经的繁荣。但是，这些并不能说明苏州人对发展服务业就一定驾轻就熟。相反，被传统过多牵绊的苏州人对现代服务业、生产性服务业还是相当陌生的。虽然苏州已进入工业化中后期，但服务业仍处于传统流通型业态，服务企业总体小、散、弱，高知识和高附加值的新兴服务业尚未形成规模，中心城市服务业的辐射带动能力比较薄弱，区域特色不明显，体制机制不够完善。从现实产业优势、区位条件、未来市场需求看，生产型服务业都将是苏州今后服务业发展最重要的领域，而其中特别要发展现代物流业、信息服务业、技术服务业、工业工程装备配套服务业、商务服务业、会展业等重点领域。

对策二：扩大服务业的对外开放程度。

全市服务业利用外资长期徘徊在吸引外资总额的10%左右，2004年服务业新增注册外资仅占全部注册外资的8.7%，部分市（县）区2005年一季度服务业利用外资还是零。苏州虽然是吸引外资的重点城市，但服务业利用外资的比重却落后于许多城市。在今后5年，要继续放宽对服务业的行政管制，抓住服务贸易在世界范围内快速发展、国际资本加快向服务业领域转移的有利时机，深化服务业对外开放，积极引进适应苏州市制造业发展的境内外知名服务机构。大力吸引境内外大公司在苏州市设立研发中心、采购中心、分销中心和物流中心以及其他分支机构，逐步形成具有综合竞争力的产业集群。

对策三：抓好服务业发展载体建设。

要紧紧围绕提高苏州中心城区、市（县）城区的综合服务功能，把生产要素配置到重点推进的领域和行业，强化改造和提升传统服务业，全力发展壮大生产性服务业和培育新兴服务业，积极稳妥地推进现代服务业优先增长。要抓中心环节和重点，并把它们落实到服务业发展载体建设的工作中，要根据布局规划、功能定位，抓好一批基础性、功能性的服务业重大项目，形成高起点、高标准、高水平的产业集群和集聚区，提升城市综合服务能级和城市整体品位。

对策四：引导消费、扩大供给、拓展服务市场。

企业规模小、产业链不长、分工合作不强、现代企业制度还未建立等，使得不少本来应由生产性服务业承担的功能，被工业企业自我消化了。要加快企事业单位服务业外包化进程，扩大第三方市场；要按产业链管理方式，建立采购中心、中介市场、供应商制度、金融风险基金等新兴服务业体系，扩大生产性服务的供给渠道；要加大政府的外购服务力度；要坚持富民政策，增加居民可支配收入，积极引导居民生活消费，运用金融、价格、财政机制提高消费率。

六、插上自主创新的翅膀
——从科教兴市到国际新兴科技城市
——“引进来”是提高水平，“走出去”需要提高竞争力

1. 从技术创新和产品研发起步

中科集成电路设计中心的总经理告诉记者，对于刚起步的 IC 设计企业来说，动辄几十万美元甚至上百万美元的软硬件设施投入是创业路上最大的“瓶颈”。而在价格门槛之外，这些软件和设备使用起来也不容易。中科集成电路设计中心可谓应运而生。这个园区与中科院等投巨资联合建立的集成电路设计软硬件平台，配备了国际一流公司的 EDA 设计软件，设备水平超过已认定的 7 个国家级 IC 设计基地。经过两年发展，该中心已经能够向全市的集成电路企业提供开发平台和技术、信息、人才、创业融资等全面的技术支持服务。“目前，全市几乎所有做 IC 设计的企业都在使用这个平台。”总经理对此颇为自豪。

江泽民同志说过：“技术创新，主要是企业应用新知识、新技术和新工艺，采用新的生产方式和经营管理模式，提高产品质量，开发新的产品，增强市场竞争的能力和抵御风险的能力。”加强和推进科技创新，同时要加强以企业为主体的技术创新。实施科教兴市战略，强调科技创新，最终都要体现在生产力的解放和发展上。科技创新包括很多方面，其中很重要的一个方面是技术创新。技术创新的主体是企业。

像中科集成电路设计中心这样面向科技企业的服务平台还有不少，对于跋涉在创新之路上的科技企业，相关的政策支持、资金支持、技术支持，无疑都是雪中送炭。

未来 5 到 10 年，围绕率先基本实现现代化的目标，苏州提出了科技发展的宏大构想：以“集成创新、跨越发展”为指导，按照有所为、有所不为的原则，有选择地发展一批高新技术产业，建设软件开发、集成电路和汽车等生产基地，加快促进产业结构升级；充分利用苏州优越的地理位置和“天堂苏州、东方水城”的品牌文化，加快把苏州建成产学研紧密结合的技术创新基地、高层次人才集聚的新型区域、全国自主创新的示范区域、具有较强创新能力的世界制造业基地和国际新兴科技城市。

有着“状元之城”美誉的苏州从来就是一个人才集聚的地方。

新时代的苏州通过推进以国家级、省级开发区为主体的开放式创新体系建设，通过国际先进技术的引进消化吸收和再创新、自主创新，通过以产学研联合为主体的自主创新体系建设，通过以企业为主体的技术创新以及创新创业载体建设等完成了人才集聚、科技创新的平台建设。在苏州高新区，一个跨域达16平方公里的科技新城拔地而起，各大部委所属研究所和IT跨国公司的研发机构纷纷落户，一大批产品研发和技术创新团队聚集新城。为了将苏州打造成为自主创新基地，苏州用大手笔重新勾画了一个又一个科技创新的战略蓝图。

构筑一个与苏州国际国内地位相称，与苏州产业特点、人文特色一致，与苏州经济社会发展相适应的人才体系，并为人才集聚、人才发展提供科技创新的良好环境，是苏州不断提高自主创新能力的关键。

2. 加速培育自主创新的能力

作为苏州市委制定的“四大行动计划”之一，《提高自主创新能力行动计划》从苏州的经济特色、科技实力和技术层次出发，把引进消化吸收再创新作为苏州近期自主创新的主渠道，力争在电子信息、生物医药、精细化工、精密机械、新型纺织等现有技术水平较高、发展前景看好的领域有所突破，成为自主创新型城市。加强企业为主体、市场为导向、产学研结合的技术创新体系建设，重点发挥企业的创新主体作用，促进企业与科研机构、高等院校开展合作，培育一批自主创新型规模企业，增强民营企业的自主创新意识和能力。深化科技体制改革，建立健全自主创新工作体制和激励机制，积极培养和引进创新型人才，大力构建科技人才创业创新创优的载体和环境。力争到“十一五”期末，全市拥有自主知识产权产品的销售比重达到30%，基本形成自主创新型城市的品牌效应。具体来说，有以下几大对策：

对策一：

人才兴旺，事业才能发达。要实施科教兴市战略，必须同时实施人才强市战略。推进科技创新，离不开创新型人才。要把苏州现有的58万人才资源优势转化为人力资本优势，并最终转化为科技优势和产业优势，实现由社会经济和人才互动发展转变为人才拉动社会经济发展的质的飞跃。要加强对人力资本的超前投资与开发，要加快苏州独墅湖高等教育园和国际职业教育园建设，积极整合现有教育资源，大力引进国内外优质教育资源，大力提升苏州高层次创新创业人才、高技能适用人才集聚和自主培养能力。

对策二：

国际新兴科技城市的建设、创新型城市建设、民营经济腾飞目标的实现，核心是创新创业，关键取决于创新创业人才的数量和质量，要大力加强人才创新创业的载体和平台建设，努力把各类载体建设成为集聚和吸引高层次人才的磁铁，培养和造就高层次人才的摇篮，高层次人才创新创业和施展才华的舞台；要不断完善鼓励人才创新创业的体制机制和政策保障体系，建立社会化、开放化、即时化的人才创新创业全程服务平台，并通过健全金融支撑体系，形成投资主体多元化的人才创新创业基金，为创新创业人才提供风险和资金保障。

对策三：

营造良好的人才环境是人才开发的关键之一。要不断优化舆论环境，通过表彰奖励优秀人才、广泛宣传优秀人才等，努力营造良好的舆论氛围。要加强人才工作的前瞻性研究，按照科学发展观的要求，进一步建立和完善科学的人才政策体系，政策的制定必须从过去的偏重管理转到偏重服务上来，最大限度地满足企业需要。

对策四：

要在依靠自身教育加速培养人才的同时，积极参与国际人才的争夺，采取各种有力措施和优厚待遇吸引国外人才。要制定国际化的人才发展战略，加快人才资源配置国际化、人才培训国际化、基础教育和高等教育国际化、人才制度国际化步伐，使人才“教育——培训——使用——流动”整个链条与国际接轨，加速人才的国际化进程。

对策五：

以提高市民科学素养和生活质量为根本出发点，启动全民科学素质工程，实施“全民科学素质工程实施计划”，根据苏州市经济和社会发展对市民科学素质的要求，多形式开展市民科普游、百姓科普广场等科普宣传活动，广泛吸引公众参与，进一步提高公众获取知识、信息，以及参与科学健康文明生活的能力；增强公众对现代科学技术的理解、掌握和运用能力，把科学思想、科学理念根植于民族精神，转化为全社会的创新能力，促进苏州市科教兴市目标的实现。

七、让开放型经济优势更优

——苏州经济国际化战略的新思维

——进一步强化外贸出口拉动经济的发动机效应

——优选外资，从制造业末端向上端进发

——从率先“请进来”到率先“走出去”，苏州应尽早谋划辐射现代化战略

2005年9月8日，商务部发布《中国国家级经济技术开发区发展报告》(以下简称《报告》)。这是我国设立经济技术开发区21年来，首次发布国家级开发区发展权威报告。

这份《报告》从主要经济指标、开放型程度、土地利用效益、高新技术产业、产业集群以及投资环境等方面对54个国家级开发区2004年的发展情况进行了总结分析。苏州工业园区和昆山开发区多项指标名列全国前茅。在生产总值方面，昆山开发区列开发区第三位，苏州工业园区在5家工业园区中居第一。在出口额超过100亿美元的3家开发区中，苏州工业园区和昆山分别以118.85亿美元和113.91亿美元占据前两席，其中苏州工业园区出口占5家工业园区出口总额的 68.12%。使用外资方面，实际使用超过 5 亿美元的开发区中，昆山开发区以 6.72 亿美元居第 2 位。苏州工业园区的实际使用和合同外资金额均居 5 家工业园区之首，分别为 40.81 亿美元和 18.12 亿美元，占 5 个工业园区总额的 87.91% 和 64.78%。在 2004 年开发区总指数排名、技术创新环境和人力资源供应三方面，昆山和南京都进入前十名，苏州工业园区前两项指标居 5 家工业园区第一，人力资源供应位列第二。

《报告》还对 2005 年国家级开发区发展情况作了排序，昆山在投资环境综合评价前十强中列第三，苏州工业园区在 5 家工业园区中独占鳌头。

来自苏州市统计局的数据显示，2005 年，苏州可完成进出口总额 1 300 亿美元，其中出口 650 亿美元，分别比"九五"期末增长 6.5 倍和 6.2 倍。引进外资质量进一步提高，一批超过 10 亿美元的大项目落户苏州，世界 500 强中有 100 家在苏州投资办企业，"十五"期间，累计实际利用外资 300 亿美元。"走出去"步伐加快，累计批准境外投资项目 134 个，以昆山开发区、工业园区和高新区为代表的开发区建设迈上新水平，集聚、辐射、带动作用进一步增强。

以昆山经济技术开发区和苏州工业园区为代表的国家级、省级开发区群，已经成为苏州经济最具活力、最具潜力的经济增长点，探索出了一条在经济全球化背景下集约利用土地资源、吸引国际资金推进新型工业化与城市化的成功之路。

温家宝总理曾经就"树立和落实科学发展观"指出，统筹国内发展和对外开放，以形成国内外全方位开放新格局，是贯彻落实科学发展观的重要内容。在新的发展阶段，必须适应全球化深入发展和我国加入世界贸易组织后面临的新形势，以在更大范围、更广领域和更高层次参与国际经济技术合作与竞争。为此，应坚持"引进来"与"走出去"相结合，统筹利用国际国内两个市场、两种资源，以促进我国现代化建设；要把利用外部有利条件和发挥自身优势结合起来，充分发挥我国市场广阔、劳动力资源丰富的优势，把扩大内需作为经济发展立足点和长期战略方针，处理好内需与外需、利用内资与利用外资的关系，在继续保持开放经济优势的同时，加快发展拥有自主知识产权的规模经济和民营经济，以构成“三足鼎立”格局，促进公有经济和非公有经济“比翼齐飞”、各类资本融合发展。

这些源于我国经济发展实践的理性思考，实际上对苏州实施的经济国际化战略提出了新要求，即在实施经济国际化战略中必须加速外向型经济转向经济国际化进程，大力发展对外经贸交流、合作与竞争，主动承接国际资本、技术、产业转移，全力支持国内企业跨国经营，并加大研发经费投入力度，培育科技领军人物和创新人才，增强自主创新能力、核心竞争力和规模扩张力，以全方位地提升苏州经济国际化水平。

改革开放20多年来，苏州已经走出了一条具有自身特色的对外开放路子，为新一轮对外开放奠定了坚实的基础，赢得了广阔的发展空间。

——苏州已积累了比较雄厚的物质技术基础，经济国际化战略深入人心。广大干部群众经过多年的实践和锻炼，对社会主义市场经济规律和经济全球化趋势有了更加深刻的认识，应对复杂情况的能力有了很大的提高，开拓国际市场和加快引进外资的经验也日益丰富。

——加入WTO为苏州开放型经济的发展带来了新的机遇。与国际经济的全面接轨将有利于苏州进一步扩大对外开放，对外贸易将继续实现较快增长。而利用外资由于我国放宽外资准入限制，一、三产业引进外资将会得到大的发展，尤其是在金融保险等现代服务业领域将会填补空白，结构将更趋合理。

——苏州的区位优势明显。在接受上海浦东开发开放的辐射过程中，已经形成了加工工业基地的定位，同上海国际大都市的金融中心、商贸中心、信息中心的定位，构成了既接受辐射，又错位竞争的优势。

——苏州工业园区、苏州新区和昆山经济技术开发区等国家级开发区，已成为全市开放型经济的主战场。在产业结构、规模效益、创新机制和基础设施等方面形成了比较优势，在出口加工区、保税区区港联动、保税物流中心、特色园区等方面形成了功能优势，成为全市经济发展新的增长点，集聚、辐射和带动作用日益明显。

——投资环境有了明显的改善，对外商投资企业的吸引力进一步增强。在当前全国同一政策环境下，苏州在吸引长期投资方面已经先走了一步，一大批已落户苏州的国际著名企业纷纷增资扩股，正有力地发挥出投资带动示范效应。

牢固树立和认真落实科学发展观，实现苏州市开放型经济新的发展，关键是坚持以开放促改革促发展，努力做到“五个更加注重”，即更加注重开放型经济发展的质量和效益；更加注重开放型经济对调整优化苏州经济结构和产业结构的作用；更加注重对内对外开放的一体化发展；更加注重贸易和投资的良性互动；更加注重开放型经济的区域协调发展。

1. 转变外贸增长方式，全力优化外贸出口结构

一是提升一般贸易出口水平，加快加工贸易转型升级。通过大力开发具有自主知识产权的高新技术产品，增强竞争能力，提高一般贸易中高新技术产品的出口比重。着力吸引跨国公司把更高技术水平、更大增值含量的加工制造环节和研发机构转移到苏州，积极推动加工贸易加速转型升级，提高带动内资企业发展的能力，促进其“落地生根”。提升加工贸易企业技术开发和创新能力，提高加工贸易深加工程度，延长增值链条，扩大产业积聚和辐射效应，不断优化加工贸易产业和产品结构。

二是加大体制创新力度，优化外贸主体结构。建立外贸企业现代企业制度。对已完成改制的企业，进一步完善法人治理结构，优化内部运行机制，增强外贸企业活力。多元化发展出口主体，大力培植民营外贸企业。支持和鼓励更多具备条件的企业进入外贸企业队伍，形成新的出口增长点。重点培育出口骨干企业，扩大规模型企业队伍，坚持一手抓千军万马，一手抓扶优扶强，发挥骨干企业出口的

支撑带动作用。

三是进一步优化出口产品结构,提高竞争能力。继续实施科技兴贸发展战略,努力提高机电产品和高新技术产品的出口比重,加快推进实施出口品牌战略,大力发展具有自主知识产权的名牌商品出口。进一步完善全市创名牌出口商品规划,调整充实创名牌出口商品企业,落实奖励办法,促进全市自主知识产权名牌商品出口。对纺织、服装等传统出口商品,引导企业加大科技投入,提高科技含量和产品附加值,鼓励多出新品,提高市场竞争力。

四是加大市场开拓力度,构筑出口市场合理布局。在巩固扩大对欧盟、日本、美国和中国香港四大主体市场出口的同时,积极开拓非洲、俄罗斯、印度、中东、南美和东欧等市场,加快形成以亚洲、西欧、北美为重点,以周边国家为支撑,发达国家与发展中国家合理分布的市场格局。

2. 坚持量、质并重,全面提升利用外资水平

抓住国际产业转移的机遇,加快实现利用外资新的突破和提高,必须从优化引资结构入手,进一步明确利用外资的重点和关键,并与促进苏州市产业优化升级相结合。

一是优化引资的来源结构。从近年来日、韩对华投资看,正在经历20世纪90年代中期以来的新高潮,因此,我们应紧紧抓住这一机遇,顺势而为,加大对日、韩招商的力度,提高日、韩投资在全市利用外资中的比重。同时,千方百计开拓欧美等国际直接投资的主要国家(地区),力争吸引欧美投资实现新的突破。

二是优化引资的产业投向结构。随着我国入世承诺中服务业对外开放过渡期的逐步结束,我国服务业正在走向全面开放。当前,要着重抓住CEPA使苏州服务业向港澳全面开放的战略机遇,强化对港澳服务业的招商引资,力争实现服务业利用外资的突破性进展。同时,积极引导外资投向高新技术产业,主要是电子通信、精密机械、生物制药、新型建材、精细化工、现代造纸、汽车零部件、重大装备制

造业等产业,促进产业结构升级。

三是拓展引资新渠道,创新招商新方式。鼓励外商来苏设立区域总部、职能总部、研发机构和销售中心等,在进出口、外汇管理、通检通关、出入境签证、人才引进等方面,给予支持和引导。探索外商采用风险投资基金等形式进入苏州创业投资领域的方式,推动苏州市自主知识资本与国际金融资本的融合。

3. 加大“走出去”力度,尽早谋划“辐射型现代化战略”,推动外经合作上新台阶

任平课题组研究结果表明:中国的现代化将经历三个主要阶段,每一个阶段大约都经历 100 年左右的时间。第一阶段是被动输入型现代化阶段,从 1840 年到 1949 年,109 年间半殖民地、半封建的中国社会被动地输入西方现代化的物质生产、精神观念和制度体系。第二个阶段是自主输入型现代化阶段,从 1949 年到 2050 年,中国民族独立后,自主地引进、开放和吸收西方发达国家的技术、管理和文化,“请进来”就是主要的发展方式之一。我们目前正处在这一阶段,到本世纪中叶基本实现现代化为止。第三阶段是辐射型现代化阶段。那时,中国成为自主创新经济和文化的世界中心,中国将从“中国制造”阶段转向“中国创造”阶段,进而以自己的经济、技术、知识和文化对全球的辐射而成为拉动世界发展的火车头之一。因此,“走出去”就必然成为中国辐射型现代化的主要存在方式。作为现代化的先导和示范区,率先完成全面建设小康社会和基本实现现代化的地区,苏州必然率先在全国实施“走出去”的战略,成为辐射型现代化的先行军。从目前情况看,苏州市开展大规模跨国经营的条件还不成熟。但我们可以充分利用部分行业规模和技术的相对优势,以开展境外加工贸易为突破口,抓住民营资本快速发展的机遇,加快实施“走出去”战略步伐。

4. 创新发展思路,争创开发区建设发展新优势

在发展理念和指导思想上有新的突破和转变,通过进一步营造

良好的投资创业环境和生态人文环境，扩大对内对外开放，吸纳更多的优质经济要素，提高资源的利用率，增加开发功能，增强产业集聚能力，全面提高开发的效益和质量。

一是调整发展思路，坚持可持续发展战略。在发展目标上，从着眼于经济增长的速度和形态的变化转向发展质量和效益的提高，达到开发区经济和社会发展的可持续性；在发展方式上，从着眼于扩大空间范围、铺新摊子的外延扩张型模式转向提高单位面积的投入强度和产出水平，使各种资源得到最佳配置，发挥最大效能的内涵提高型模式。在运作模式上，学习、借鉴国内外先进经验，从着眼于一般的资源消耗和组合转向资源开发结合资本运作的模式，努力推进市场运作和企业化经营，增强开发区的自身实力和持续发展的动力。

二是加快国家级、省级开发区的功能开发。切实建设好出口加工区、保税区、IT 产业园、电子工业园、生物科学园、化学工业园，尽快形成优势互补、联动开发的整体效应。坚持把苏州工业园区作为全市对外开放的重中之重，发挥其对全市开发区的引导带动作用。同时加快规划、整合苏州沿江开发区，充分利用其自然优势，加快沿江开发的步伐。

三是大力推进体制和科技创新。在体制上，按照统一、精简、高效的原则，建立职能明确、运转协调、灵活高效的行政管理体制，进一步削减行政审批事项、简化程序、量化责任、优化服务、提高效率。在科技上，在进一步提高对高新技术产业吸纳力度的同时，大力推进自主创新、自主开发，加强产学研联合，加快科研成果向现实生产力转化。

四是坚持对内对外开放并举，努力形成多元化投资的格局。对外，把引进外资的重点放在对苏州经济具有长远影响的大项目上，在继续大力引进工业项目的同时，积极寻求农业、基础设施、旅游、商业、金融、保险和其他服务业利用外资的有效途径。对内，大力拓展同上海、浙江、广东等一些省市的经济技术合作，吸纳和聚集一批上规模、上档次的民营企业和上市公司进区，努力形成多元化投资的繁荣格局。

八、大苏州都市圈呼之欲出
——一路串五湖，苏州都市化战略的长三角定位
——新型现代化需要新城市化模式的支撑，需要对城市化四大层次作深度反思

1. 新城市化：苏州提升整体现代化水平的着力点

2004 年 11 月份，苏州绕城高速公路全线通车。“绕城”改变了这座千年水城的城市格局，改变了她的城市生活。

20 世纪 80 年代中叶，苏州的交通发展还在酝酿。那时，东港二村的王师傅去桃源，来回要花两天时间，早晨坐车到震泽转车，开到铜锣吃中午饭，下午再换船，到了桃源就是吃晚饭的时辰。而如今只要 1 个小时。都市花园的林先生说，是汽车改变了他一家的生活。他会吃完晚饭赶回张家港的老家，然后在两个小时后轻松回到苏州；会在周末跟同学朋友驱车去太湖观光休闲。他在交通系统工作的爱人却说，是道路改变了生活，是越来越完善的交通，扩大了他们的生活半径，让脚“长”了许多。

2005 年，苏州城市化进程加快推进，苏州城市化率已超过 65%。从 2004 年就铺展开来的撤村建居，撤镇建街道，撤乡并村稳步实施，苏州城镇面积和人口持续增加，进城农民生活质量迅速提高。不完全统计显示，从 2004 年至今，仅苏州工业园区和高新区，就竣工并交付使用动迁房 700 多万平方米，近 10 万多农民在现代化社区里安下了他们崭新的家。

这是颇具意味的对照：崭新的公寓楼，整洁美观的小区环境，以及晾晒在花坛上的拖把、衣物，草坪里还会有一棵一棵的青菜、蚕豆。在通安动迁小区、胜浦园东新村，到处都可以看到这样的场景，楼道里甚至可以看到堆放的闲置马桶、脱谷机等旧物。这里的居民，是刚刚完成身份转变的农民。

他们，本是苏州郊区土生土长的农民，早已习惯了祖祖辈辈传承下来的生存方式。然而，势不可挡的城市化进程打破了他们平静而单纯的生活。一只脚迈入城市的同时，也迈入了一种崭新的生活。

“十五”期间，成千上万的苏州农民走出田间，融入城市化的洪流。

“镇上原来只有‘百步街’‘猪头饭店’‘盐水医院’，现在有的是大马路、大饭店、大医院，以前在城市里看到的，现在就在我们身边。”李水根说。

52岁的李水根是园区胜浦镇的农民，靠着种几亩田，打零工维持生计。几十年的日子就这样过来了，直到2004年年底，他的生活发生了巨变。身份变了，农业户口变成了城镇居民户口，田也没有了，进了镇上一家羊毛衫企业，每个月800元工资，比以前种田、打零工多了不少。李水根说，不仅自己变了，在此生活了半辈子的胜浦镇也变得不认识了。

几年前，地处偏远的胜浦镇发展的步伐似乎比其他兄弟镇要慢一些。李水根形象地概括了镇区的面貌：“百步街”“猪头饭店”“盐水医院”。因为街实在是又窄又短，走不满百步也就到头了；饭店嘛，也就是那么一家卖卖猪头肉的饭店，简陋得有些寒碜；那医院，充其量就是一个诊所，只能在那儿挂挂盐水，配点感冒药，生了大病根本不敢进去，进去了也看不了。然而，似乎就在一夜之间，“百步街”“猪头饭店”“盐水医院”统统都不见了，取而代之的是大马路、大饭店、大医院。别的不说，就说医院那规模、那设施，和城里的比一点也不差，有时还有上海的专家在那里坐诊呢。出门也更方便了，一趟一趟的公交车都开到镇上来了。

到2004年年底，胜浦镇已没有农民。这是胜浦变化最大的一年，全镇已没有一个纯农业户口，也没有一亩农田。居民、企业全部进小区，形成3个集中居住小区，3个工业小区，一个现代化新城镇的框架已具雏形。

“以前一到夏天，到处都是苍蝇蚊子，烧木柴，满屋都是黑烟，喝的是井水，味道不好，还有污染，现在进屋就换拖鞋，到处干干净净。”朱林兴说。

在高新区浒墅关开发区，朱林兴是第一个签订搬迁协议、第一个主动拆迁、第一个搬进阳山花苑新居的人。朱林兴说，当初积极搬迁，是出于对政府的信任，直到2004年8月13日搬进新居，才切身感受到动迁的意义。“现在，实惠已经摆在眼面前了。”

朱林兴原住大同村，一家5口人，动迁后在阳山花苑分得两套共210平方米的房子，人均居住面积超过了40平方米。房子不仅住得宽敞，而且水、电、气齐全，又方便又卫生。对于以前农村的居住地方，朱林兴一点也不留恋，“有什么好？农村毕竟是农村，吃的是井水，味道不好，有污染，对子孙后代的发育还有影响；出门都是泥渣路，天一下雨，满脚都是泥。现在居住环境完全不一样了，进屋就换拖鞋，到处都是干干净净的。”

在经济方面，朱林兴心里也有一本明白账：动迁前，他们一家5口人共有4.5亩口粮地，一年纯收入还不到1 000元。以前非常羡慕城里人每个月都能领到工资，现在自己马上也要有了。等出口加工区招工后，一个月工资差不多有1 000元。还有一套暂时空置的90平方米的房子，到时也可以出租。朱林兴还举了个例子，动迁以来，仅大同村2004年就至少有10户人家购买了小轿车，大家的生活都越过越好了。

“以前由于没有一技之长，加上年龄大了，没有单位愿意要我，现在通过免费就业培训，很快找到了一份家政服务员的工作。”许招娣说。

许招娣是苏州工业园区娄葑镇人，今年41岁，以前一直在家务农，每到鸡头米上市的时候，剥了鸡头米上街卖，赚些钱贴补家用。2004年，娄葑镇连续举办了两期家政服务员培训班，为全镇100多名35岁以上的失地妇女提供免费培训。许招娣说，没想到，做家政服务员还有这么多可学的东西，怪不得之前一个亲戚被介绍到城里一户人家做保姆，不到一个星期，人家就委婉地让她不用去了。现在想想，做了几十年家务的自己以前真的不能算会做家务。

就业是民生之本。2004年至今，工业园区免费培训失地农民超过2万人次，推荐上岗9 000余人；高新区面向本地劳动力的新增就业岗位3万多个，对1万多名征地人员进行就业前培训，近千名实现就业。高新区各乡镇、街道还结合自身实际推出了相应的富民举措。枫桥街道积极扶持区域内群众走自主创业之路，目前民达资信担保公司已完成担保贷款3 600万元，成功地解决了部分民企融资难的问题。

农民变市民，不会随着住进集中小区、身份转变的完成一蹴而就。告别农耕时代的农民兄弟们，在朝向城市生活转变的道路上，还有一段漫长的适应过程。但“十一五”描画的蓝图，使这一历史进程中充满欣喜的期待。

城市化和城市现代化，是苏州城市化战略互相呼应、补充，密不可分的两个方面。在“十一五”规划中，苏州这样为自己的家园勾画蓝图：以苏州都市区的培育为载体，努力增强中心城市“承启转合”的区域核心组织功能。按照“组团式带状城市”的发展模式和“东拓、北进、西控、南优”的开发要求，依靠城市快速交通系统，引导市区空间拓展。中心城市未来空间的主导发展方向是向东、向北。向东接轨上海，提升开发层次，做优沿沪宁发展轴。向北呼应全省沿江开发，拓展发展腹地，建设商贸物流副中心。严格控制中心城区向西北生态区蔓延，努力维护“四角山水”城市空间格局。以地域性生态旅游、科技教育为主要功能，优化调整市域南部空间。

规划的主旨在于依托苏州自然生态、人文特质、历史文化和生活景观及浓郁的地方特色，打造长三角乃至世界范围内高文化品位、高舒适环境的人居天堂，建设精致和谐的景观复合区。

城市化一般可分为四个基本过程：物化的、形态上的城市化；人们生活行为的城市化；社会组织和制度的城市化；价值的、内涵的城市化,四者相互促进、相互交替发展。苏州的城市化无论是人口指标还是物质形态都已经达到较高水平,但更多地表现在物质和形态上,以物化的城市化为主。而在人的城市化方面,在生活、行为、制度、组织和价值内涵上城市化的不足、中心城市实力与功能的薄弱已越来越成为苏州城市化进程面临的主要问题和挑战。如何提升城市内涵、转变城市建设和管理的文化价值,与中心城市的实力—功能相互关联、互为因果。一方面中心城市实力和功能薄弱的本身就是内涵上城市化不足的突出表现,两者具有极高的关联性和一致性;另一方面,内涵上的城市化主要通过城市化程度相对较高的中心城市的辐射、带动来实现,把城市先进的文化、观念、生产生活方式等城市化内涵要素逐步融入到城市人群中,从而引导生活方式的转变,促使城市地区功能的增强与完善。因此,促进城市化内涵发展与加快中心城市的发展密不可分,加强、加快苏州中心城市的发展是推进苏州城市化进程的必然要求。

建立在新型工业化基础上的苏州城市化之路,是一个复杂的系统工程。作为城市化主要内容的"城市现代化、农村城镇化、城乡一体化",要求在城市发展规划、空间布局、基础设施建设之外,在完善快捷的城市交通系统、在通达顺畅的城市信息网络、在舒适便利的生活设施之外,还要着力于城市文明的建构及健全的社保体系、城市生活质量的诉求。它的目标指向,是适宜人居的21世纪新天堂。

2. 城市空间生产:从物质空间规模扩展到社会空间的质态优化

城市空间是城市一切活动赖以展开的基础,中心城市综合功能的强化,有赖于科学合理、具有前瞻性和长远规划的城市空间结构的支撑。优化、整合苏州的城市空间结构,应从市域城镇群体空间和中心城市内部空间两方面同时入手。

近20年来,苏州中心城市的空间结构从"古城新区"到"一体两翼"再到"五区组团",一直处在盲目的变动之中。"十一五"规划结合绕城高速公路圈起的1 100平方公里大苏州都市圈，把吴中、相城两区统筹考虑，提出了新的发展思路。

（1） 功能转变

城市化动力由工业向第三产业转变，城市功能必须由原来工业生产的单一型向多功能服务的综合型转变，从单纯的以商品为中心的生产、生活传统服务向以知识和信息为中心，服务于大生产、大市场、大循环和现代生活的综合服务转变。中心城市的发展要围绕促进生产和流通、提升经济发展品质、转变居民生活方式、提高人的素质和社会生活质量的综合功能做文章，围绕为周边腹地和更大区域的服务做文章，增强功能，完善服务，逐步与国际城市新格局接轨。中心城市应加快第三产业发展，增强城市综合功能。除了传统的生活服务业外，应积极发展现代生产服务业，通过健全生产、流通、管理、服务等全过程体系，加强知识和服务转化为生产力的增值能力。以知识为基础的生产服务业在现代经济发展中的重要性越来越突出，生产服务既包括前期的科技研发服务、中试生产服务、人才支持服务、行政管理服务等，也包括后期的储运流通服务、技术咨询服务、售后维修服务等，还包括为生产提供环境条件的交通运输服务、信息通信服务、金融保险服务、基础设施服务、人文环境服务等。

（2） 塑造城市个性特色

城市个性特色是城市空间发展的灵魂。在日趋激烈的城市竞争中，突出城市特色已成为城市政府发展地方经济、经营城市的重要手段，成为城市参与竞争的锐利武器。城市特色具有很强的地域环境和文化的根植性，不同自然环境和文化背景中生长出来的城市，其空间形态具有独特性。与国内其他城市相比，苏州最具优势的就是她深蕴的文化资源和丰富的生态资源，因此，塑造苏州的城市个性特色，关键就是要挖掘文化和生态内涵，彰显文化和生态特色，树立"发展中守特色，特色中求发展"的观念。

（3） 通盘规划

应把市域城镇群体空间作为一个整体地域来考虑，以增强中心城市在区域经济和社会功能组织与空间组织的集聚和中心作用为目标，以行政区划调整为主线进行市域空间结构改造，构筑合理的城镇群体空间结构。苏州市域城镇群体空间要立足现有城镇发展基础，从整合城镇群体的职能、等级、规模结构入手，倾向于借鉴日本大阪、荷兰兰斯塔德等组合城市的成功经验，形成各有职能特色、等级分工、规模层次的城镇群，而非一体化的特大型城市。要构筑以中心城市为核心、县级市为支撑、建制镇为基础，结构合理、功能互补、层次分明、布局协调的市域城镇群体空间结构，避免日益显现的职能趋同、等级无序、规模失控等局面，特别要控制小城镇开发区建设、规范村镇合并，避免“一镇一区”的工业布局形态和开发建设用地失控，积极探索开发区地域组合新形式及其运作机制，提高土地集约使用效率，以合力提高城市综合竞争力。

不能忽视的是，城市化发展，一定意义上就是农民变市民的过程，是城市文明对农村辐射、扩散的工程，也是让更多农民享受城市文明的过程。苏州要求得城市战略的进一步推进和突破，亟待由外延型城市化向内涵型城市化转变。要以体制创新为动力，在推进城市现代化建设的同时，更加注重农村现代化建设。结合苏州实际，在建设好苏州中心城市的同时，更加注重大、中、小城市的协调发展，大力推进小城镇的集聚发展。这其中，330 万外来打工者不应被排除在城市的规划建设之外，苏州的移民城市特征需加以深入思考。

九、让城市的空气都充满绿色
——在资源节约型社会和环境友好型社会建设中实现可持续发展
——在人口密集地区创造可持续发展的“环境支持”模式

1. 资源更节约，环境更友好，人居更诗意

在安德鲁电信器材（中国）有限公司有一个关于拧紧水龙头的故

事。公司经过考察发现,餐厅厨房用水流程不合理,厨房工作人员的节水意识也不明确,通过拧紧水龙头,公司将每餐的用水量从原来的60升降至30升,也就是每餐节省用水30升。以每月用餐30次计算,每月节水量在900升左右。

安德鲁公司是通信设备、系统和服务设计、制造与供应领域的全球领袖之一,总部位于美国芝加哥,苏州工厂是安德鲁在亚洲地区开设的第一家制造厂。自1997年以来,安德鲁苏州工厂取得了巨大成功,拥有一流的设备和测试仪器、完善的质量体系和工程技术。对于这样一个世界500强企业来说,900升水算什么?安德鲁并不这样看,“超越法规、持续改进、节约资源、污染预防”是该公司制定的环境方针,“厨房里的水龙头”只是公司落实环保理念的一项具体举措。在机加工车间,公司针对数控机床加工铜棒材料生产接头产生大量余料的情况,通过更改相关参数,使铜棒余料的长度缩短,使棒料的利用率从原来的93%提高到98%,每根棒料因此可多生产1至2个零件;车间产生的大量废乳化液、切削油和液压油不是作为危险废物处理,而是通过回收处理供给线缆加工厂等再次利用。在储运部,托盘包装放弃使用木胶合板,在保证安全运输的前提下,原装载两层货物改为三层,增大了批量包装量。通过这些发展循环经济的“小举动”,安德鲁赢得的是持续改善环境的“大绩效”。

可持续发展是指人类社会发展进程中,在不破坏资源和环境承载能力的条件下,使自然—经济—社会得到协调发展。坚持可持续发展,不仅关系到人类社会的进步,更关系到人类的生存和永续发展。片面依靠对自然界的掠夺和破坏环境来发展经济,必然会破坏人类赖以生存的大气、淡水、海洋、土地及森林等自然资源和环境,给人类自身发展带来毁灭性灾难。然而,正如任平教授指出的,即便在“可持续发展”的同一主题下,各地实施的模式也是千差万别的。荷兰等西方国家“环境保护+经济零增长”的可持续发展模式,可以为环境资源相对丰富而人口偏少的发达国家所借鉴。但是这一模式对于正在谋求发展、加快发展的中国而言,是很难套用的。即便在一国之内,差别也很大。中国东部,特别是人口密集的苏州,人均资源相对贫乏,人与环境高度融合,很难用我国在西部实施的"封山育林、退耕还林"即人与自然相对隔离的方式来实施环境保护,而只能用人与自然高度友好、共生共荣的方式,用优化自然的方式来获得更多的自然价值、生态价值甚至经济价值的回报。这一适合于中国东部地区的可持续发展理念和战略,就是"环境支持"。

2005年11月初,由省社科院和江苏城市发展研究院共同编写的《城市可持续发展:理论·实践·评价》正式出版,该书首次为江苏省13个省辖市的可持续发展度"排座次"。根据相应指标,最终从高到低排出13个省辖市的顺序:苏州、无锡、南京、常州、扬州、镇江、南通、泰州、盐城、连云港、徐州、淮安和宿迁。其中排在首位的苏州得分为72.288分,比排在末位的宿迁的42.911分高出57.83%。作为著者之一,江苏城市发展研究院院长张锋说,强调科学发展观,走全面、协调和可持续的发展道路,而可持续发展度实际上体现的是一个城市的综合实力。他们为13个市的可持续发展度排序,一共包括了38个指标,不仅关注经济指标,而且关注社会指标、人文指标、资源指标和环境指标等。

2005年11月初,苏州高新区被国家发改委、环保总局等6部委确定为全国第一批开展循环经济试点单位。这为该区加快推进"绿色高新区"建设,加快实现工业链向生态链转变,完善循环经济产业体系,打造全国最大的环保产业群提供了新的契机。苏州高新区已经形成了一条亮丽的循环经济"风景线"。作为全国第一家通过ISO14000环境管理体系认证的国家级示范区,目前已有22家企业被确定为今年首批循环经济试点企业,100多家企业开始启动循环经济工作,涉及行业从2004年的电子信息扩展到了冶金、化工、建材、机械、纺织、高岭土等行业。

也是在2005年11月初,在厦门举行的中国循环经济发展论坛2005年年会上,苏州市作为全国地市中唯一特邀单位出席会议,苏州市代表在会上以"发展循环经济、实现持续发展"为主题,介绍了苏州在发展循环经济方面的做法。近年来，苏州围绕提高经济运行质量这个中心，紧紧抓住"最少的资源"和"最少的排放"两个关键环节，通过政府推动，企业互动，公众行动，采取推广扩建生态工业园和创建"绿色社区""绿色学校""全国环境优美乡镇"等举措，循环经济的发展已经取得了初步成效。苏州在可持续发展中取得的经验受到了全国的瞩目。

加强土地的节约和集约利用，加强水资源的综合利用，大力推进节能降耗；推进循环型农业、工业、服务业建设，建设循环型社会。通过建设资源节约型社会和环境友好型社会，做到经济、社会与资源、环境相协调，实现经济效益、社会效益相统一，建成国家级生态城市。

在生态保护与建设上，强化自然保护区的保护与建设，到2010年，全市保护区占国土面积的比例达到12%以上；同时加快生态功能区建设，规划建设环太湖生态林带、沿江生态林带、沿苏州市域重要河道的生态林网和沿路生态林带等四大生态林工程，到2010年，全市陆地森林覆盖率达到23.3%。

在环境治理上，加强水环境治理，到2010年，万元工业产值废水排放量降到33吨；加强大气环境治理，加大噪声污染控制力度；加强固体废弃物污染控制，到2010年，废弃物分拣回收率达到40%。加快垃圾减量化、无害化、资源化处理工程建设，扩建七子山垃圾填埋场二期工程。

2. 走向可持续城市化

2005年10月这一金秋季节，在苏州大学举办的"走向可持续城市化"国际学术研讨会上，苏州市政府领导在大会发言中系统阐述了苏州建设可持续城市的基本战略。今后一段时间，苏州将围绕建设生态市的目标，着力建设资源节约型、环境友好型社会，重点抓好以下五个方面：一是加强组织协调。成立循环经济建设领导小组，指导和协调有关工作的开展。将循环经济纳入"十一五"规划，并明确发展目标、主要任务和关键举措。二是完善相关制度。制定《苏州市循环经济发展条例》,加大执法检查力度,逐步将循环经济发展纳入法制化轨道。研究出台发展循环经济的鼓励办法和监督办法,健全激励约束机制,促进社会各方面自觉降低物质消耗、综合利用各类资源、广泛推行清洁生产。三是拓宽投入渠道。继续增加财政投入,加快建设危险废物集中处置、垃圾分类收集和再生资源利用等项目。设立循环经济发展专项资金,引导金融机构重点支持节能节水、预防污染、资源综合利用等项目建设,支持新产品、新技术、新装备的推广应用,支持循环经济试点工作。四是促进结构优化。发展低能耗、低排放产业,限制和淘汰高能耗、高物耗、高污染的工艺、技术和设备。优化资源、能源结构,突出抓好节电、节煤、节水和建筑节能工作。五是构建支撑体系。建立资源信息系统和废弃物交换信息平台,促进资源在产业间、企业间优化配置,为循环经济发展提供信息支撑,逐步建立由补偿政策和激励措施组成的驱动机制,为循环经济发展提供政策支撑。

目前,苏州市社会经济发展从总体上看,属于传统的“三高”发展模式,大力发展循环经济则可以引导经济发展模式从粗放型向集约型转变,实现社会经济的可持续发展。

按照“统筹规划,分步实施,以点带面,整体推进”的原则,苏州市以建设生态市为主线,以提高资源利用效率为核心,在企业、区域、社会三个层面积极开展循环经济探索和实践。以清洁生产为基础,以ISO14001环境管理体系认证为“抓手”,建立一批循环经济示范企业。如江苏沙钢集团通过利用废钢为生产原料,以电能、燃油等清洁能源替代煤炭,利用除尘灰作为烧结原料,利用高炉煤气余热进行发电,将高炉水渣、钢渣销售到相关企业作为生产原料等措施,每年增加效益近9 000万元。目前该公司工业废水循环回收率达到95%以上。

以生态工业理论为基础,建设生态工业园,实现区域污染最小排放。如苏州工业园区通过将清洁生产、环境设计、绿色供应链管理以及废物资源化等技术贯穿到生产和消费等环节,达到经济和环境的“双赢”。

加快传统农业向生态农业转变,大力发展休闲农业、生态农业、绿色安全农业,建设农业养殖生态链,打造循环型农业。以倡导绿色消费和生态文化为重点，积极开展绿色社区、绿色学校、绿色宾馆、绿色商场和建设节水型社会等系列创建活动。

用制度来保障，用政策来推动。

依法推进循环经济。充分发挥“以政府为主导、企业为主体、公众积极参与”的发展循环经济运行机制，抓住城市总体发展规划调整、产业结构布局调整、工业布局调整的契机，全面落实相关法律、法规，出台鼓励、促进循环经济发展的经济优惠政策。如常熟市采取了每销售1吨畜禽粪便有机肥政府补贴60元的鼓励政策，建了7家收集利用畜禽粪便制造有机肥的企业，使该市规模化畜禽养殖场粪便治理率达到100%。昆山市和常熟市分别出台了《常熟市排污费扶持清洁生产的使用管理意见》和《昆山市清洁生产考核意见》，设立了清洁生产专项资金，积极扶持企业进行生态化改造。

构建发展循环经济的支撑体系。研究和建立包括资源、副产品、废弃物信息、综合利用企业信息、绿色技术信息和专家咨询信息等在内的资源信息管理系统。建设资源、废弃物的交换平台，形成合理的循环利用快捷网络，保证其在产业间、企业间得到合理优化配置和交换，为循环经济发展提供高水平的技术和信息支撑。积极开展国际和国内交流合作，加强对清洁生产技术、资源综合利用技术、环境无害化技术的推广应用。

十、把心安放在这座城市

——城市没有拒绝权：发达地区和谐社会构建需要应对流动人口增多的挑战

——充分就业是城市化扩展增速的基本前提

——社会保障越充分，城市的吸引力就越大，随之而来的城市管理成本就增大

——生活质量的提高始终是现代化的目标之一

1. 城市和谐需要应对流动人口增多的挑战

昆山的一份统计显示，在过去的几年中，每增加1个外来人口，就会带来5万元GDP；但是，在2004年的刑事案件中，80%以上是外来人员所为。但用案件的数量来证明外来人员对苏州社会治安的影响，并没有多少现实意义。治安问题的背后，是深层次的社会问题。外来人员是流动的一群，工作的不稳定带来心理的不稳定，在生活环境上，已发生从农村到城市的彻底转变，但他们身上背负的贫富差距、城乡差距还在。他们远离了亲人，远离了维系心理平衡的社会关系，远离了支撑他们生活的文化背景，原先的生活方式、社会结构已颠覆，可从物质生活到社会生活、精神生活的重建却艰难万分，他们还不能做到与这座城市水乳交融。

来自苏州市公安局的数据显示，到2004年年底，苏州的外来打工者已达到330万人，而到2005年上半年，这个数字突破了360万，其中居住半年以上的常住人员约为250万人。最近三年来，外来流动大军每年新增60万。60万，相当于每年新增一个昆山市户籍人口的数字，对苏州来说，这意味着什么呢？

营造社会的和谐，外来人员与这座城市的和谐，是无法绕开的一道坎。新移民浪潮下，这座城市需要应对的，除了城市基础设施的准备外，还有良好社会秩序的构建，教育卫生资源的规划，社会保障的完善。

作为四大行动计划之一，《塑造当代苏州人新形象行动计划》既充满了苏州市委、市政府建设“和谐苏州”的理想，也充分体现了其坚强的决心。行动计划要求坚持以人为本，以建设“和谐苏州”为目标，全面推进社会主义精神文明建设，塑造当代苏州人“爱国守法、明礼诚信、团结友善、勤俭自强、敬业奉献”的整体形象。以创建全国文明城市为龙头，深入开展群众性精神文明创建活动，提高市民文明素质。大力发展社会主义先进文化，充分挖掘苏州优秀传统文化，使苏州人“高雅、精致”等文化特质进一步得到张扬和提升，与现代文明交相辉映。强化未成年人思想道德建设和大学生思想政治工作，进一步净化青少年成长的社会环境，加强对“新苏州人”的文化融合。大力弘扬“创业创新创优”精神，培育、倡导以“张家港精神”“昆山之路”和“园区经验”为主要内涵的苏州城市精神，进一步凸现苏州人昂扬向上、奋发有为的时代风貌。力争“十一五”期间苏州人的思想道德素质和科学文化素质进一步提高，与全市经济社会发展水平相适应，并在全省、全国率先形成具有时代特征、苏州特色的市民道德规范和行为准则。

和谐不和谐，关键在行动。

2005年，苏州工业园区城乡居民社保实现全覆盖。从2005年1月起，达到养老年龄段（男满60周岁、女满55周岁）的保养人员，按月领取的保养金将调整至每月220元。园区所有被征地农民中处于就业安置年龄段人员（除已在各类用人单位就业的之外）尚未就业或自主就业、创业的，均可参加园区城乡社区基本养老保险（农村基本养老保险）；所有被征地农民将统一纳入园区城乡社区合作医疗保险（农村合作医疗保险）。

为了让困难家庭获得自尊与方便，苏州平江区创办了“一家人慈善超市”。受助者可以到超市自由选购低价、合用的商品，避免了经常在邻里眼前接受别人扶助的尴尬。目前，这一社会救助形式已在全市推开。经过“十五”的建设，苏州包括养老保险、失业保险、医疗保险、最低生活保障和社会救助网的社会保障体系，已基本形成。

安居才能乐业，仓廪实而知礼仪。苏州市政府认为：社会要和谐，经济是基础。绝大多数人生活有保障，少数特困者能得到救助，社会就会和谐。增加收入的基础是就业。

关于和谐社会建设，苏州在“十一五”规划中，异乎寻常地辟出专门一章，提出了一揽子的目标方案。

规划明确，按照以人为本、公平优先、统筹发展、政策倾斜的原则，构建与经济社会发展相适应的社会公共服务体系，形成城乡一体、区域统筹的社会事业管理体制和运行机制。规划对大力促进充分就业、增加城乡居民收入、完善社保体系作了重点强调。

一个稳定的社会环境是经济发展的必要条件。在一个和谐社会里,人们都接受同一个看法:我们生活在一个共同体里,所有的人在这个社会中都是平等的,都受到尊重。人们有归属感、安全感,满足于城市给予的生活,把这个城市看做自己的家园。

2. 城市化扩展能力和承载力重点考虑充分就业

(1) 建立完善有效的政府就业促进机制

有效的城市化的关键指标,并不在于资本投入量的大小,而在于是否能有效吸收非农化成员。如果农民工就业收入远低于一个三口之家在城市的最低生活消费指数,那么他是不会滞留在城市的。因此,城市化率的高低,不仅仅在于城市空间面积的扩大和城市资本投资容量的增加,而且还在于这一增量能够提供多少有效吸引非农人员就业的岗位。城市应当将增加就业岗位和控制失业率列入政府的重要职责,作为每年宏观调控的重点指标,确保就业资金的投入。加快培育和完善城乡统一、内外开放、平等竞争、规范有序的劳动力市场。

(2) 建立完善促进经济发展与扩大就业的良性互动机制

既要重点发展科技密集型企业,也要考虑发展先进的新一代劳动密集型企业。在鼓励发展民营经济和提高第三产业份额方面下功夫,扩大就业渠道,扩大就业规模,保持就业岗位的持续增加。

(3) 建立完善就业促进基础工作机制

以创建充分就业社区为突破口,将就业促进工作向街道社区延伸,建立基础扎实、情况准确、动态管理、强化服务的就业平台网络。

(4) 建立完善劳动者自主创业和灵活多样的就业机制

采取切实措施鼓励劳动者自谋职业、自主创业。加强创业培训和创业服务,鼓励灵活就业,从根本上改变苏州的就业结构和就业模式。

（5） 建立完善城乡统筹的就业机制

首先在就业登记和失业登记方面要突破，逐步将管理服务工作延伸到乡镇和村，形成城乡一体的就业管理服务网。加强对进城务工人员的管理和服务，摒弃就业歧视。

（6） 建立完善新型的公共就业服务体系

推进公共就业服务的"制度化、专业化、社会化"，建成一流水平的、具有示范能力的、能发挥主渠道作用的体系，加强公共就业服务信息网络的规划、建设和管理。

（7） 建立完善失业控制体系

充分发挥失业保险保障失业人员基本生活和促进就业的双重功能，用好促进再就业补贴政策，合理安排和使用失业保险基金对就业的投入，降低失业人员的就业成本。

3. 城市和谐需要大力增加城乡居民收入

（1） 完善有关政策法规，规范市场分配秩序

抓紧细化、修订涉及工效挂钩、计税工资、工资集体协商和最低工资保障的干预性政策文件，按照公平和效率的政策导向，调节不合理分配关系。

（2） 建立完善以工资集体协商为重要形式的企业工资决定机制

建立劳动关系三方协调机制，积极建立企业职工工资正常增长分配机制，继续完善最低工资保障机制。

（3） 建立完善工资分配宏观调控机制

建立人工成本预测预警制度、劳动力市场工资指导价位和人工成本信息发布制度。

（4） 把富裕农民摆在实施富民工程的突出位置，建立农民增收的长效机制

全面落实农民减负政策，稳妥积极引导农民向非农产业转移。

（5）建立城乡低保标准增长机制

进一步建立和完善城乡低保标准随消费水平、物价指数、经济社会发展和财政状况变化而适时调整的自然增长机制。

4. 在八大领域完善社会保障体系

（1）养老保险制度的完善

全市统一养老保险覆盖范围，依法扩大养老保险覆盖面，积极鼓励和引导企业开展企业年金制度，加快建立多层次养老保险体系。在全市建成规范的企业退休人员社会化管理服务体系，到“十一五”期末，基本实现企业退休人员的社会保险事业工资和日常管理工资全部移交社区。

（2）发展社会医疗保险

进一步完善基本医疗保险、大额医疗费用社会共济、地方补充医疗保险和社会医疗救助“四位一体”的医疗保险体系。

（3）巩固完善失业保险

致力于建设失业控制体系，强化失业保险与再就业工程的紧密衔接。

（4）积极做好工伤保险

扩大保险覆盖面，将个体工商户纳入参保范围，到2010年工伤保险参保率达到95%～98%。

（5）进一步完善生育保险

重点解决生育保险待遇补偿和社会化管理问题，推进生育保险与医疗保险同步推进。

（6）稳步探索农村社会保险

加快构筑和完善覆盖城乡的社会保障体系，追求农村社会保险多元化发展，实现农村合作医疗保险向农村基本医疗保险过渡。

（7）进一步健全社会救助政策法规，巩固完善城乡社会救助体系

（8）完善社保基金监督管理约束机制

5. 建设法治城市，创建平安苏州，提高生活质量

积极构建公共文化卫生教育体系，推进社会治安综合治理，进一步完善城市基础设施、社会事业设施和社区服务设施，改善城乡居民生活环境，加快社会主义新农村建设步伐，依法加强对医疗、教育、住房等方面的价格监控，规范涉及人民生活的价格听证和收费公示制度，努力改善居民消费结构，引导消费需求向实物消费和服务消费并重转变，降低医疗、教育费用的家庭支出比重。

同时，塑造新时期的苏州城市精神，提高社会文明程度，加强民主法制建设，抓好公共安全体系建设，确保政治稳定和社会安定，保持长期和谐稳定的社会环境。

结束语
实现“两个率先” 建设和谐苏州

中共苏州市委常委、宣传部长 周向群

刚刚过去的2005年，是苏州全面建设小康社会取得突破性进展的一年，全市经济社会发展的绝大多数指标已经达到江苏省设定的全面建设小康社会的标准。前不久，省委、省政府召开会议，要求全省学习昆山在全面建设小康社会的实践中形成的具有时代特征的“昆山经验”。昆山的成绩是骄人的，同时昆山又是苏州的代表，她标志着以整体协调发展为特征的苏州全市已经进入了从“第一个率先”向“第二个率先”目标继续迈进的新阶段。

如何科学而理性地认识苏州小康社会建设的实际进展，从理论层面上解读发展背后蕴含着的模式、道路和经验；如何及时而准确地揭示发展中存在的隐患和矛盾，进而为“十一五”时期和“第二个率先”提供可资借鉴的意见和建议，正是贯穿全书的主旨所在。

本书取名“苏州之路”，意味着苏州自党的十六大以来在延续改革开放20多年来形成的厚实基础上所走出的成功之路。然而，这条道路是不平坦的，中间经历了经济国际化程度加深、中央加强宏观调控、区域经济竞争加剧、经济结构调整等一系列深层次的考验，因而苏州之路也是探索之路。“苏州之路”首先是苏州人走出来的“路”，揭示的是苏州经济社会发展的轨迹，具有明显的个性特征，但其中的规律性也是显而易见的。

全面建设小康社会是党的十六大提出的战略决策，“两个率先”则是江苏省委、省政府贯彻十六大精神作出的重要决策。省委、省政府要求苏州争当全省“两个率先”的先行军和排头兵，既是对苏州的鼓舞,更是对苏州的鞭策。3 年来,苏州在继承的基础上创新,在创新中谋求提高。苏州的小康社会建设始终坚持富民为本,大力实施“富民优先工程”,创业富民、就业富民、保障富民,市区城市居民人均可支配收入和农村居民人均纯收入分别从 2002 年的 12 361 元和 6 750 元,增长到 2005 年的 16 276 元和 8 300 元,年均增长都在 10% 以上,老百姓从小康社会建设中得到了实惠;始终坚持以经济建设为中心,把发展作为“第一要务”,在主动参与国际和区域经济分工中集聚产业优势,不断优化经济结构,提高区域自主创新能力,电子信息产业在国内乃至国际上都具有重要位置,2005 年全市人均 GDP 超过 8 000 美元,地方财政收入突破 300 亿元,为小康社会建设奠定了雄厚的物质基础;始终坚持科学发展、协调发展、和谐发展的方针,努力走全面、协调和可持续发展的新路子,经济发展中的一、二、三产业相协调,经济发展和社会文明进步相协调,城市与乡村发展相协调,经济发展与资源、环境相协调,协调发展成为苏州的最大特色;始终坚持解放思想、实事求是、与时俱进的思想路线,苏州人曾经创造了属于自己的模式,但从不拘泥于某种模式,当许多人还在为模式而争论的时候,苏州人早已在寻找新的发展机遇了,“张家港精神”“昆山之路”“亲商理念”是不同时期形成的宝贵精神财富,但与时俱进、不懈进取、超越自我、追求卓越的精神则是共同的。

理论研究的目的全在于应用。研究苏州全面建设小康社会的经验教训,目的在于导引苏州未来更快更好地发展。当我们以冷静、务实的态度全面审视小康进程时,就会看到存在的许多问题和不足:富民程度与老百姓的期望值还存在着差距;区域自主创新的能力需要提高;服务业在产业发展中的比重偏低;资源约束趋于强化;新移民的涌入带来新的挑战,等等。不仅如此,小康建设是一个动态的过程,又处在一个开放、流动的环境下,某些业已解决的问题重新显露甚至出现一些反复,也是正常的和可能的。这些存在问题,是苏州未来发展需要尽力、尽责谋划解决的内容,从这个意义上,也为苏州的发展提供了努力方向。

现在，苏州发展已经步入了“十一五”时期，“十一五”同苏州的“第二个率先”正好相吻合。“十一五”时期，我们既要巩固小康社会建设已经取得的成果，又要向率先基本实现现代化的新目标前进。“十一五”时期，树立和落实科学发展观，构建和谐社会，建设创新型城市，成为摆在我们面前的重大课题。我市经济发展正由工业化中期向工业化后期迈进；居民消费结构正由小康型逐步向发展型转化升级；开放型经济正在由“外向带动”向经济国际化转变。工业化、城市化、市场化、信息化、民主化进程将进一步加快。专家们认为，现代化不仅是量的现代化，更是质的现代化，其间伴随着一系列社会结构的转型和变迁。相比经济现代化而言，人的现代化将面临着更大的考验。刚刚闭幕的市十三届人大四次会议和市政协十一届四次会议通过了《苏州市国民经济和社会发展第十一个五年规划》。与此相配套，围绕“自主创新能力”“社会主义新农村”“经济结构调整和转变增长方式”“塑造当代苏州人新形象”还将制定四个行动计划。这标志着在决策层面的规划上已经描绘出一幅美好而多彩的蓝图。

人们讲，苏州本质上是“文化苏州”，文化优势是苏州的最大优势，因为苏州人具有独特的文化精神，城市具有独特的文化内涵。如此，经济有优势再加上文化优势的进一步张扬，苏州的未来一定是不可限量的。

参考文献

(1)《马克思恩格斯选集》1～4卷，[北京]人民出版社1995年版。

(2)《邓小平文选》1～3卷，[北京]人民出版社1994年版。

(3) 江泽民：《全面建设小康社会，开创中国特色社会主义事业新局面》，[北京]人民出版社2002年版。

(4) 胡锦涛：《树立和落实科学发展观》，在"中央人口资源环境工作座谈会上的讲话"，《人民日报》2004年3月10日第1版。

(5)《中共中央关于制定国民经济和社会发展第十一个五年规划的建议》，[北京]人民出版社2005年版。

(6)《中共苏州市委关于制定苏州市国民经济和社会发展第十一个五年规划的建议》，《苏州日报》2005年11月23日。

(7) 王荣："加快东部发展　构建和谐社会"，"人民网"2005年3月13日。

(8)《2004年苏州市国民经济和社会发展统计公报》，《2005年苏州市国民经济和社会发展统计公报》。

(9) 塞缪尔·亨廷顿：《现代化理论与历史经验的再探讨》，[上海]上海译文出版社1993年版。

(10) 安东尼·吉登斯：《现代性的后果》，田禾译，[南京]译林出版社2000年版。

(11) 李惠斌主编：《全球化与现代性批判》，[桂林]广西师范大学出版社2003年版。

(12) 约瑟夫·熊彼特：《经济发展理论》，何畏等译，[北京]商务印书馆1997年版。

(13) 任平：《全球发展：模式、理论与选择》，[北京]中国劳动出版社 1999 年版。

(14) 汉斯－彼特·马丁、哈拉尔特·舒曼:《全球化陷阱》,[北京]中央编译出版社 1998 年版。

(15) 吴季松:《知识经济》,[北京]北京科学技术出版社 1998 年版。

(16) 狄帕克·拉尔:《发展经济学的贫困》,刘沪生译,[上海]上海三联书店 1992 年版。

(17) 罗斯托:《经济增长理论》,[北京]商务印书馆 1995 年版。

(18) 罗荣渠:《现代化新论——世界与中国的现代化进程》,[北京]北京大学出版社 1993 年版。

(19) W. 阿瑟·刘易斯:《经济增长理论》,梁小明译,[上海]上海人民出版社 1994 年版。

(20) 安德鲁·芬伯格:《可选择的现代性》,陆俊等译,[北京]中国社会科学出版社 2003 年版。

(21) 张波:“小康目标:贵在建设　贵在实践　贵在总结”,《苏州日报》2005 年 12 月 9 日。

(22) 乌尔里希·贝克等著:《自反性现代化》,赵文书译,[北京]商务印书馆 2001 年版。

(23) 徐伟荣:“在改革开放与全球经济合作大潮中崛起的苏州经济”,中国世界观察研究所研究报告,1997 年 9 月 1 日。

(24) 徐伟荣:“用科学发展观审视苏州发展实践”,中国未来学会《未来与发展》2005 年第 2 期。

(25) 李全林、郑坚:《昆山,再造一个辉煌》,群众杂志社 1993 年版。

(26) 周海乐、陈红霞:《“苏南模式”的新发展》,[北京]人民出版社 2001 年版。

(27) 庞元正:《当代中国科学发展观》,[北京]中共中央党校出版社 2004 年版。

(28) 徐伟荣:《“苏南模式”条件下的私营经济》,收入《中国的私营经济》,[北京]人民出版社 1987 年版。

(29) 丹尼斯·史密斯:《后现代性的预言家》,[南京]江苏人民出版社 2002 年版。

(30) 任平主编:《全面建设小康社会》丛书,[苏州]苏州大学出版社 2003 年版。

(31) 何传启:《知识经济与第二次现代化》,[北京]商务出版社 1999 年版。

(32) 宋林飞主编:《区域现代化的探索》,[南京]河海大学出版社 2002 年版。

(33) 张颢瀚:《苏南地区率先基本实现现代化阶段性研究》,《现代化经济探讨》2004 年第 8 期。

(34) 童星:《发展社会学与中国现代化》,[北京]中国社会科学文献出版社 2005 年版。

(35) 刘大椿等:《环境问题》,[北京]中国人民大学出版社 1995 年版。

(36) 让-弗朗索瓦·利奥塔:《后现代状况》,岛子译,[长沙]湖南美术出版社 1996 年版。

(37) 景天魁等著:《社会公正理论与政策》,[北京]社会科学文献出版社 2004 年版。

(38) 陆学艺:《当代中国社会流动》,[北京]中国社会科学文献出版社 2004 年版。

(39) 周向群、苏简亚:《苏州经济发展论纲》,[南京]江苏人民出版社 2004 年版。

(40) 周德欣、周海乐:《苏州和温州发展比较研究》,[苏州]苏州大学出版社 1997 年版。

(41) 郑杭生、李路路:《当代中国城市社会结构现状与趋势》,[北京]中国人民大学出版社 2004 年版。

(42) 李培林:《农民工:中国进城农民工的经济社会分析》,[北京]中国社会科学文献出版社 2003 年版。

（43）王霞林：《苏南小康之路》，[南京]江苏人民出版社 2005 年版。

（44）夏永祥：《西部大开发战略对长江三角洲地区经济发展的影响与对策》，[北京]中国商业出版社 2005 年版。

（45）王颖：《城市社会学》，[上海]上海三联书店 2005 年版。

后 记

创新的时代需要创新的思考。本书旨在真实而坦然地叙述“两个率先”在苏州的实践进程，说出我们内心的思考。

肩负率先重任当然是光荣的。这是党中央根据十六大精神对江苏省提出的希望和要求，江苏省委、省政府在广泛深入调研的基础上，结合专家意见，设定了《江苏全面建设小康社会指标体系》，共4大类18项25条，同时又将完成“两个率先”先行军和排头兵的重责分别交给苏州和昆山。经过近3年的加速发展，苏州和昆山不负江苏乃至全国人民的重托，完成了省定标准，正在更高的起点上，以科学发展观为指导，又快又好地向率先基本实现现代化目标迈进。

率先实践的任务也是艰巨的。率先在某种程度上意味着比别的地区先遭遇问题和矛盾、先接受挑战。前无古人的率先探索也意味着高成本性、高风险性。我们的确在率先之路中遇到了许多艰难困苦、许多矛盾和问题。但是，这同样也给予我们率先解答问题、应对挑战的机会。苏州经验，只有在这率先发展中才会一点一滴地形成；苏州之路，也只有在这率先走过之后才会展现。参与本课题研究的全体成员，都深知这一点。将这一探索的过程和经验说出来，可能对江苏或者全国其他地区有所裨益。2005年8月6日，由中共江苏省委宣传部和苏州市委在昆山举办的“江苏全面建设小康社会高层论坛”上，根据省委书记李源潮的讲话精神，省委常委、苏州市委书记王荣提议，成立“苏州市‘两个率先’课题组”，本书就是其研究的主要成果之一。王荣要求课题组以高度的政治责任感、严谨的科学态度来完成这一任务，从理论与实践的结合上认真总结苏州的经验，深刻阐明“苏州之路”的基本经验，为全市下一步完成“第二个率先”的大局服务。全书在写作风格上要清新活泼，在内容上又要严谨科学，做到融科学性与可读性于一炉。苏州市市长阎立十分关心本书的进展情况,要求有关部门提供一切必要的支持。市委副书记徐国强对本书写作提出了十分明确、非常具体的要求。苏州市委常委、宣传部长周向群多次组织召开课题组会议,部署研究和写作工作。根据王荣书记的指示,苏州市社科联具体承担了课题研究的组织和协调工作,市社科联主席高志罡、专职副主席刘伯高等做了大量的组织和协调工作。苏州大学苏南发展研究院参与了这一工作,任平、高峰拟定了写作提纲。苏州大学出版社副总编辑陈长荣编审参与了全书的策划。在全体课题组成员的通力合作下,短短两个月内完成了初稿。

于是,便有了本书。

参加本书初稿编写的有:王荣(导论),徐伟荣(第一章),孟海龙、王莉(第二章),张波(第三章),高峰(第四章),夏永祥(第五章),卢宁、俞愉、吴秋华(第六章),张俊启、杨帆(第七章部分),周向群(结束语)。黄苏、朱桂萍对全书数据进行了核实。陈楚九、张旗、崔广全、万智慧、钱洪明、蒋忠友、张建兴参与了本书部分章节的修改工作。任平对全书做了较大的修改并负责统稿。王荣对全书作了最后的修改和审定。

苏州大学出版社高敏社长对本书的尽快出版给予了关心,编辑、校对和出版人员付出了辛勤的劳动,在此一并表示谢意。

苏州的率先之路修远而漫长,我们的研究时间短暂而急促,故书中的问题可能在所难免,尚祈读者多予匡正。

执行副主编　任平

2006 年 1 月 5 日

图书在版编目(CIP)数据

苏州之路:"两个率先"的实践与思考/苏州市"两个率先"课题组著.—苏州:苏州大学出版社,2006.1(2008.7 重印)
ISBN 978-7-81090-606-7

Ⅰ.苏… Ⅱ.苏… Ⅲ.①地区经济—经济发展—研究—苏州市②社会发展—研究—苏州市
Ⅳ.F127.533

中国版本图书馆 CIP 数据核字(2006)第 004586 号

策划编辑 陈长荣
责任编辑 薛华强
责任印制 何桂林
装帧设计 刘 俊

书 名	**苏州之路:"两个率先"的实践与思考**
著 者	苏州市"两个率先"课题组
出版发行	苏州大学出版社 (苏州市干将东路 200 号 215021)
经 销	江苏省新华书店
印 刷	苏州市恒久印务有限公司
开 本	700×1 000 毫米 1/16
字 数	268 千
印 张	19.5
版 次	2006 年 1 月第 1 版 2008 年 7 月第 2 次印刷
书 号	ISBN 978-7-81090-606-7
定 价	26.00 元